KB112079

분
노

분노

발행일	2018년 10월 17일

지은이	양 심 언		
펴낸이	손 형 국		
펴낸곳	(주)북랩		
편집인	선일영	편집	오경진, 권혁신, 최예은, 최승헌, 김경무
디자인	이현수, 김민하, 한수희, 김윤주, 허지혜	제작	박기성, 황동현, 구성우, 정성배
마케팅	김회란, 박진관, 조하라		
출판등록	2004. 12. 1(제2012-000051호)		
주소	서울시 금천구 가산디지털 1로 168, 우림라이온스밸리 B동 B113, 114호		
홈페이지	www.book.co.kr		
전화번호	(02)2026-5777	팩스	(02)2026-5747

ISBN 979-11-6299-375-0 03340 (종이책) 979-11-6299-376-7 05340 (전자책)

잘못된 책은 구입한 곳에서 교환해드립니다.
이 책은 저작권법에 따라 보호받는 저작물이므로 무단 전재와 복제를 금합니다.

이 도서의 국립중앙도서관 출판예정도서목록(CIP)은 서지정보유통지원시스템 홈페이지(http://seoji.nl.go.kr)와
국가자료공동목록시스템(http://www.nl.go.kr/kolisnet)에서 이용하실 수 있습니다.
(CIP제어번호 : CIP2018031870)

(주)북랩 성공출판의 파트너

북랩 홈페이지와 패밀리 사이트에서 다양한 출판 솔루션을 만나 보세요!

홈페이지 book.co.kr • **블로그** blog.naver.com/essaybook • **원고모집** book@book.co.kr

양심언
칼럼집

사회평론
시대정신

분노

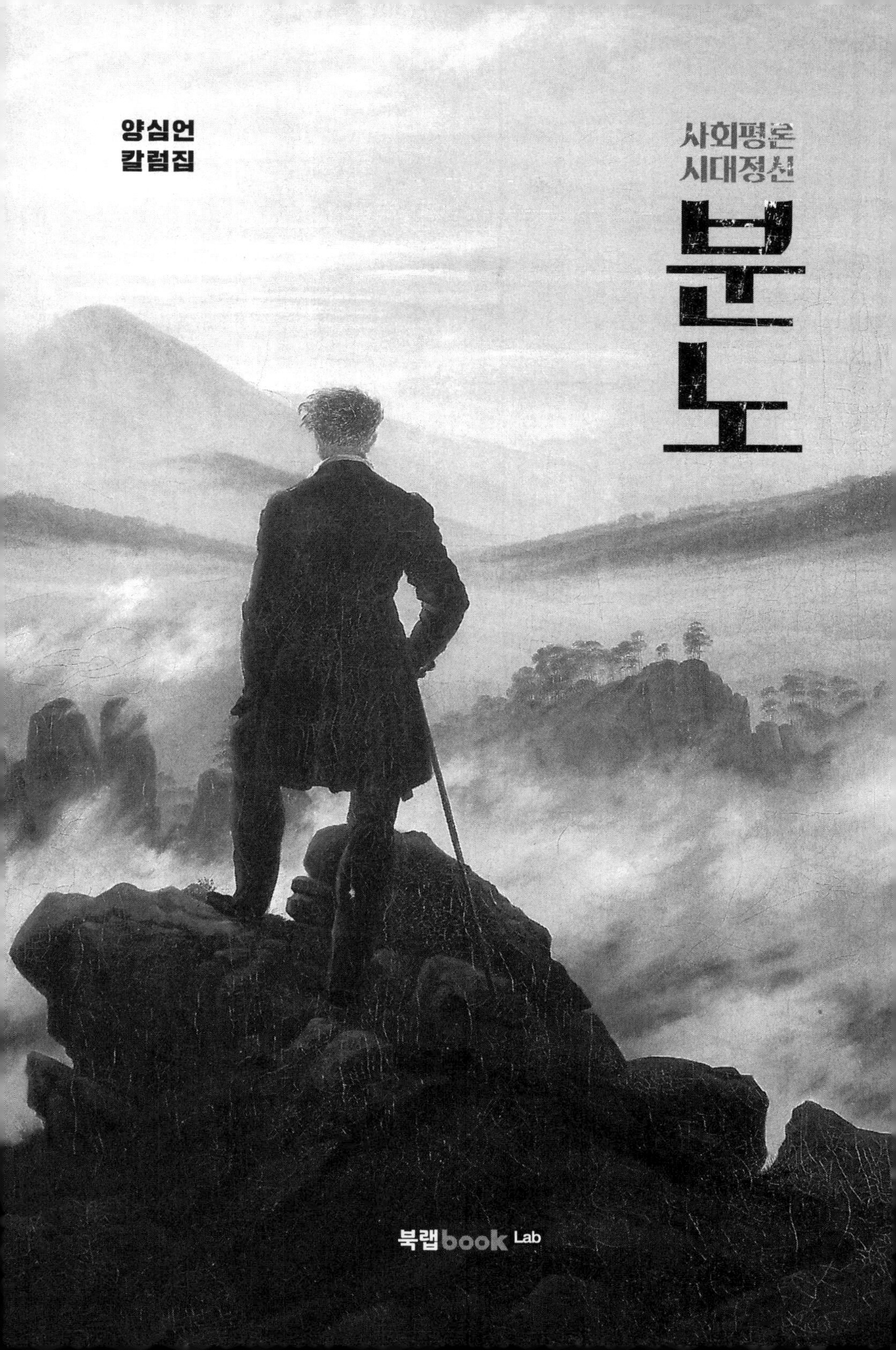

북랩book Lab

책을 펴내며

내 글의 뿌리는 어디일까. 지향점은 어디일까.

내 글은 어디쯤 와 있을까.

문학이 삶을 떠나 존재할 수 있는 것인가.

태평양 건너 경계의 삶을 시작한지 20년이 되었다. 무엇을 찾고 무엇을 잃었을까.

내가 품고 있는 생각은 숨기고 싶은 것까지 주머니 속의 송곳처럼 드러났고, 누구에게는 칼이 되고 때로는 발길질이 되기도 했다.

나는 평평한 세상에서 배려있는 사람들의 삶을 진심으로 그리워했다. 하지만 역사를 뒤돌아보면 언제 그랬던 적이 있었던가. 인간들의 세상에서.

내 글 속에 심오한 철학을 담기보다는 그저 인간들의 삶속으로 들어가고 싶었다. 그 삶 속에 철학, 정치, 문학, 역사가 녹아 있기 때문에, 바라건대 사람들의 이야기를 풀어내고 싶었다. 강직한 칼을 나무라지만 정론직필을 어찌할 것인가. 누군가는 지켜내야 할 부분이 우리에게 있는 것을.

최근의 글들은 급변하는 사회, 정치, 시대정신의 쟁투였다. 권력을 향한 쟁투였지만 바탕은 정의를 위한 싸움이다. 가면과 변명, 미사여구로 위장한 불의는 빛 앞에 드러나기 마련이다.

어떻게 세상으로 나아갈 것인가. 세상은 저절로 나아지지 않는다.

인류 탄생 이후 가장 살기 좋은 세상이 되었어도 여전히 우리는 행복하지 않다. 발전된 과학으로 온 인류가 먹고도 남을 풍족한 세상이 되었지만 매년 수백만 명이 굶어 죽고 있다. 인류의 비극이고 아이러니다.

시사 칼럼집을 펴낸 것은 처음이고 아마도 마지막일 것이다. 그동안 신문에 게재한 글 위주로 구성했다. 지난 몇 년간 우리 사회에서 일어난 숨가쁜 사건들과 정치, 사회 변화를 이곳 미국에서 경계인의 시각으로 들여다본 것들이다.

내가 품고 있던 생각과 살아온 삶, 희망과 절망, 자유와 꿈, 평등과 사랑이 깃들고 그래도 버리지 못할 세상다운 세상을 기원하는 마음을 글 속에 담고 싶었다.

마음에 드는 글이 부족했다면 모두 나의 작은 재주와 아둔함 때문일 터. 특히, 일반 수필과 달리 칼럼인 탓에 매번 마감시간에 쫓겨 충분한 자료와 사유가 부족했다. 아쉽다.

2018년 가을. LA, 심언제心彦濟에서

양심언

〈시대정신: 사회평론〉 '분노' 발간을 축하하며….

부럽다.

사람이 저렇게 진화하기도 하는구나 싶다. 늘그막에 이민을 결행한 용기가 결코 범상찮은데, 이역만리서 다시 잡은 펜대가 종횡무진이다.

촌철살인이요, 춘추직필이다. 언론활동도 모자라 시와 소설을 쓰는 등단 문인이다. 어디서 이 에너지가 나오는 건지 그저 존경스럽기만 하다.

본디 야물고 당차기는 했다. 나와의 인연도 벌써 30년 가까이 된다. 광주일보에서 함께 일했다. 나는 한때 데스크였고 양 기자는 부원이었다. 첫인상이 '술찬한디?'였다. 눈초리가 날카로웠고 쉰 듯한 목소리 속에 '깡치'가 있었다. 요샛말로 '까도남(까칠한 도시남자)'이었다. 범접이 힘든 기자였다. 정도만을 걷는 정의로운 기자였다. 이런 그를 시기하는 좀생원들은 '싸가지 없다.'고 매도해댔지만, 나는 그가 좋았다. 외로울 수밖에 없는 '바른길' 동행에 의기가 투합했던 셈이다.

나와는 참으로 추억이 많다. 뻔질나게 전화를 해대며 시시콜콜한 일까지 상의를 해왔다. 사소한 정보도 놓치지 않고 유통시켰다. 기사 핀도 사전 상의를 통해 결정했다. 그때는 '짜고 친다.'고 생각했는데, 지금 생각하면 자기가 기사 밸류를 결정한 셈이기도 했다. 데스크를 요리할 줄 아는 영리한 셰프였다.

한번은 이런 일이 있었다.

둘이 짜고 판사의 판결을 건드렸다. 시내 대형 나이트클럽의 시간 외 심야영업(당시는 불법)은 벌금형을 선고하고, 자정 넘어 해장국 몇 그릇 판 해장국집 할머니는 구속시킨 사건이 있었다. 그 비판 기사를 사회면 톱에 올리고 컷 제목까지 뽑았다.

양 기자를 믿지 못했으면 다룰 수 없는 기사였다. 그가 팩트에 충실한 정통기자였기에 가능한 반란(?)이었다.

당시만 해도 판사의 판결은 절대 건드려서는 안 되는 성역이던 시절이었고, 선배들로부터 전통이 내려오던 시절이었다.

나의 생각은 달랐다. 윗선 모르게 슬그머니 밀어 넣어 버렸으니 편집국에 난리가 난 것은 불문가지였다. 또 심야영업제한 시절 판사들이 술집 셔터를 내려놓고 술판을 벌이다 경찰 단속에 걸린 사건이 발생했으나 경찰 당국은 상부보고나 처벌도 못했다. 판사 영감들이 무서웠던 것이다. 그러나 정론직필로 명성 있는 양 기자에게 경찰이 정보를 넘겨 끝내 기사화 됐다. 경찰들도 양 기자라면 쓸 것이라는 명성과 믿음 때문에 특종이 가능했다.

또 하나.

100회가 넘는 의문의 연쇄 산불방화 사건이 발생해 온 세상이 시끄러울 때, 양 기자는 경찰의 사건보고나 베껴내는 책상머리 필경사가 아니었다. 그는 사건현장을 일일이 찾아다니고 직접 촛불 인화 시연을 거듭한 끝에 방화 수법과 범인 행동반경을 밝혀내 수사당국과 관련자들을 깜짝 놀라게 했다. 탐사보도의 선각자이자 현장기자였다.

내가 월간국장이던 시절, 술좌석에서 환경관련 기사를 지나는 말로 부탁했다.

얼마 후 양 기자는 여천공단 곳곳을 들쑤셔 요즘 치명적인 인체 위해로 우리 주변에서 사라진 '석면 폐해와 발생 현황'을 백 매짜리 원고지로 넘겼다. 월간국 사상 전무후무한 기사거리였다.

30여 년 전, 환경 담당기자도 아니고 여천공단 출입기자도 아니었지만 뛰어난 선견과 치밀한 조사 끝에 그런 기사를 완성한 것이다. 당시 공단은 물론 환경청에서 소동이 벌어진 것도 기억나는 대목이다.

지금도 이슈거리지만 30년 전, 시골 곳곳에 숨어 있는 위안부 할머니를 찾아내 기자협회가 수여하는 '올해의 기자상'을 수상하기도 했다.

단언컨대, 양 기자는 의식, 소양, 열정의 3박자를 두루 갖춘 흔치 않은 기자였다.

어느 날 석사과정에 등록하였다기에 무슨 꿍꿍이 인가 싶었다. 내심 "다 늙어 무슨 공부"했는데, 박사까지 마치고 홀연 도미하여 다시 전공인 언론을 꿰찼다니 그저 경탄할 따름이다.

이제 '미쿡사람'이 되어 홀쩍 커버린 거목이다.

우선 식견이 글로벌해졌다. 문학과 역사, 철학, 인간 생태계 등 미국과 국내, 사회전반에 미치지 않는 곳이 없다. 언어는 원숙해졌고 무게가 느껴진다. 세상읽기가 한층 날카로워졌고 과거와 현재, 동서를 넘나드는 분석력이 돋보인다. 철학적 사유의 깊이도 느껴진다. 언론인은 흔히 박이부정(博而不精) 유형에 안주하기 마련인데, 그는 박이정(博而精)의 경지에 오른 것 같다.

칼럼집 발간을 진심으로 축하한다. 앞으로도 계속 절차탁마할 것으로 믿어 의심치 않는다. 고국사람과 세계인을 감동시킬 심오한 힘 있는 글을 기대한다. 호랑이는 죽어 가죽을 남기고, 문인은 죽어 명문을 남기는 법. 훌륭한 문인으로서 명문을 바란다.

양승태 사법농단 사건보도가 매체를 도배하는 요즘, 해장국집 할머니 판결사건의 나비효과로 오버랩 되며 '깡치' 양 기자가 다시 보고 싶다.

건승과 인생 2모작의 풍성한 결실을 기원한다.

_ 대한민국 전라남도 담양군 대전면 누거에서, 전 광주일보 사장 김진영

미국에서 몇 안 되는 고향 후배이며 용기 있는 정론직필을 지향하는 언론인으로 함께 한 세월이 10년이 넘었다.

시와 소설로 등단한 문인으로서 저자가 시사 칼럼집을 출판하게 되어 진심으로 축하를 보낸다. 문장 중에서 튀어나오는 세상에 대한 이야기와 철학자들의 명언들로 끝까지 읽도록 유인하고 있다.

사람 사는 곳이 다 그렇듯, 이곳 LA 한인사회에도 끊임없이 문제가 생기고 적폐들은 기생한다. 적폐가 잔존하는 책임은 사회 리더와 지식인, 언론의 책임도 빼놓을 수 없다. 그것도 모두 함께 나서는 사회적 분위기가 중요하지만 현실은 그렇지 않다.

외롭게 어려운 싸움을 계속해 나가는 것을 지켜보면서 저자의 올곧고 정의감 넘치는 직필을 지켜보았다.

세상이 바뀌고 점차 좋은 세상으로 향하고 있으니, 차츰 나아질 것이란 희망 속에 저자가 꿈꾸는 세상도 가까울 것이라 믿는다. 나와 다름을 인정하는 사회가 되었으면 한다.

세상은 쉽게 나아지지 않는다는 말처럼 곳곳에서 많은 수고와 어려움을 겪는 사람이 있다.

밝은 세상을 지향하고 오늘도 묵묵히 나아간다. 그곳으로.

힘든 짐을 지고 가는 사람에게 축하와 박수를 보낸다.
강건하고 행복도 함께 하기를….

_ 2018년 10월, 한미교육연합회장 차종환 박사

시사 전문지를 통해 알려진 양심언 대표가 그동안의 칼럼을 엮어 만든 산문집을 출간하는 것을 진심으로 축하드립니다.

녹록치 않은 이민 생활 속에서 험난한 한인사회, 급변한 한국과 미국 사회의 목격자와 참여자로서 거센 강물을 거슬러 올라가는 연어처럼 저항하고 부딪치며 온몸을 내던진 사람입니다.

굽히지 않는 날카로움과 들끓는 정의감으로 할 말을 하는 정론직필의 언론 사명을 지켜나가는 분입니다.

그의 글은 분노로 시작하지만 배려로 끝난다고 생각합니다.

날카로운 지적은 방관자로 사는 내 가슴에 못이 되지만, 저자가 지적한 인물과 해석은 다시 제 마음을 치유하고 위로를 줍니다.

저자가 추구하는 모든 것이 지켜지고 나아지길 바라면서, 다시 한 번 칼럼집 발간을 축하드립니다.

발전을 기원합니다.

_ **민주평통 LA 지역협의회장 서영석**

시인이며 소설가인 양심언 언론인이 시사 칼럼집을 펴낸다.

그간 자신이 발행하는 시사 주간지와 인터넷 등에 발표한 글들을 한 권으로 묶은 것이다.

그동안 미주 문인으로 함께 활동하고 그의 시와 소설을 대하면서 언론인보다는 문인으로만 생각하고 있었다.

그러던 차에 저자가 보내온 시사 산문집을 받아들었다. 하룻밤 시간을 내어 그가 보내온 시사 산문을 읽기 시작하였는데, 읽으면 읽을수록 그의 시사 산문에 빠져 밤이 깊어가는 가는 것을 잊고 말았다.

시의 응축된 감수성과 소설의 개성 깊은 표현에서 벗어나지 않을 것이란 나의 기대를 뛰어넘었다. 산문이 지니고 있는 독자적이고 독특한 문장력으로 한 주 한 주의 사회 문제와 현상을 예리하도록 깊이 잡아 써내려간 산문 한 편 한 편은, 저마다의 또렷한 개성과 주제를 지니고 있고 글마다 뼈대가 올곧게 들어가 있음을 발견해 무릎을 탁- 치지 않을 수 없었다.

이렇게 양심언 언론인처럼 시사 정론을 그대로 지키면서 시처럼, 소설처럼 재미있고 깊게 다룰 수 있는 언론인은 드물다는 생각이 들었다. 이는 저자가 언론인이며 시인이며 동시에 소설가이기 때문일 것이다.

일반 산문(신변잡기, 한 사람의 일생, 여행담, 가벼운 교훈이나 철학담론 등등)은 장르 그 자체의 성격 때문에 다루기가 쉽고 쓰기도 쉽다. 주제에서 조금 벗어나도 상관없고 글 쓰는 이의 주관에 따라 별다른 부담감 없이 얼마든지 글을 전개시킬 수 있다. 글을 다루고 쓰기에 자유롭다는 것이다. 그러나 시사산문은 다르다.

더구나 매주 주간지를 내는 언론인은 자신의 글 하나 하나가 사실이고 진실이며, 그 한 주의 사회 현상들 가운데 가장 언급할만한 가치가 있는 기사를 찾아내어 기술해야한다는 점에서 다른 일반 산문 작가들과는 다른 부담을 지고 있게 된다. 수많은 신문구독자의 날카로운 눈길이 자신의 시사 글에 쏠리고 있다는 것을 인식할 때 그 부담감은 더더욱 배가 될 것이다.

이에 정론을 써내려간다는 것은 얼마나 무거운 짐인가.

그럼에도 불구하고 저자는 그 무거운 짐을 짊어지고 자신이 걷고 있는 양심의 길을 따라 한 치의 오차도, 벗어남도 없이 묵묵히 제 길을 걸어가고 있는 것이다. 이것은 대단한 뚝심이며 용기이며 배짱이다. 이런 언론인이 우리 곁에 있다는 참으로 즐겁고 다행스러운 일이다.

그의 시사 칼럼을 읽으면서 사람과 글이 똑같다는 생각을 한다. 감정이 풍부하면서도 논리적인 사람. 정론에서 결코 벗어나지 않는 언론인, 그가 바로 양심언 언론인이다.

오늘, 저자의 시사 산문집을 상재함에 김치 한 조각에 막걸리 한 사발로 축배를 들어도 좋을 것이다.

축배!

_ 미주한국문인협회 회장. 시인, 소설가, 번역가 이윤홍

축하드립니다.

양심언 작가의 글을 읽으면서 어쩌면 이렇게 내가 하고 싶은 말을 다 해주었을까 하는 느낌이 들었습니다.

그가 보고 듣고 생각하는 것이 우리와 비슷하거나 같다는 얘기일 것입니다. 미주 한인의 이민 역사가 100년을 훌쩍 넘었습니다. 그 세월만큼 한인사회도 크게 성장했습니다. 규모가 커지면서 해결해야할 과제도 함께 늘어났습니다. 태평양을 건너와 이 땅에 발붙이고 살아가는 사람들이 겪고 있는 개인적인 고민과 걱정, 그리고 한인사회에 곰팡이처럼 번져가는 각종 어두운 문제들도 함께 쌓여갔습니다.

누군가는 힘들고 어려운 이민자들의 등을 토닥이며 위로해주고, 한인사회의 부조리를 끄집어내 함께 고민하고 질책하고 해결책을 제시해야 했습니다.

그때, 이 어려운 일을 앞장서 해온 사람들이 있습니다. 양심언 작가도 그 중의 한 사람입니다.

꼭 해야 할 일이지만 사람들이 망설이고 있을 때, 내가 하면 안 되나 하고, 팔 걷어붙이고 나서는 자가 필요합니다. 손해나 이익은 따지지 않고, 전체를 위해 개인의 희생을 감수하는 용기가 필요합니다. 그것이 결국 미주 한인사회를 한 단계 업그레이드 시켜주는 원동력이 됩니다. 이 책은 잠자는 여러분의 의식을 깨어나게 할 것입니다.

책은 집입니다. 양심언 작가가 여기저기 흩어져 있던 칼럼을 모아 예쁜 집을 지었습니다. 그 집을 찾아가 그가 한 얘기를 조곤조곤 들을 수 있게 되어 기쁩니다.

_ 민족문제연구소 LA 지부장. 시인 정찬열

차례

책을 펴내며　　　　　　　　　　　　　　　05

축하의 글　　　　　　　　　　　　　　　07

01　　콜라보　　　　　　　　　　　　　　18

02　　행복한 세상을 위한 배려　　　　　　22

03　　호텔 22　　　　　　　　　　　　　25

04　　배려있는 세상　　　　　　　　　　28

05　　천재와의 식사　　　　　　　　　　31

06　　떠도는 유령　　　　　　　　　　　35

07　　그 오월이 오고 있다　　　　　　　39

08　　추악한 패배자　　　　　　　　　　44

09　　뒤집힐 복, 역사가 주는 교훈　　　48

10　　눈물을 닦아주는 눈물　　　　　　55

11　　빈대 이야기　　　　　　　　　　　59

12　　검난檢亂의 시대　　　　　　　　　63

13　　판사도 인간이다. 가장 추악한…　67

14　　죽음의 냄새　　　　　　　　　　　71

15　　천재들의 도시 〈1〉 '새들의 노래' 카잘스　75

16　　천재들의 도시 〈2〉 '신의 건축가' 가우디　79

17　　천재들의 도시 〈3〉 '게르니카' 피카소　83

18　　우주의 황금돛단배　　　　　　　88

19　　부끄러움을 알려주랴!　　　　　　93

20 세상을 향한 용기를 부추기는 한마디 〈영화평론〉   97

21 한 권의 책, 한 여인의 삶 〈직지이야기 1〉   101

22 한 권의 책, 한 여인의 삶 〈직지이야기 2〉   104

23 암살 그리고 인류잔혹사   111

24 혁명의 시대 〈청년 마르크스〉 〈영화평론〉   115

25 누구나 외롭다   119

26 역사에 남을 장면   123

27 어떤 선택   127

28 한량, 건달, 깡패, 양아치, 선비   131

29 「1987」 2018의 길을 묻다 〈영화 1987〉   135

30 인간의 탐욕과 거짓말   139

31 2Q16 대한민국 명예혁명   143

32 행운   147

33 아! 김광석, 철사줄이라니,   151

34 이완용과 이명박 〈시대의 역적은 누구인가〉   158

35 단언컨대, 불의와의 투쟁일 뿐이다   162

36 문재인의 아름다운 복수   166

37 귀족검사, 거지검사 〈그들만의 왕국〉   170

38 섭정攝政의 고찰   174

39 유산이 이 정도는 돼야지!   178

40 기차는 몇 시에 떠나는가   181

41 젊은 날의 기억 '미루나무 황톳길'   185

42 한인사회를 당신들이 망쳤다   189

43 너만 아니면 돼! 멍청아! 〈4.29 LA폭동 25주년에 부쳐〉   193

44 국가의 수치 혹은 국격   197

45 포스트 트루스(post-truth)   201

46 올라갈 때 못 본 꽃   208

47 通通 하겠느냐, 우병우 버티기   212

48 산적 떼가 판치는 사회   216

49___2Q16 박근혜식 삥뜯기　　　　　　　　　　　**219**

50___개성공단의 책임　　　　　　　　　　　　　**223**

51___영화 '베테랑'으로 보는 세상 〈영화평론〉　　**228**

52___21세기 가장 추악한 싸움판(조선일보 VS 청와대=우병우)　**232**

53___「1984」 빅 시스터는 살아있는가　　　　　**236**

54___인문학 산책 _ 시평 〈이윤홍〉　　　　　　　**240**

55___딸에게 바친 '인터스텔라' 〈영화평론〉　　　**244**

56___너무 잘해 문제인 '문재인'　　　　　　　　**250**

57___문재인 대통령 방미에 부쳐　　　　　　　　**254**

58___LA 한인사회의 성폭력범들 〈미투운동 속으로〉　**260**

59___쥐들이 들끓는 사회 〈갑질의 세상〉　　　　**264**

60___'악의 꽃'의 종말　　　　　　　　　　　　**268**

61___악의 길　　　　　　　　　　　　　　　　**272**

62___빼앗긴 12년, 한인회장 투표권을 한인에게!　**277**

63___한인사회 민초들이 깨어날 때는 언제인가　　**281**

64___박비어천가와 박타령　　　　　　　　　　**285**

65___촛불의 힘, 위대한 시민 승리　　　　　　　**290**

66___지도자의 길　　　　　　　　　　　　　　**294**

67___녹슨 헌법　　　　　　　　　　　　　　　**298**

68___최후의 보루　　　　　　　　　　　　　　**302**

69___〈시인 선배의 죽음에 붙여〉　　　　　　　**307**

70___신임 이기철 LA 총영사에게 듣는다 〈인터뷰〉　**310**

01
콜라보

'Collaborateur'의 약어, 협력자, 내통자, 공동작업의 의미다.

요즘에는 가수들이 서로 함께 작업해 발표하거나, 디자인 작업, 영상작업 등 다양한 공동작업을 말한다. 얼마 전에는 스마트폰도 콜라보 작업을 통한 '프라다 폰'을 발표하기도 했다. 즉, 모든 분야에서 공동작업, 콜라보가 진행되는 시대가 되었다.

이런 의미 이외에 2차 대전 이후, 프랑스에서 국가에 반역이 되는 일에 동조하거나 가담하는 의미의 '부역자'의 용어로 탈바꿈하는 역사적 사건이 발생한다.

1940년 6월 14일, 밀물처럼 밀려든 히틀러의 군대는 아무런 저항 없이 개선문과 샹젤리제 거리를 행진했다. 이틀 후, 레이노 수상이 사임하고 대신 페탱 원수가 취임했다. 당시 84세의 페탱은 1차 세계대전 중 베르덩 전투의 영웅이었으며 육군 총사령관 출신으로, 스페인 대사로 나가있다가 급거 귀국했다. 그리고 6월 22일, 독일대표단과 프랑스 측 사이에 휴전협정이 성립되었다.

히틀러에 짓밟힌 폴란드 같은 인근 국가와 달리 "프랑스인을 통치할 프랑스인의 정부" 수립을 목표로 비쉬 정권이 탄생한 것이다. 프랑스 남부의 한 휴양도시인 비쉬를 전시수도로 정한 비쉬 정권은 새로운 헌법을 제정함으로써 성립되었다. 비쉬 정권의 합법성에 대해서는 당초에는 별다른 의문이 없었다.

프랑스 국민들은 비쉬 정권이 비록 독일에 사실상 항복한 후 등장한 정부이긴 하지만 적어도 형식 논리적으로 당시의 제3공화국 헌법에 따라 구성된 합법적인 정권으로 인정했다.

그러나 런던에서 드골은 비쉬 정권을 전면부정하고 "위대하지 않은 프랑스는 프랑스가 아니다(France is not France without grandeur)."라는 말을 한 것은, 형식적, 합법적 논리가 아닌 철학적 차원의 규탄이었다.

페탕 주석 또한, "나는 4년 이상이나 매일같이 프랑스의 영원한 이익을 위해 봉사하려 하였다. 충성으로, 그러나 한 점의 타협도 없이 단지 하나의 목표만을 가졌다. 바로 프랑스를 최악으로부터 보호한다는 것. 만약 내가 프랑스의 칼이 될 수 없다면 방패라도 되려고 하였다."라고 주장했다.

그리고 "드골 장군이 국경 밖에서 투쟁하였다면 나는 프랑스 즉, 고통당하였지만 여전히 살아 있는 프랑스를 보존함으로써 해방을 위한 길을 준비하였다."고 말했다.

그럴듯한 사변이긴 하다.

1944년, 연합군이 노르망디 상륙 후 9월 7일에 비쉬정부는 연합군의 공격을 피해 독일 남부의 지그마린켄으로 피난하고 페탕은 바로 국가원수 자리를 사임했다. 페탕은 1945년 4월에 프랑스로 돌아와 1946년 7월부터 한 달간 재판을 받았다. 결국 사형을 선고받았지만, 드골은 고령을 이유로 무기금고형으로 감형했다. 페탕은 1951년 유배지였던 브르타뉴의 유우 섬에서 사망했다.

썰물처럼 드러나기 시작한 박근혜·최순실 게이트 파문은 이제 배신의 시대로 접어들었다. 모두 두 사람의 관계를 알지 못했으며 최순실을 본 적이 없다고 부인하고 있다.

11월 5일, 들불처럼 번진 시민봉기는 이제 정권타도를 넘어 부역자 처벌까지 외치고 있다. 아직도 눈을 뜨지 못한 '청와대 심봉사'는 허수아비 총리, 무당 박승주 장관 등을 임명하고 '마이웨이'를 가고 있다. 오는 12일, 민중 총궐기가 기다리고 있다. 전 우주적으로는 아니지만, 전 세계적으로 집회가 동시다발로 벌어질 것이다.

4.19, 5.18, 6.10 항쟁정신을 잃지 않았다면 결코 좌절하지 않는 대한민국이 될 것이다.

  드골은 파리 입성 첫해에 4만 명의 나치 부역자들을 처벌했다. 그리고 색출작업은 40년간 이어졌다. 언론인, 문인에 대한 처벌도 어김없이 진행되었다. 억울하다며 한 언론인이 드골에게 항변했다.

  '난 아무 말도 아무런 짓도 하지 않았소!'

  드골이 한 말은 전설이 되었다.

  '그것이 당신이 저지른 죄다.'

  지난 4년 동안 최순실 비호아래 움직였던 자들의 색출작업이 시작되었다. 시작은 언론이 했고 지금은 의혹에 쌓인 검찰에게 바통이 넘어갔다. 박 정권을 옹호하거나 친박·원박이랍시고 떠들던 자들의 퇴출도 이정현을 신호탄으로 시작되고 있다. 이게 시궁창에 파리가 꼬이는 정치판이다. 박근혜의 불행이 대한민국의 불행이 되어서는 안 된다.

  뒤돌아보면 대한민국의 불행은 부역자 척결에서부터이다. 친일파, 독재정권 하수인 등 매국노들을 한 번도 척결하지 못한 채 적당한 변명으로 미뤄졌다. 그리고 역사는 굴절되었다. 아무도 그들에게 면죄부를 주지 않았지만 권력자에 의해 흐지부지 되었다. 일제강점기에 조선에 산 사람치고 친일을 하지 않은 사람이 어디에 있느냐? 라고 말하기도 하지만, 위에서 길게 설명한 비쉬 정권 척결처럼 형식적, 합법적 논리로만 따져서는 안 되는 역사적 이유가 거기에 있다.

  합법을 가장한 거악들의 더러운 행태는 모래알처럼 역사에 기록돼 있다. 나아가 기록조차 되지 못한 추악한 행태는 더할 것이다. '무엇이든, 당신이 상상하는 것 이상'의 추악한 박정권의 실태를 눈앞에 두고 국민은 분개하고 절망에 빠져있다. 이 모든 것이 과거사 청산 없이 지나온 역사의 응징이다. 박근혜의 행적에서 박정희의 그림자가 어른거리는 것도 같은 이치다. 최태민이 그러하고, 딸보다 어린(박근혜, 박근령) 여인들을 밤마다 껴안고 안가에서 성추행, 강간, 성매매 등을 일삼다 끝내는 심복의 흉탄에 스러졌다.

살펴보면, 남미 후진국 아니면 갱단영화의 한 장면 같은 상황이 대한민국에서 일어났다. 그리고 40년 후, 그 독재자의 딸이 다시 정권을 잡고 3류 영화 속 장면이 재연되고 있는 대한민국이 되었다.

돌아보면 지적능력이나 살아온 이력이나 당선 되어서도, 될 수도 없는 국가지도자가 분명했다. 그러나 파리떼 정치인들이 달라붙어 당 대표로, 대통령 후보로 만들었고 끝내는 국민들이 대통령으로 선출했다(물론 부정투표와 국정원을 동원한 갖은 추악한 짓도 있었지만).

이제 어떻게 할 것인가.

아직도 형식적, 합법적 대통령만 내세울 것인가. 그 이면에 가려진 추악한 행태를 찾아내고 척결해 나라와 역사를 바로 세워야한다. 이제는 과거사 청산을 여기서부터 시작해야 한다. 그래야 제2의 박정희, 박근혜의 탄생을 막을 수 있다. 그런 야만의 역사를 끝낼 수 있다.

이승만의 그 야만의 시대를 4.19로 마감할 수 있었지만, 위대한 민주정신은 박정희 쿠데타로 뭉개졌다. 5.18, 6.10 항쟁의 시민정신은 전두환 군사독재로 무너졌다. 박근혜·최순실 게이트로 무뎌진 2Q16년 시대정신을 이제는 바로 세워야 한다.

언론이 침묵하고 파리 떼들이 만들어 낸 정권.

기대해서도 기대할 것도 없는 청와대 발표보다, 11월 12일 민중총궐기의 국민의 힘으로 바로 세울 것을 믿어 의심치 않는다.

2016년 11월 12일. 새날이여, 어서 오라!

2016년 11월, 〈彦〉

02
행복한 세상을 위한 배려

어떤 농구시합에서 이런 스코어가 나왔다. 0 대 100

농구경기에서 100점의 골을 넣기도 힘들지만, 실점을 0으로 막는 것도 경이로운 일이 아닐 수 없다.

텍사스 고교 여자리그에서 커버넌트 고와 달라스 아카데미 고와의 시합에서 이런 점수가 나왔다고 한다. 그러나 아카데미 고는 학생수가 20명 정도이고 그 중 8명으로 농구팀을 결성했으며, 난독증 같은 학습 장애아들로 구성된 학교였다. 물론, 창단 이래 4년 동안 한 번도 승리해 보지 못한 팀이었다.

경기 결과를 알게 된 지역 내 여론은 놀라웠다. 커버넌트 교장은 즉각 사과문을 발표하고 지역 학교협의회에 용서를 구했으며, 앞으로 이 같은 부끄러운 짓을 다시는 하지 않겠다고 사죄했다.

'명예롭지 못한 승리는 오히려 쓰라린 패배임을 알아야 한다.'고 말하면서….

또한 고교 농구리그 위원회에 부끄러운 경기 결과를 삭제해줄 것도 정식으로 요청했다.

배려 없는 무자비하고 야비한 시합에 대한 수치심인 셈이다.

땅콩회항의 조현아가 그러하고, 세간의 화두인 갑질에 대한 분노가 들끓고 있다. 힘 있고 돈 있는 자, 권력가라고 마구 휘둘러서는 안 된다. 그런 것들이 세상에서 부끄러움으로 지적될 때 적어도 그 사회는 희망이 있는 곳이기도 하다.

돌아보면 이승만, 박정희, 전두환, 노태우… 이런 자들도 무자비한 승리만을 쟁취한 자들이다. 수치심도 잊은 채.

그들이 행사한 권력 중 누구의 것이 더 큰 지 셀 수 없지만, 지나간 세월 뒤에는 수치와 무상만이 남을 뿐이다. 세상의 어떤 권력도 반드시 내려올 때가 있다는 것을 알아야 한다.

이민자들은 새로운 세상에서 삶을 다시 시작하면서 뜻하지 않은 억울함과 곤란을 겪으며 살아간다. 경계의 땅에서는 먼저 온 자들이, 성공한 자들이 권력자들이다. 뒤에 온 사람들은 미지의 땅에서 속고, 고통 받으며 살아간다.

세상은 평평하지 못해 솟은 부분과 꺼진 부분이 있다(凹凸요철). 그래서 가진 자들이 겸손하고 배려할 수 있어야 한다. 내려올 때를 생각하라는 말이다. 새해아침 염원 속에 찬란히 솟는 태양도 지는 때가 오고, 그렇게 모든 것은 쉬이 지나간다.

카프카와 고흐는 배려 없는 세상에 마지막 저주를 남겼다. 카프카는 유대인 상인의 가정에서 태어나 프라하에서 법학을 공부하고 박사학위를 받았다. 25세부터 일생을 보험국 관리로 일하면서 겨우 밤에만 글을 쓸 수 있었다(심판, 성, 변신 등). 젊은 나이, 마흔한 살의 나이로 죽을 때까지 밥벌이의 지겨움에서 벗어나지 못한 채 철저한 고립과 소외감으로 생을 마감했다. 가난한 병으로 일컫는 결핵을 앓다가 7년의 요양생활 끝에 굶주림으로 1924년에 죽었다. 20세기 들어서 가장 위대한 작품으로 「심판」이 선정되는 등 현대에도 각광을 받는 3편의 대작 또한 미완성 작품이다.

카프카는 죽음의 순간에 유언으로 미완성의 작품들을 모두 불태워버리라고 친구인 막스 브로드에게 부탁했다. 어쩌면 그건 세상에 대한 카프카의 저주가 아니었을까? 카프카에겐 부족하고 미완성인 작품을 처분하는 결단이었겠지만, 우리에겐 배려 없는 세상에 대한 카프카의 마지막 저주로 남는다.

놀라운 것은 미완성이면서도 걸작으로 남은 카프카의 작품에서, 몇 년 만 더 살아서 완성된 작품으로 변모되지 못한 것을 아쉬워 하고, 나아가 몇 편의 작품을 더 남겼더라면 하는 아쉬움을 남기는 학자들이 많다. 미완성의 작품들은 과연 어떻게 변모되었을까, 자못 궁금한 대목이 아닐 수 없다. 이후 작품생활을 계속 할 수 있었다면 어떤 작품들이 나왔을까?

춥고 굶주린 늦은 밤, 카프카가 곱은 손을 비벼가며 회계장부를 정리한 그 시간에 한 편의 소설에 매진할 수 있었더라면, 세계문학사에 새로운 장이 기록될 수 있었을 것이고 오늘의 우리는 조금은 더 행복할 수 있었을 것이다.

빈센트 반 고흐 역시, 한때는 67일 동안 70점의 그림을 그렸으며, 죽기 1년 전에는 한 해 동안 2백 점의 그림을 그리기도 했다. 그가 죽기 4개월 전, 단 하나의 작품이 팔렸는데 그건 「붉은 포도밭」으로 금액은 400프랑이었다(250달러).

다음은 고흐가 생전에 남긴 처절한 독백이다.

"사랑이 있어야 할 곳에 파멸만 있어서 넌더리가 난다. 그리고 이렇게 소리치고 싶다. 신이여! 얼마나 더 기다려야 하나요?"

천재는 이렇게 세상을 저주하다 지쳐 서른일곱에 권총 자살로 생을 마감했다. 그 총성은 우리에게 남긴 저주가 분명하다.

2015년 2월, 〈彦〉

03

호텔 22

「호텔 22」가 미국을 넘어 세계에서 화제다.

실리콘벨리 인근 팔라알토에서 새너제이까지 가는 22번 시내버스. 두 시간의 운행시간 동안 추위를 피해 노숙자들이 버스에서 잠을 잔다. 쉴 곳이 없는 노숙자들이 이용하는 시내버스에서의 두 시간. 버스기사는 아예 노숙자들에게 의자에 눕지 말라고 당부한다. 2불을 구걸해 새벽 추위를 피해 두 시간의 안락을 위한 도시 최 빈민층의 단면이다.

'엘리자베스 로'가 만든 8분짜리 다큐 영화 「호텔 22」는 시내버스가 노숙자들의 숙소가 된 이야기를 그려 갈채를 받았다.

최고의 부자들이 넘쳐나는 실리콘 벨리에 넘쳐나는 노숙자들. 세계 최고의 선진 국가이자 부자나라의 단면이고, 빈부의 양극화가 보여주는 빛과 어둠의 대비다. LA도 거리마다 노숙자들이 넘쳐나고 있다.

사실 세상은 인간들이 편히 먹고 살 만큼의 모든 것을 갖추었다. 농산물 생산량도 전 인류가 먹고 남을 만큼 넘쳐나지만 기업의 유통구조와 중간업자의 이득 갈취로 아사자가 매년 수백만 명에 이른다. 모두가 나누고 가져야할 것들을 일부가 독점하고 빼앗아 세상은 고른 세상이 되지 못한다.

신은 우리에게 평평한 세상을 주었지만, 인간들의 욕심 때문에 굴곡지고 바르지 못한 세상으로 변한 것이다.

시사정론지는 세상을 향해 나무란다. 얼마 전 한 독자에게 왜 질책하는, 고발하는 기사만 쓰느냐는 질문을 받았다. 그럼 사보나 홍보지를 보시라고 답했지만, 속내는 이렇다.

그런 기사를 쓰는 기자도 답답하기는 매한가지라는 점이다.

비상식의 사회, 부끄러움을 잃은 사회, 막가는 사회에서 세상을 찬미하고 침묵할 수 있는가 그걸 언론이라고 할 수 있는가.

엉뚱한 짓을 하며 수작을 부리는 사람에게는 '정치'한다고 한다. 검찰이 법을 수호하지 않고 국민을 지키지 않으면 '견검'이라고 부른다. 기자가 진실을 취재 보도하지 않으면 '기레기'라고 부른다. 짖지 않는 개는 용도폐기 감이다.

세상이 밝아져 좀 더 밝은 기사가 넘치고 행복과 즐거움, 배려와 미담이 넘치는 세상이면 얼마나 좋겠는가. 그런 세상을 꿈꾸고 기다리지 않는 사람이 있겠는가.

정부라는 권력집단은 언제든 괴물로 변할 수 있는 막강한 힘을 지녔다. 그를 견제하기 위해 국민들은 언론에 무한한 신뢰를 보내는 것이다. 언론은 언제나 국민들 편이며, 언론의 힘은 국민의 편에 설 때만 생긴다. 언론이 가진 자와 힘 있는 자의 편에 서는 날, 언론은 또 하나의 괴물에 불과하다.

세월호 사건 이후, 언론을 향해 기레기라는 돌팔매가 날아들었다. 제때에 할 말을 못하는 언론, 빈자와 소외계층을 외면하는 언론, 고깃덩이에 맛들인 언론은 이제 부끄러움마저 잊었다.

친일 황국만세를 외치고, 이승만 독재에 빌붙고, 유신 군사독재를 찬양하고, 권력 감투에 침을 흘리는 언론은 그저 꼬리 흔드는 개에 불과하다.

가진 자와 권력자들은 통제와 감시가 없는 세상에서 사람들을 절벽으로 내몰 것이 분명하다. 그것 또한 수많은 인간 잔혹사에서 확인하기 쉽다. 시대가 이러하니 언론의 사명이 무엇보다 중요하다. 최근 새로 구성된 언론노조 집행부에서는 '우리 사회가 앞으로 나아가는데 걸림돌은 바로 언론'이라고 지적한다.

"신문 없는 정부보다 정부 없는 신문을 택하겠다."는 말은 제퍼슨 대통령이 한 말이지만, 생각해보라. 언론이 없다면 세상은 어떻게 달라지고, 그 손해는 누가 볼 것인가.

「풀」, 「거대한 뿌리」의 김수영 시인은 5.16 혁명 이후 사랑과 서정을 노래할 수 없는 시대가 되었다고 말했다. 50년이 지난 오늘, 세월호 사건 이후 글을 쓸 수 없다고 하소연하는 문인들이 늘어나고 있다. 박범신, 김훈, 공지영 작가를 비롯해 많은 시인들도 이제 서정을 노래하는 시대는 끝났다고 글로 썼다.

김수영 시인은 죽기 전 한 강연장에서 이렇게 말했다.

"시는 머리로 하는 것이 아니고 심장으로 하는 것도 아니고 몸으로 하는 것이다. 온몸으로 하는 것이다. 온몸으로 동시에 밀고 나가는 것이다.

… 중략 …

내가 지금 바로 지금 이 순간에 해야할 일은 이 지루한 횡설수설을 그치고, 당신의, 당신의, 그리고 당신의 얼굴에 침을 뱉는 것이다."

2015년 3월, 〈彦〉

04
배려있는 세상

배려는 역지사지에서 출발한다.

내가 싫은 일은 남도 싫은 법이다. 맹자는 "남을 예의로 대해도 답례가 없으면 자신의 공경하는 태도를 돌아보고, 자신은 사랑하는데 그가 가깝게 대해주지 않으면 스스로의 마음을 돌아보고, 남을 다스리는데 다스려지지 않으면 스스로 지혜가 부족함을 돌아보라(禮人不答反基敬 愛人不親反基仁 治人不治反基智)."고 말했다. 한마디로 '배려(配慮)'의 자세이다.

요즘은 하찮은 배려에도 감동하는 세상이 되었다. 그만큼 배려가 존중되지 않는 사회에서 살고 있다는 말이다. 지난해 일어난 세월호 사건도, 땅콩회항 조현아, 거기에 협박까지 일삼은 동생 조현민 사건도, 모두 배려 없는 사회에서 일어난 일이다.

상대방의 어려움을 내 일처럼 생각할 수 있다면 세상을 달라질 것이다. 요즘 화제가 된 영화 「국제시장」의 흥남철수작전의 주인공 현봉학, 그리고 함께한 장군, 선장 등, 그들은 남의 어려운 처지를 내 일처럼 여겼기에 가능한 배려를 베풀었다.

유달리 추었던 1950년 12월 15일부터 12월 24일까지 진행된 흥남철수작전에서 선박으로 실어 나른 사람은 10만 명이었다. 24일, 마지막 상선 메리다스 빅토리아 호 선장 레너드 라루는 한 사람이라도 더 싣기 위해 무기와 선적된 화물을 바다에 버리고 피난민 14,000명을 싣고 흥남부두를 떠나 거제도로 향했다. 라루 선장의 뒷얘기는 공지영 작가의 「높고 푸른 사다리」 소설로 최근 널리 알려지기도 했다.

외국 여행을 할 때면 빠지지 않고 찾는 곳이 미술관이다. 우선은 고흐 그림이 있는 곳부터 찾는다. 우리가 잘 아는 고흐는 생전에 배려와는 멀리 있었던 대표적인 사람이다. 고흐 그림을 대할 때마다 벅찬 감흥에 사로잡힌다. 행복과 인생의 깊이에 빠져들곤 한다. 인간을 감흥의 세계로 인도하는 힘, 바로 창조와 예술의 힘이다.

160년 전에 태어난 빈센트 반 고흐는 37년간 살았지만, 실제 그림을 그린 기간은 1880년부터 1890년까지 10년뿐이었다. 10년 동안 2천여 점의 그림을 남겼지만, 남은 그림 수는 확실치 않다. 히틀러 일당의 초현실주의 혐오자들이 불태워 없앴고, 생전에 가치를 인정받지 못해 제대로 관리·전수되지 못한 이유다.

고흐의 천재성은 현대문명이 발달하면서 더욱 빛을 발했다. 첨단레이저 기기들을 사용해 조사한 결과 고흐의 그림이 '일필휘지' 방식으로 가감이나 세필을 사용하지 않은, 크게 단번에 그린 그림들이란 사실이 밝혀지면서 고흐를 열망하는 화가들을 더 큰 절망에 빠뜨리기도 했다. 망설임 없이 단번에 그린 그림이 오늘날 세계인이 열망하는 고흐의 그림인 것이다.

그런 이유로 3650일 동안 이틀에 한 점 꼴로 2천여 점의 그림을 그려낼 수 있었다. 과거에도 미래에도 누구도 흉내조차 낼 수 없는 천재의 작품이 확실한 이유이다.

오늘날 가장 비싼 가격에 거래되는 고흐 작품들은 특히 스토리텔링이 살아있어 더욱 사람들에게 감흥을 주고 갈채를 받고 있다. 동생 테오에게 보낸 수많은 편지 속에는 시공을 뛰어 넘는 감동의 세계가 숨 쉬고 있다.

잘 알다시피, 고흐는 스승이나 동료, 후원자도 없이 생애에 단 한 점의 그림을 죽기 얼마 전에 판 것이 전부이다.

만약에, 만약에 말이다. 당시 사회가 고흐에게 조금만 배려의 손길을 내밀어 10년만 더 그림을 그리게 했더라면, 적어도 세계 각국에 1~2점의 그림이 소장, 전시되어 더 많은 사람들에게 감흥을 줄 수 있지 않았을까?

결국 배려 없는 사회는 우리를 각박한 시궁창으로 몰아넣어 사회를 어지럽게 만든다.

서울 중심가에 위치한 S호텔 주인이 있다. 큰 부자는 아니지만 먹고 살기는 충분한 사장이다. 그는 우연히 어떤 소설가가 글 쓸 공간을 찾아 여인숙 방을 전전한다는 말을 듣는다. 그래서 호텔 꼭대기 층 전망 좋은 방 3개를 소설가들에게 무료로 개방하기로 발표했다. 형편이 어려운 작가 추천권은 소설가협회에 위임했다. 수년 동안 작가들이 그곳에서 주옥같은 소설을 썼다. 외부에는 전혀 알려지지 않은 이야기다.

그 후, 사장은 사업이 번창해 제주도에도 호텔을 갖게 되었다. 제주도에서는 소설가들을 위한 더 많은 공간을 별도로 준비해 제공해 오고 있다. 그곳에서는 완전한 숙식과 휴식 공간까지 배려해 제공한다. 머무를 기간도 넉넉히 3달로 정했다. 물론 지원자는 매년 엄청나다. 입으로 전한 소문의 힘이다. 아니 배려의 힘일 것이다.

돈을 벌어 명성과 명예를 얻고 싶은 자들이여, 배려를 하라. 그리고 베풀어라.

그 명성은 시대와 공간을 뛰어넘어 전설이 될 것이다.

배려의 역사는 살아서 꿈틀거린다. 부활해서 시대와 공간을 넘어 넘실거린다. 10만 명의 살아남은 피난민이 피워낸 꽃들이 여기저기 피어 있을 터이고, 누군가의 배려의 꽃을 본 사람들도 삶이 조금은 달라지지 않았을까.

작은 촛불, 골목길에 버려진 꺼져가는 연탄불도 한때는 빛을 내고, 누군가를 따스하게 덥혔을 것이다.

당신은 누구에게 작은 빛을, 따뜻한 온기를 전한 사람이었던가.

새해 마음속에 새길 대목이기도 하다.

2015년 1월, 〈彦〉

05
천재와의 식사

당신은 어떤 천재와 식사를 하고 싶은가?

스티브 잡스가 평생 만나보고 싶은 사람은 소크라테스였다. 점심 한 끼를 할 수 있다면 전 재산을 주고라도 하고 싶다고 말했다. 잡스의 재산은 9조 원이 넘었다. 천재는 천재를 알아보는 것인가. 전 재산을 바치고서라도 천재를 만난다는 것이 얼마나 값진 일인지, 행복한 일인지를 깨닫게 되는 시점은 죽음 앞에서인지 잡스도 죽기 전에 이런 소회를 드러내기도 했다.

"나는 이제야 깨닫는다. 인생에서 삶을 유지할 만큼의 적당량의 재물을 쌓은 후엔 부와 무관한 것을 추구해야 한다는 것을. 재물만을 추구하는 것이 얼마나 생의 낭비인 것을 깨달았던 것인가."

재물이 죽음 앞에 무가치한 대목은 또 있다.

젊은 날 한때 연인이었던 시인 백석을 평생 그리워한 자야(김영한 여사)는 죽기 전 대원각(길상사)을 기증했다. 당시 시가 3천억 원 규모였지만, 자야는 길상사 기증 따위는 백석의 한 줄 시보다 못하다며 사모의 정을 드러냈다.

가장 비싼 식사는 버핏과의 점심이다. 올해 낙찰금액은 350만 불이었다. 1999년부터 시작된 버핏과의 점심으로 모두 2천만 불이 모여 글라이드파운데이션에 기부됐다. 버핏 역시 지금까지 6조 원을, 그것도 빌게이츠

재단에 기부했다.

이 시대 지식인들이 지목한 가장 만나고 싶은 사람은 레오나르도 다빈치였다. 또 최고의 천재로는 다빈치를 제치고 문호 괴테가 뽑혔다. 예술의 힘이다.

남미에서는 칠레, 페루, 콜롬비아, 멕시코의 작가들이 노벨문학상을 받았다. 남미 국가들이 저소득 국가에 미개한 나라 같지만 왠지 이들 나라는 야만국처럼 느껴지지 않는다. 문학의 힘이다. 그런 작가를 배출한 국가는 주위 국가들과 뭔가 달라 보인다.

역사와 예술이 숨 쉬는 그리스, 로마, 프랑스, 영국 등을 가면 왠지 기가 죽고 배울 게 많은 나라처럼 느껴진다. 스페인에 몇 달 머물 때, 그저 '아미고'의 나라가 아닌 천재의 나라인 것을 뒤늦게 알고 한동안 충격 속에 지냈다.

천재가 살았던 나라는 모든 것이 달랐다. 건물, 그림, 음악, 그리고 신화가 숨 쉬는 역사가 그 안에 있었다.

최초의 무적함대 '아르마다'는 해가 지지 않는 스페인 제국 건설에 앞장섰고 세계 역사를 바꾸었다. 그 첫 항해를 시도한 콜럼버스는 집념의 천재였다. 이탈리안 콜럼버스를 지원한 나라였기에 세계 제패의 제국이 될 수 있었다. 여러 나라가 지원을 거부했지만 이사벨 여왕의 결단으로 간신히 항해 기회를 얻은 결과, 쾌거의 세계 역사 한 장면이 되었다. 이로 인해 침략과 약탈과 식민지시대가 열리긴 했지만, 어쨌든 인류의 역사는 새 장을 맞이했다.

처음부터 천재가 아닌 경우도 많다. 살면서 완성되기도 하고, 시대에 따라 만들어지기도 했으며, 또 생전에는 빛을 보지 못한, 인정받지 못한 천재도 넘쳐난다.

한 시대의 천재를 사람들은 구별해내지 못했다. 아니 인정하지 않았다. 고흐, 카프카, 가우디, 이중섭 등 수많은 별들이 그렇게 스러졌다. 구차한 삶과 냉대 속에, 밥벌이에 허덕이다 세상을 떠났다.

배려 없는 세상에 버려진 천재들. 그 안타까움은 오롯이 우리들에게 돌아온다.

배려있는 세상에서 한 편의 시를, 한 권의 소설을, 한 점의 그림을 더 남겼더라면 후세 사람들은 더 행복과 감동을 느꼈을 것이다.

노벨문학상을 받은 작품이 출판을 거부당하고, 일부는 불쏘시개가 되기도 했다. 황금알이 아닌 다이아몬드 알을 쏟아낸 조앤 롤링의 해리포터도 하마터면 불쏘시개가 될 뻔했다.

잡스의 회한처럼 먹고 살 문제만 아니라면 인간은 다른 곳을 지향해야 한다. 그곳은 물질이 아닌 인문학 속으로, 예술과 문학과 역사, 철학이 숨 쉬는 땅을 찾아야 한다.

하기야 있는 자들은 먹는 것 자체도 문화와 예술로 간주하고 즐긴다. 삶 자체가, 삶의 모든 것이 문화를 떠나서 영위되지 않는 셈이다. 그런 까닭에 물질 추구가 아닌 문화와 예술을 중시 여기는 것이다.

여행한 도시에서 위대한 예술의 혼을 만나면 그 도시는 이미 위대한 도시가 된다. 그 속에 사는 사람들도 위대한 사람으로 숨 쉬는 것을 느낀다. 인간은 그걸 찾아 노력하고 살아가는 것이다. 감동과 행복 충만의 삶 속에서 즐기고 싶은 것이다.

'헬조선'의 국민들이 가장 행복하지 못한 삶을 살고 있다는 집계의 해결 방안을 찾는 길은 여기가 아닐까.

이태리 메디치 가문은 예술인을 끔찍이 지원했다. 천재를 찾아 어릴 때부터 모든 것을 지원했으며 수많은 미술관, 도서관, 학교를 지어 인문학을 공부시키고 인재를 길러냈다. 그 결과 인류 역사상 가장 위대한 르네상스 시대를 창조하는 원동력이 되었다. 심지어 전쟁을 피해 베네치아에서 도피생활을 하던 때에도 그곳에 멋진 도서관을 지어 헌납했다.

제국을 건설하고, 문화시대를 창출한 원동력은 물질만능이 아닌 배려였다. 후대 역사는 천재 한 사람, 한 가문만을 칭송하지 않고 천재와 함께한 시대를 칭송한다.

노벨상 배출 국가가 격이 다르듯, 천재와 인문학 살아 움직이는 곳은 역사 속에 살아남을 것이다.

미주 이민 120년을 맞는 이곳의 천재는 누구인가.

단박에 떠오르는 별이 없다. 존재하지 않아서인가, 아니면 하늘에서 빛나지 않았을 뿐인가.

백 년이 넘도록 한 명의 천재를 키워내지 못한 미국 이민생활은 무엇이 문제였을까.

당신 옆에 있는 천재는 누구인가. 혹시 피 흘리며 신음하고 있지는 않는가.

한국에는 3백여 개의 문학관이 건립되어 운영된다는데 미국에는 한 곳도 없다. 총영사관이나 문화원, 교육원에서도 문학은 관심 밖이다. 작년에는 버젓이 활동하는 소설가협회를 유령단체라며 삭제했다. 춤, 음악 공연, 미술 전시모임은 있지만 문학 관련 모임은 수년 동안 전무하다. 교류나 소통조차 없다. 어쩌다 미국을 방문한 문인이 대담 정도 나누는 것에 불과하다.

'책도 안사고 문인 대우도 안하면서 노벨상에만 미친 한국인'이라는 세계인의 비난이 부끄럽지 않은가.

당신이 올해 읽을 책은 몇 권인가?

2016년 8월, 〈彦〉

06
떠도는 유령

한때, 유럽에서 떠도는 유령은 공산당을 일컫는 단어였다.

이미 죽어 사라진 것을 그리워하거나 두려워한다는 의미를 함유하고, 공산당이 역사적으로 저지른 악행에 대한 공포의 은유이기도 했다. 뿐만 아니라 유럽 곳곳에서 유령처럼 불쑥불쑥 등장하는 이념투쟁이나 히틀러, 스탈린, 독재, 러시아에 의한 기류변화를 대변하기도 했다.

우리에게도 떠도는 유령이 있다.

정국이 혼탁하거나 사회질서가 무너지면 등장하는 유언비어와 음모 속에 긴급조치, 보안법, 위수령, 계엄령 등등의 단어다. 눈과 코를 찌르는 매캐한 최루탄의 추억과 쫓고 쫓기는 시위대와 전경, 사복조, 물대포는 현대사에서 빼놓을 수 없는 유령이 분명하다.

우리 시대의 유령은 양치기의 거짓말처럼 늑대가 되어 시민들을 물어뜯었다. 한국 현대사에 걸핏하면 등장해 군홧발과 총칼로 시민들을 억압했다. 계엄 세력은 체제와 헌법, 종북과 전쟁을 앞세워 탱크를 몰고 광화문에 나왔다.

전쟁 같은 생채기도 갖고 있다. 계엄령으로 자행된 5.18 광주 만행이다. 유령이 현실로 나타나, 군인들이 민간인들을 집단 발포해 학살했으며 감옥에 가두고 고문했다.

계엄령(戒嚴令)은 내란, 반란, 전쟁, 폭동, 국가적 재난 등 비상사태로 인해 국가의 일상적인 치안 유지와 사법권 유지가 불가하다고 판단될 경우 군대를 동원해 치안 및 사법권을 유지하는 조치를 말한다.

지금까지 계엄령은 9차례 있었다.

여순 사건(1948. 10. 22)

4.19 혁명(1960. 4. 19)

5.16 군사정변(1961. 5. 16)

6.3 사태(1964. 6. 3)

10월 유신(1972. 10. 17)

부마민주항쟁(1979. 10. 18)

10.26 박정희 피살(1979. 10. 26)

12.12 사태(신군부 쿠데타)(1979. 12. 12)

5.18 광주민주화운동(1980. 5. 18)

한국인들에게 위수령, 계엄령의 기억은 음습한 군사독재의 기억이다. 작당한 정치군인들이 시대에 불만을 품고 국가 전복을 시도하고 인명 살상과 국가 재난을 일으켰다.

한국 현대사 변곡점마다 서슬 퍼런 계엄령이 내려졌고 거리에는 탱크와 무장군인들이 광기를 내뿜었다. 광기는 시도 때도 없이 유령이 되어 담배 연기처럼 맴돌았다. 그렇게 우리의 70년 현대사는 유령의 두려움 속에 지나온 세월이 되었다.

그렇기에 위수령, 계엄령에 대한 신경과민적 반응은 당연하다.

전 세계가 극찬한 평화적 촛불시위 뒤편에서 엄청난 음모가 추진되고 있었다. 시위는 수십만 시민들이 모여도 단 한 건의 불법이나 폭력 사태 없이 진행되었다. 소위 선진국이라는 유럽이나 미국에서조차 대중이 모이면 폭력행위가 발생하지만 우리의 촛불시위는 달랐다. 세계가 주목하고 놀랐다.

오히려 탄핵이 발표된 후 태극기 부대들이 폭도로 변해 폭동이 일어났고, 버스를 밀어 넘어뜨리며 4명이 사망하는 사태까지 발생했다. 유령 세력들은 더 큰 불상사가 일어나도록 조종했지만 평화적 촛불시위는 쓰레기 하나 남기지 않는 민주시민의 참모습을 보였다. 태극기 부대의 악다구니조차 경찰력으로 충분했고 군이 군이 나설 상황은 발생하지 않았다.

　문제는 누가, 왜, 어떤 방식으로 조종했는가 하는 의문이다. 이제 그 참담한 배후가 드러나고 있다. 기무사는 계엄령을 검토하면서 계엄사령관은 육군총장이 맡고, 합참의장은 북한 도발에만 대비해야 한다고 그럴듯하게 주장했다. 사실상 합참의장을 배제한 것이다. 계엄사령부 편성표에서도 육군총장이 사령관을 맡고 그 아래 주요 보직도 모두 육군이 맡는 것으로 나타났다. 법에 규정된 군 지휘 체계를 무너뜨리는 계획이다. 군 조직법을 보면, 전투 부대에 대한 작전 지휘권은 합참의장에게 있고, 각 군 총장은 군의 행정만 책임진다.

　문건 작성 당시 이순진 합참의장은 3사 출신인 반면, 장준규 당시 육군총장과 조현천 기무사령관, 한민구 국방장관 등은 모두 육사 출신이다. 짬짜미로 하겠다는 심사다. 육사출신들의 '순혈주의'가 의심 받는 대목이다. 청와대에서도 육사 중심의 기무사가 합참의장을 제치려 한 결정적 정황으로 분석했다.

　대통령의 긴급지시로 꾸려진 독립수사단 구성에 국방장관은 물론 육군 출신까지 배제한 것도 이런 의심이 강하게 반영됐다. 독립수사단은 군내 비 육군, 비기무사 출신의 군 검사들로 구성했다. 따라서 수사단은 육사 출신들이 지휘계통을 무시하고 군의 주도권을 쥐려고 했는지가 관건이 될 전망이다.

　백 번 양보해 안보차원에서 대비한 것이 말이 되려면 기무사 문건에 육군·해군·공군 작전 계획도 포함됐어야 한다. 북한의 동향이 걱정되는데 육군은 탱크를 전방에서 빼돌려 서울 시내에 포진하고 공군, 해군과는 공유도 안한 것은 육사 '이너서클'의 증거이기도 하다. 비육사 출신을 배제하고 자기들끼리 비밀리에 공유한 계획이 쿠데타 계획 아니고 뭔가.

　제발 이제는 쿠데타의 유령에서 벗어날 때도 되지 않았는가. 똥별들이여!

　국방 전문가들의 일치하는 견해는 이 문서가 하향식의 보고가 아닌 자연발생적, 즉 기무사에서 이러이러한 상황들이 있다는 식의 보고가 아니라는 분석이다.

한민구 국방장관 본인도 한 발 빼는 모습을 보이고 합참의장은 보고도 받지 못한 채 계엄사령관 직제까지 배제된 상황을 볼 때, 이 음모는 그런 권한을 가진 자들의 모의가 분명하다는 주장이다. 그 반사 이익을 누릴 자들은 뻔하기 때문이다. 그런 음모라면 김기춘 비서실장이나 황교안 국무총리 또는 문고리 권력 등 실세들이 주도했을 가능성이 크다.

성공한 쿠데타는 처벌이 불가능하다. 그렇다면 실패한 쿠데타는 어떨까. 계획하거나 실행 후 실패해도 처벌은 당연하다. 그것도 중죄 처벌이다.

사족으로,

기자시절 과거 보안대의 추억이 한줌 있다. 80년대 후반 어느 날, 당시에는 각 관공서의 출입기자실에 안기부 조정관과 보안사 요원이(군인) 사복을 입고 출입하던 시절이었다.

안기부 요원도 그럴진대, 군바리 사찰 요원이라니…. 민주화 바람이 불기 시작하면서 우리 몇몇은 작당해 기자실 출입문에 '기자 이외 개와 안기부, 보안사 직원 출입을 금함'이란 메모판을 써 붙였다.

다음날 난리가 났지만 그래도 지구는 돌고 돈다. 최루탄의 매캐한 추억이다.

2018년 7월, 〈彦〉

07
그 오월이 오고 있다

날들이란 슬픔을 기억하는 시간인가.

4.3, 4.16, 4.19, 5.18, 6.10…. 봄이 오면 생각나는 숫자들.

어떤 사람들에겐 떠올리기도 싫은 괴롭고 힘든 기억일 것이고, 누군가에게는 누추하고 추악한 기억의 시간일 것이다. 부채의 시간과 지우고 싶은 시간 사이에 가해자와 피해자가 존재한다.

38년 전, 대한민국 남쪽 한 도시에서는 끔찍한 일이 준비되고 있었다.

떠날 사람들은 이미 도시를 떠난 뒤, 도시는 포위되었고 남겨진 사람들은 맞닥뜨린 사건을 묵묵히 지나가고 있었다. 날마다 고막을 때리는 총소리가 끊이지 않았고 무심했던 헬리콥터 소리도 공포 그 자체였다.

밤사이 엎어진 세상의 전장 속에서 도시의 사람들은, 어머니와 아들은 거리에 있었다. 매캐한 최루탄이 코와 눈, 목을 뒤집고 도시는 화염에 싸였다. 중학생은 시민군으로, 구두닦이는 총잡이로 거리에 남았다. 끝내는 땅속에 누울 그들이 그때 거리에 있었다.

영화나 드라마였으면 좋았겠지만, 슬프게도 우리의 역사다.

광주의 이야기가 오월이면 분노 없이 오고 있다. 지금도 그들을 폭도나 빨갱이로 냉혹하게 몰아붙인다. 선 안과 밖에 서서 서로를 응징해야 하는 시간들이 절망에 묻힌다.

오월 그날, 광주에서는 도시를 떠나지 않은 사람들이 죽어나갔다. 도시의 도로는 끊겼고 전화도 불통이었다. 죽은 사람 넣을 관조차 동이 났고 병원은 복도까지 수술 대기환자로 넘쳐났다. 알 사람은 알고 모른 사람은 모른 체 오월의 열흘이 지나고 있었다. 불안 속에서도 대한민국의 시간은 흐르고 있었다. 누구는 '깨어 있는 자에게만 해는 뜬다.'라고 했지만 무심히 흘러가는 것도 시간이다.

역사가 된 한 페이지를 몰라도 오월은 지나간다. 그저 꽃이 피었다가 지는 오월.

광주의 오월을 10대에 지나왔던 20대에 지나왔던, 살아남은 자의 고통은 그들만이 아는 부채다.

여느 지식인조차 무장공비를 들먹이고 빨갱이를 들먹이는 시대.

이념과 좌우논리를 이용한 정치협잡과 보수 진보의 다툼을 탓할 여백마저 없는 시대.

그 잔혹한 시대를 우리는 지나고 있다.

그날 중학생 시민군을 조준 사격한 계엄군은 지금 인간의 얼굴로 돌아와 살아가고 있는가.

오월의 열흘이 지나고 수많은 사람들이 체포되어 영창에서 고문을 당하고 치욕을 겪어야 했다. 또 많은 시간이 지난 후에는 불구자나 정신병자가 되어 자살로 생을 마감했다.

드라마가 아닌 현실이고, 역사가 된 우리의 이 시대 이야기다.

고통은 정녕 더 나아지기 위한 시간이라고 했던가. 매년 기념일로 돌아오는 그 날은 고통이다. 힘든 기억의 시간이고 지우고 싶은 추악한 시간이 돌아오는 것이다. 고통이란 순응하는 시간인가. 저항하는 시간인가.

4.3, 4.16, 4.19, 5.16, 5.18, 6.10….

공교롭게도 이 숫자들의 진실은 아직 깊은 물속에 가라앉아 있다. 과거를 잠재울 수 있는 진실이 드러나지 않고 있다. 때문에 용서할 수도, 잊을 수도 없다. 채 덮어지지 않은 역사의 장을 앞에 두고 있는 셈이다.

진실규명과 진정한 사과가 있어야 용서도 할 수 있다. 하지만 과연 그런가.

광주시민들이 천만번 용서하고 하늘이 천만번 용서한다 해도 그들은 지옥에서 벗어날 수 없어야 마땅하다. 사람의 양심을 가졌다면 말이다.

아직 광주의 진실은 잠들지 못했다. 그 상처를 간직한 피해자들이 두 눈 부릅뜨고 살아가고, 형제자매들이 무거운 짐을 지고 죽음의 그림자와 함께 시간을 보내고 있다. 그 어떤 고백과 반성도 역사의 상처를 과거로 되돌릴 수 없다.

누군가는 역사의 숫자를 자신들의 목적에 이용하기 위해 무서운 음모를 저질렀다. 아직 규명하지 못한 진실의 책임은 산자의 몫이다. 얼마나 용기 있게 진실을 밝혀내고 밝은 세상으로 만들어 후대에 넘겨줄 것인지는 산자들의 책임인 것이다. 기운 세상의 물속에 담긴 의자를 후대에 물려주게 될지는 우리의 선택인 것이다.

저기 오월 속에 새 시대가 오고 있다. 오월은 자유민주를 위해 피를 흘렸다. 금남로에서, 도청에서 사라져간 영령들은 지하 어둠에서 밝은 세상을 기다리고 있다.

오월에는

오월은 꽃이 피는 시절인가.
오월은 꽃이 지는 시절인가.
너무 일찍 진 꽃잎들 위로 바람이 지나고
풀잎도 누웠다 일어나고
햇살도 살며시 찾는다.
너는 어디 있느냐.
너는 어디 있느냐.
나는 가만가만 몇 명의 이름을 불러본다.
오월 그날이면 부르는 이름
소리 나지 않게 입술 끝에서 조용히….

사일육

_ 심 언

그날 바다가 젖었다
그날 애들을 실은 찢긴 깃발은
끝내 귀항하지 못했다
파도치는 바위 골골 마다
토해 놓은 울음들
파도로 부딪치고 부딪치고
아우성친다

젖은 바다에
걸어 나오는 애들의 발자국이
눈물에 젖어있다
걸어 나오는 애들

그날을 되돌릴 수 있다면
되돌아갈 수 있다면
그날 때문에 나아갈 수 없던 길
엄마는 그 바다에서 파랗게 젖어 있다고
시인은 시를 써서 하늘에 닿고자
아픈 지상의 소리를 〈오늘도〉 바다로 보낸다

그날 이후, 할 수 없던 말
바다가 핏물이 되고
아이들 울음이 파도가 되어
파랗게 파랗게
너는 그때 어디서 무엇을 하고 있었나
죽음이 갈라놓은 그 시각

바다에는 아우성과 침묵이
가지런히 놓여 있다

그 바다
갈매기 한 마리
백옷 곱게 차리고 맴돈다
사,일,육
그 바다

2018년 5월, 〈彦〉

08
추악한 패배자

'승리는 신들의 것'이란 말이 있다.

인간은 모두 패자다. 패배는 인간의 것이란 의미다. 그렇다면 승리를 누리는 자들은 누구인가. 몇 사람을 제외하고는 모두가 패배자지만, 그 승리 또한 5분이란 날카로운 분석도 있다.

인간은 모두 승리를 꿈꾼다. 1등만 기억하는 세상에서 승리자만이 살아남는 결과지만, 그렇다고 모두가 승리할 수는 없다. 승리자가 표본은 아니다. 그만큼 승패의 세계는 냉혹하기 때문이다.

승리자들만 살아가는 세상을 상상해 보라. 얼마나 끔찍한가. 어쩌면 세상은 승리자보다 패배자가 더 많아 살만한 세상이 아니겠는가.

인간은 모두 좌절과 아픔을 겪지만 거기서 쓰러지지 않고 운명을 승화시킬 줄 아는 사람, 바로 그들이 위대한 패배자이다. 승리에 의미가 있다면 패배 또한 의미가 있다. 추악한 패배자가 많은 세상에서 진정한 패배는 새길 만하다.

좋은 패배도 있다. 좋은 패배자란 적어도 인생을 관조하는 자일 것이다. 패배자는 느긋하게 웃을 수 있지만 승리자는 음흉하게 웃는다.

우리는 지구상의 패배자 전부를 알지 못한다. 주위의 패배자조차 모른다. 다만 그들 모두가 패배자라는 사실을 인정하고 있을 뿐이다. 그들도 나처럼, 역사 속 한 명의 패배자처럼 말이다.

우리는 안다. 아무리 뛰어난 승리자라 하더라도 시대와 공간에 적합하지 못하면 패배자일 뿐이라는 것을.

모차르트나 아인슈타인 역시 그 시대, 그 도시에 태어나지 않았다면 그저 평범한 생을 살아갔을 것이란 주장도 있다.

모든 패배 속에 승리가 있다. 실패는 새롭게 출발할 기회를 준다. 그것도 좀 더 영리하게 출발할 기회를. 모두 역사 속에 살아있는 교훈이다.

히틀러는 굴욕감과 좌절감을 학살과 잔인함으로 표출했다. 역사는 히틀러를 '수없이 좌절한 부적격 인간의 복수심이 세계를 잔인하게 짓밟았다.'고 기록했다.

추악한 승리보다는 아름다운 패배가 나을 것이지만, 승패의 세계에서는 승리만을 갈망한다. 하지만 승리를 갈망하는 승리자들만 행복 속에 사는 것은 절대 아니다.

우리가 패배자를 멀리할 수 없는 이유는 그가 우리 중 한 사람이라는 것, 나의 패배일 수 있다는 것이다.

그리고 세상은 패자들의 노래를 찬양한다. 역사 속에서도, 예술 속에서도 패자들의 노래를 더 높게 찬미하고 있다.

그리고 대부분의 주인공은 패자들이다. 패자들의 세상이 더 살만한 세상이란 것은 문학작품에서 알 수 있다. 순간 벼랑 끝으로 추락하고, 이유 없이 속고, 배신당하고, 좌절하는 사람을 끝내 평화로운 안식처로 안내하는 자는 작가이다. 한때 우리 삶보다 더 고통스럽고 좌절의 골짜기로 보내기도 하지만 작가는 찬란한 찬란한 결말과 스토리텔링을 선사한다.

문학 속의 가장 추악한 패배자는 러시아 작가 고골리가 만들어 낸 「외투」의 서기 바슈마치킨이다. 주인공 바슈마치킨의 최대 꿈은 고급 외투를 사는 것이었다. 결국 굶고 절약해 알뜰살뜰 모아 새 외투를 살 수 있었다. 하지만 새 외투를 입고 처음 거리를 활보하는 날 어두운 골목길에서 강도를 만나 외투를 빼앗기고 만다. 바슈마치킨은 절망 속에 병이 들어 시름시름 앓다가 죽고 말았다.

소설은 이렇게 끝난다.

"그는 땅속에 묻혔다. 하지만 상트페테르부르크는 그 없이도 잘 굴러갔다. 마치 바슈마치킨이란 인간이 여기 살았던 적이 없었다는 듯이."

패배도 이쯤 되면 할 말을 잊는다. 설사 외투가 삶의 전부라 하더라도 이래서는 안 된다는 의미겠지만, 인생이 이렇게 허무하게 끝나서는 안 되는 것이다. 끝까지 패배를 인정하지 않고 삶을 갉아먹는 사람들. 패배 아닌 패배자, 추악한 패배자이다.

여기 또 하나 추악한 패배가 있다. 총 맞아 죽은 부모를 등에 업고 등극했지만, 그에게는 충분한 자질과 성숙이 없었다. 결국 이용만 당하고, 멋대로 농락만하다 탄핵을 당하고 감옥에 갇히는 신세가 되었다. 그의 승리는 뼈저린 패배가 되었다.

그러나 그 정도의 승리도 값진 것임을 깨닫기에는 교만했고, 좌절과 잔인함 이외에는 자질이 없었으며 정의와 국민도 아예 없었다.

그는 누구보다 법을 지켜야 했고 패배 속에서도 지켜내야 할 것이 있었지만 미처 깨닫지 못했다. 승리의 순간도 농락했던 것처럼, 결정적 패배의 순간에도 깨닫지 못했다.

모든 법과 절차를 무시하고 멋대로 국정을 농락했던 것처럼, 법정과 감옥 안에서도 법과 절차를 무시하기로 한 것이다. 국선변호인마저 거부하고 재판 불출석을 고집하는 박근혜. 그를 바라보는 국민들의 시선을 그는 한번쯤 생각은 하고 있을까.

아직 남아있는 작은 승리마저 던져 버린 추악한 패배자의 길을 걷고 있는 것이다.

권력이 뭐길래. 외투가 뭐길래.

그것 없이도 씩씩하게 살아가는 사람이 얼마나 많은데 말이다.

승리는 신의 것이기에, 패배는 인간이라면 누구나 당하는 것이다. 다만 추악한 패배는 자신의 선택으로 저지르는 패악이다.

사실 패배하더라도 거들먹거리지만 않는다면 동정과 아쉬움이라도 남지만, 그렇지 않으면 웃음거리로 전락한다. 요즘은 거들먹거리지 않으면 누구도 거들떠보지 않는 세상이긴 하다. 하지만 이제는 그만 거들먹거리고 세상에 순응하고 법치에 따라 반성의 시간을 갖기를 국민은 기다리고 있다.

아! 얼마나 어지럽힌 지난 5년이었던가.

2017년 12월, 〈彦〉

09
뒤집힐 복, 역사가 주는 교훈

역사가 주는 교훈은 참으로 절묘하다.

찬란한 우리 역사의 자랑거리 중에는 세계 최초의 금속활자가 있다. 전적으로 인정을 못 받고 있지만 많은 부분 베일이 벗겨져 전문가들은 인정하고 있기도 하다.

그 금속활자 중 단 한 점을 찾아내 국립고궁박물관에 전시하고 있다. 그 활자가 바로 뒤집힐 '복'자다. 왜 그 많은 활자 중에 하필 뒤집힐 '복'자를 우리에게 남긴 것일까. 그것도 요즘은 사용하지 않는, 그래서 사전에서도 사라진 뒤집힐 복.

8만자에 이른다는 한자의 금속활자 중, 개성의 한 무덤에서 발굴한 것이 하필 복자인 것은 역사의 아이러니라 할만하다.

1913년, 한 골동품상에서 50원을 주고 매입한 것이 세계 최초 금속활자로 인정돼 박물관에 남은 것이다. 쿠텐베르크의 인쇄기보다 300년이 앞선 인류의 위대한 발명을 우리는 꽃피우지 못한 채 발명의 명예도 빼앗기고, 인쇄 문화까지 넘겨주고 말았다. 고려시대에 기득권층이 인쇄물(서적)을 독점한 탓이었다. 쿠텐베르크는 '42행 성서'의 인쇄에 매진한 것으로도 모자라 널리 책 보급에 나섰기에 인쇄 문화를 꽃피웠고 위인으로 남았다.

최초의 금속활자 인쇄물인 '직지' 역시 아직은 인정받지 못하고 있지만 전문가들은 이미 인정하고 있다. 모든 것이 제자리에서 빛을 발하기 위해서는 아직 우리의 노력이 필요한 부분이다.

지금 LA 한인사회는 큰 위기에 봉착해 있다.

천둥 같은 날벼락이었다. 한인들은 알지도 못했다. 맡아서는 안 될 사람들이 감투욕심에 자리를 차지하거나 무책임하게 개인적인 이유로 도중하차한 것이 결국 한인커뮤니티에 치명적인 결과를 초래한 것이다.

한인타운에는 각 단체를 떠돌면서 장기간, 여러 단체장을 맡고 있는 자들이 많다. 또한 여러 단체에 이름만 걸어놓고 명함을 들고 다니며 행세하는 자들도 많다. 인간의 하루는 귀천을 떠나 24시간으로 공평하다. 그자들의 하루가 48시간이 아닐진대, 충분히 역할도 못하면서 수많은 단체에 이름을 걸어놓은 것 자체가 조직에 해악이 되는 적폐가 될 것이다.

적어도 단체 간부이고 책임자라면 자신이 어떤 역할을 할 수 있는지 고민해야 하고 책임과 의무를 성실히 준수해야 한다. 권한과 감투만 욕심내고 의무와 책임을 저버린 결과가 결국 지금 한인타운의 두 가지 긴급현안으로 터진 것이라 할 수 있다.

제1 현안.

알려진 대로, 방글라데시 주민의회 신설과 함께 찾아온 한인타운 반쪽 위기는 월셔 주민의회가 제대로 작동되지 못했다는 의견이 지배적이다.

지난해 하반기에 의장이 갑자기 물러난 뒤 주민의회 회의가 개최되지 못했다. 그 결과 주민의회의 가장 중요한 역할인 커뮤니티 내 중요사안 등이 전혀 반영되지 못하면서 지금의 어려움에 처하게 된 것으로 지적한다.

다시 말해 주민의회 기능 중 구역 내 주민들의 의견을 모아 관할 시의회 지역구 의원에게 제시하고 시의회 아젠다로 올릴 수 있는 창구가 끊겨버린 것이다. 한인사회의 오피니언 리더들이 이를 제대로 인지하고 한인사회의 이슈를 창구를 통해 잘 활용하는 지혜가 있었다면, 이번 사태들은 미연에 막을 수 있었다는 의미다.

사실 이러한 징후는 오래전부터 감지된 바 있다. 한인들이 하찮게 여기는 주민의회 선거장에 방글라데시인을 비롯한 소수인종들은 조직적인 집단 움직임을 보이며 선거참여나 의견개진을 해왔다.

우리는 의장직을 맡고도 제대로 역할을 못하고 호시탐탐 때를 기다린

방글라데시 커뮤니티에 허를 찔린 셈이다. 방글라데시 커뮤니티는 리틀 방글라데시 주민의회 신설을 위해 오랜 기간 동안 준비하면서 한인타운을 두 동강 낼 수 있는 기회를 만들어 낸 것이다.

2000년대 후반부터 2010년대 초반 사이에도 방글라데시 커뮤니티를 비롯해 살바도리안 커뮤니티 등 이웃한 소수민족 커뮤니티들이 지속적으로 한인타운 지역까지 자신들의 구역을 넓히기 위한 시도를 해왔다. 그러나 그 당시에는 한인회 등 한인단체들이 연합해 적절하게 대응함으로써 한인타운 지역구를 지켜낼 수 있었다.

방글라데시 커뮤니티는 6월 19일 실시되는 선거에서 5만 명 동원을 목표로 내부적 결속을 다지고 있다고 한다. 그뿐 아니다. 투표에서 질 경우에 대비, 한인 커뮤니티와의 중재를 통해 최소한 자신들의 뜻을 관철시킬 '플랜B'까지 철저하게 준비하고 있다는 소식이다.

만약 한인사회가 이번 선거에서 패할 경우, 리틀 방글라데시 주민의회 지역구에 속하게 되는 한인들과 건물 소유주, 비즈니스 업주들에게는 예기치 않은 타격이 기다리고 있다. 재팬타운이 사라지듯 한인타운이 두 동강 나게 된다면 LA는 물론 미주지역, 나아가 한국과 세계에서도 많은 한인들에게 정치, 경제, 사회적 충격을 줄 것이고, 그 후유증은 막대할 것으로 예상된다.

그만큼 국내는 물론 전 세계 한인들에게 LA 한인타운의 의미는 남다르다. 한인 이민역사의 장을 열었다는 점과 일제 강점기의 독립운동 측면에서도. 또한 세계에서 한인 최대 거주지역인 LA 한인 사회가 붕괴된다는 점에서도 뼈아픈 역사적 기록이 될 것이 분명하다.

제2 현안.

한인들은 모르는, 아는 사람들만 은밀하게 계획을 진행했고 어느 날 갑자기 발표했다.

노숙자 셸터 건립지에서 열린 발표 기자회견장에 모인 에릭 가세티 LA

시장과 허브 웨슨 시의장, 그리고 옆에서 환호하는 로라 전, 임혜빈, 그리고 동원된 한인회 임원들.

로라 전은 "버몬트 애비뉴는 노숙자가 가장 많다. 이들이 한곳으로 모일 곳이 있으면 업주도 편하고 행인도 안전하다고 느낄 것"이라며 "한인회는 셸터 건립을 환영한다."고 말했다.

한인회장의 발언은 한인사회 전체의 의견이 되는 것인가. 누가 그런 권한을 주었는가.

단 하루 만에 로라 전은 입장을 바꿨다. 예상치 못한 한인사회의 들끓는 반대에 놀라 입장을 바꿨지만 한인들의 분노는 사그라들지 않았고 연단에 오른 로라 전을 향해 물러가라는 비난의 함성이 쏟아졌다. 핵심 참가단체라 할 수 있는 상공회의소의 하기환 회장이 보이지 않아 논란이 되기도 했다. 비난은 데이빗 류 시의원에게도 쏟아졌다. 선거 때는 한인들에게 봉사하겠다면서 한 표를 호소하고서는 이런 결과에 대해 무엇을 했냐는 지적이었다. 정치력 부재와 파워맨 부재의 뼈아픈 성찰이었다. 문제는 방법론이다.

한인사회도 노숙자 폐해에 골머리를 앓고 있기는 마찬가지다. 인도주의적 측면에서도 어떻게든 노숙자 문제를 해결하기를 바란다. 가난은 나라님도 어쩌지 못한다는 말이 있지만, 그래도 절차와 방법만은 공정하고 타당하기를 바라는 사실을 명심해주기를 바랄 뿐이다.

논쟁의 핵심은 노숙자 셸터 건립이 님비주의에 의한 반대인가의 문제이다. 자기 동네에는 무조건적 반대 논리는 긍정적 호응을 얻어내기 힘들다.

그러나 지금 한인사회가 주장하는 지역 선정 과정에서 LA 시정부와 시의회가 주민들의 의사를 수렴하지 않고 일방적으로 강행하는 절차 역시 분노를 자아내고 있다. 또 이와 관련한 한인사회의 정당한 메시지와 결정 과정이나 근거 자료마저 왜곡한 것에 대해서도 강하게 반발하고 있다.

뒤집어보면 노숙자 셸터 건립을 놓고 한인사회가 분노하는 이유는 절차와 의견수렴을 무시했다는데 있다. 그럼에도 로라 전 역시 독단으로 물색

없이 참석해 환호했다가 된통 곤욕을 치르고 있다. 이 대목에서 한인회의 존재와 현실이 드러난다. 조직에는 의견 수렴과정이 있어야 하고 집행 결정 이전에는 의결기구가 가동되어야 함에도 로라 전은 모든 것을 무시하고 즉흥적으로 단독 권한을 행사하고 있다는 점이다.

그래도 한인회의 시계는 돌아가는 것인지, 많은 우려 속에서도 별 탈없이 2년 재임 당선증을 무사히(?) 거머쥐었다. 꼭 그래야만 했을까.

단 하루 만에 셀터 설치 지지 환영에서 반대 입장으로 바꾼 로라 전의 행동은 결국 한인회의 절차나 결정이 부재했음을 드러낸 셈이다. 로라 전은 한인들이 모인 시위장에서도 언급조차 어려운 욕설과 수치스런 비난을 들어야 했다.

그동안 권력에 취해 중대 사안조차 파악 못하고 멋대로 판단한 후 가세티 시장과 허브 웨슨 시의장의 권유대로 경거망동 한 것이 그녀의 발등을 찍은 것이다. 이 때문에 일부에서는 차기회장 도전을 취소할 것으로도 전망했다. 지도력을 상실한 리더가 과연 배를 운항할 수 있을지 의문이었기 때문이다. 만약 버스운전사가 미쳤다면 누군가 운전을 대신해야 한다.

실제, 본보가 수차 연재한대로 OC한인회와 LA한인회와의 업적 비교부분이다.

과연 2년 전 로라 전이 공약한 것들은 얼마나 제대로 이루어졌는가. 누구보다 재임을 앞둔 로라 전 스스로 밝히고 부족한 부분이 있다면 연유를 밝히고 사과해야 한다. 그렇지 않는다면 재임의 공약 또한 무슨 의미가 있겠는가. 코미디 같은 미사여구를 동원한 차기 공약이 벌써 나오고 있다.

지금 한인사회에 널리 퍼진 로라 전의 과거 비리와 불법선거 비리 등, 지난 2년간의 회계부분에 대한 논란도 뜨겁다. 이미 소송전쟁까지 전개된 마당에 이 부분 역시 이제는 밝혀 털어내고 가야하지 않을까.

영원히 흑막 속에 가려질 수는 없다. 알려진 대로 어둠은 진실을 이길수 없고, 진실은 드러날 수밖에 없다. 특히 명심할 것은 한편에서 이민 역사가 기록되고 있고, 언젠가는 냉엄한 심판을 받게 된다는 사실이다.

밝혀야 할 의혹도 많다.

OC한인회는 공약대로 회관을 마련해 입주까지 마쳤다. 반면 LA문화회관 건립 기금 20만 불은 어디로 갔는가. 시중에 떠도는 금품 관련 루머는 한두 가지가 아니지만, 이왕 밝힌 김에 한국전통정원 기부금 정산과 한인회 지원금 내력도 소상히 밝히고, 무엇보다 비영리 재단으로서 한인회 회계정산 결과를 정기적으로 밝혀야만 한다. 투명하지 않기에 시중에 루머가 떠도는 법이다. 명심할 것은 이런 투명하지 않은 회계부정 조직에 지원하고 기금을 선뜻 기부할 바보는 없다는 것이다. 최근 모금된 셸터 성금 8만여 달러도 어떻게 운영되었는지 투명하게 밝혀야 한다.

우선 한인회 스스로가 가진 행정적, 구조적 틀을 바꾸어야 한다. 한인회가 정통성 부재와 타 단체와의 협조나 지원을 받지 못 한다면 무슨 일을 할 수 있겠는가.

한인사회 대표 단체로서의 위상과 정통성을 갖추지 않은 채 그런 요구를 하는 것이 마땅치 않다는 시각도 존재한다. 그동안 소송과 다툼만을 일삼아 온 한인회가 뒤돌아보아야 할 대목이다.

분명 한인회는 싸우는 단체가 아니라 타 단체는 물론 한인들의 사랑과 지원을 바탕을 성장하는 단체이기 때문이다. 회장이 권력에 취해 싸워봐야, 결국 존재감만을 잃을 뿐이다. 겸손한 저자세로 먼저 협조와 지원을 요청하고 타 단체와 화합을 도모한 이후 단합된 목표로 모두 함께 나가도록 추진해야 한다.

몇몇이 모여 획책한 꼼수나 야합은 세상이 먼저 안다. 어둠이 진실을 감출 수 없는 까닭이다. 이미 등 돌린 한인회에 단합을 호소하고 지원을 요구해도 때는 늦었다.

산이라고 모두 오를 수 있는 것은 아니고 오르지 말아야 할 산도 있다는 것을 명심해야 한다. 무릇 다 정복할 수도 없지만 오른 산이 죽음의 산이 될 수도 있고 치욕적인 정복이 될 수도 있다.

　우리는 역사에서 그들을 본다. 그가 모를까봐 나열한다.

　이완용, 최순실, 박근혜, 이명박, 김기춘, 원세훈, 양승태, 전두환, 노태우….

　그들은 순간 소망을 이루었지만 바로 당대에 참극을 당했다. 오르기만 하면 가문의 영광과 역사의 칭송을 받을 것 같았지만, 결국 당대를 대표하는 치욕의 인물이 되었으며 역사의 죄인으로 기록되었다.

　지금 고민할 문제는 두 현안 이후 불어 닥칠 후폭풍에 대비하는 것이다.

　어쩌면 역사의 죄인이 될 수 있기에 하는 고언苦言이다.

2018년 6월, 〈彦〉

10
눈물을 닦아주는 눈물

최근 국내에서는 각 공공기관은 물론 지자체까지 손톱 밑 가시 제거에 열을 올리고 있다. 국민생활을 괴롭히는 각 규제를 풀고 고쳐야 할 것들에 노력하는 모습이다. 모두 청와대의 발언 때문에 비롯된 것이긴 하지만, 마땅히 국가가 국민을 위해 할 일들이라고 생각한다.

국가가 국민의 눈물을 닦아준다는 주제는 문학적 수사처럼 들리지만, 그동안 그늘에 가려 힘든 삶을 살아가는 사람들에게는 그나마 위안이 되었을 터이다. 어디까지나 실제로 힘든 사람들을 돕기 이전에 말만으로도 따뜻함을 전달받기에 위안은 될 것이라는 의미다.

국가까지는 아니더라도 누군가 자신의 말에 귀만 기울여주었어도 자살하지는 않았을 거라는, 세상에 대한 해코지는 안 했을 거란 뒷말을 자주 듣는 각박한 세상이 되었다.

많은 곳에서 가시 제거를 기다리고, 내 눈물을 닦아주기를 기다리고 있다. 그러나 세상은 얼마나 따뜻하고 평등한가?

마땅히 세상은 어두운 곳도 챙기는 안락한 곳이기를 바라지만, 언제나 약자들은 버림받았다. 늘 권력자, 가진 자들만을 위한 세상이었다.

오늘 뉴스에는 내년이면 1%의 부자들이 나머지 99%보다 많은 부를 갖게 될 것이라고 한다. 10년 전에는 20:80으로 나뉜 세상을 논한 것 같은데 세상은 더욱 변했다. 갑과 을의 균형을 갈수록 절벽으로 밀어내고 있다.

부자들도 한때 가난 했을 터이고 실패도 했지만, 지금은 가난한 세상을 잊고 살아간다. 그늘을 조금만 성찰할 수 있다면 세상은 조금 더 환해졌을 것이다.

올해는 시작부터 불체자들에게 희망의 새해가 되었다. 오바마 이민개혁법 행정명령 발동으로 신청을 서두르는 사람들과 캘리포니아 불체자 운전면허 발급이 시작돼 지옥 같은 그늘에서 벗어날 수 있어서이다.

영주권이나 시민권이 있는 사람은 '한 번도 보여준 적 없는 신분증'이라지만, 없는 사람에겐 '천국 승차권과 같다'고들 말한다. 신분증을 가진 자는 천국이지만, 없는 사람은 지옥 같은 세상이라는 말이다.

LA 총영사관(총영사 김현명)에서는 청와대에서 주창하는 손톱 밑 가시 제거와 국민의 눈물을 닦아주는 업무를 얼마나 했을까?

지금 LA총영사관을 비난하는 여론이 들끓고 있다. 총영사관에서 국외 체류 국민임을 인증해주는 신분증인 '영사관 ID'(Consular ID Card) 발급문제로 질의와 항의가 이어지고 있다. 영사관 ID가 DMV(주 차량국)에서 면허증을 발급 받을 때 아무런 소용도 없게 된 탓이다. DMV 측이 멕시코와 브라질, 아르헨티나, 에콰도르, 중남미 국가의 영사관 ID는 바로 면허증 신청을 받아주지만 LA 총영사관 ID는 거부하고 있다.

총영사관의 준비소홀이 빚은 조그만 실수 때문에 20만 명(혹은 40만 명)의 한인 불체자들이 면허증을 손에 쥘 기회를 놓치게 된 것이다. 다른 증명이나 준비해야 할 서류가 가능한 사람들은 방안을 강구하겠지만, 영사관 ID만을 믿고 학수고대한 사람들은 망연자실할 수밖에 없게 되었다.

영사관의 실수는 간단했다. DMV에서 신분증으로 공인받기 위해서는 개인신상정보를 담은 바코드나 QR코드, 전자칩이 내장되어야 하는데 지금껏 그런 정보 없이 발급해왔던 것이다. 전자칩은 몰라도 바코드 정도는 요즘 중소기업 출입증에서도 쉽게 볼 수 있는 기능이기에 분노는 더 크다.

이와 달리 지난 1년 전부터 주 정부와의 긴밀한 협조를 통해 영사관 ID를 신분증으로 인정하게 만든 남미 국가 재외공관들의 대처와 노력은 자국민 권익보호를 바라보는 시각에서 LA 총영사관과는 극명한 대조를 보인다. 남미 국가들 앞에서 IT강국의 체면을 구기는 것도 그렇지만, 희망의 순간에서 다시 절망의 나락으로 떨어진 사람들의 눈물은 누가 닦아줄 것인가.

법 시행 이전에 한번이라도 DMV 측과 사전교류를 했거나, 담당 영사가 달라진 법규와 시행에 관한 내용 숙지만 했더라면 이런 어처구니없는 망발은 발생하지 않았을 것이다. 이런 내용을 새까맣게 모르고 있다가 새해 다음날 몇 시간씩 DMV 창구에서 대기했다가 거부당한 사람들이 항의하고 나서야 파악했다니 그저 기가 막힐 뿐이다.

심지어 DMV에서는 LA 총영사관이 영사관 ID를 발급하고 있다는 사실조차 알지 못해 신분증 대조리스트에 LA 총영사관 발행 영사관 ID는 올라 있지도 않다는 것이다.

비난이 날로 확산되자, LA 총영사관은 뒤늦게 영사관 ID에 개인 신상정보를 담은 바코드나 QR코드를 심는 방안을 논의하고 있다고 밝혔다. 이어 담당영사는 "이를 위해서는 제작기계를 교체해야 하고 신기계가 도입되려면 먼저 정부의 예산마련이 뒤따라야 가능한 일"이라고 어려움을 표했다.

그러나 영사관 ID에 개인 신상정보를 담은 바코드나 QR코드를 넣더라도 DMV 측이 이를 인정하려면 상당한 시일과 절차 등이 필요할 것이라고 관계자는 전했다.

결국 예산 마련 후 새 기계를 도입해 설치하고, DMV 측에 공인을 받아내기까지는 긴 시일이 필요할 것으로 보여 불체자들이 학수고대한 면허증 발급은 아직도 멀리 있다.

미국에서 면허증이란 기본생활의 시작이다. 은행어카운트 개설에도, 신분 확인과정에도 필수적인 것이며, 차 없는 미국생활은 상상조차 할 수 없기에 더욱 지옥이다. 어쩌면 그들은 불법면허증이나 심지어 가짜면허증을 사용하기도 할 것이고 아예 차 없는, 은행거래 없는 삶을 살고 있을 것이다. 몇몇은 불체자 면허증을 발급하고 있는 워싱턴 주에 가서 브로커를 통해 많은 비용을 써가며 발급받기도 한다.

더 실망스러운 것은 10여 년 동안 LA 총영사관에서는 어디서도 공인받지 못한, 아무짝에도 쓸모없는 영사관 ID를 예산까지 낭비해 가며 발급해

왔다는 사실이다.

영사관측은 2006년부터 발급한 ID를 공인해주는 기관이 없어 갈수록 발급건수가 크게 줄고 있었다고 말했다. 결국 이미 알고 있었지만 어리석게도 방치하고 안일한 무대책으로 방관한 셈이다.

이제 불체자들은 자구책 찾기에 나서고 있다. 청와대와 국회, 외무부 등에 청원을 제출하고 긴급 대책마련을 호소한다는 것이다. 결국 또 다른 집단민원으로 번지고 있다.

재외공관 업무평가에서도 최하위를 계속하고 있는 LA 총영사관은 민원이 끊이지 않았다. 주무 담당 경찰영사와는 통화도 힘들다는 등 귀족 외교관 공무원 행세에 대한 비난과 늦장 민원실에 대한 비난이 쇄도했다. 연일 보도된 바 있는 해외 한인들의 눈물을 닦아줄 수 있는 공관 직원들의 자세도 시급하다. 귀찮아질 것 같아서 한인들의 위험이나 안녕을 모른 채하는 영사, 관여를 거부하는 영사는 외교공직자로 적폐감이다.

김현명 총영사 부임 후 행적을 보면, 아래보다는 위만 바라보는 행보였다. 주류나 한인사회에서 높고 힘쓰는 사람들, 돈 많은 상공인들과의 골프나 빈번한 모임으로는 가시 박힌 한인들에게 위로가 안 된다는 비난이 넘쳐나고 있다. 재외국민 보호는 있는 자들만을 위한 것이 아닌 약자들을 위한 의무이기도 하다. 지금이라도 총영사의 성찰을 기다린다.

잊지 말아야 할 것은 '눈물을 닦아주는 눈물'도 있다는 사실이다. 좋은 세상이라면 함께 울어 줄 수도 있어야 한다. 그건 희망과 행복이란 또 다른 이름이기도 하다.

2015년 1월, 〈彦〉

11
빈대 이야기
(빈대, 蝨, bedbug)

옛날 한 백면서생이 밤마다 빈대에 시달렸다. 방바닥 틈에 숨어 있다가 불만 끄면 나타나 온몸을 물어뜯었다. 불을 켜면 잽싸게 자취를 감춰 잡을 수도 없었다. 궁리 끝에 탁자 위에 올라가 자기로 했다. 그러나 다음 날도 빈대에게 물렸다. 자세히 살펴보니 탁자 다리를 타고 빈대들이 올라온 거였다. 빈대들의 지능에 놀라면서 궁리 끝에 탁자 다리를 물통에 담겨 놓는 기발한 방법을 썼다. 이젠 탁자 다리를 통해서 올라올 수 없는 상황이 되었으므로 잠을 푹 잘 수 있을 것으로 생각했지만 여전히 빈대에 물렸다.

어떻게 된 일인가 살펴보니 하! 빈대놈들이 천정으로 기어가 사람 몸으로 정확히 낙하하는 수법을 쓴 것이다. 빈대다운 치밀하고 교묘한 수법이었다.

빈대란 놈은 사람의 피 냄새를 귀신처럼 맡고 달려든다. 밤에만 활동하며 빛을 싫어해 순간 자취를 감춘다. 그래서 잡아내기가 힘들다. 주로 틈새에서 지내며 번식한다.

집안, 새 둥지, 가축들의 몸에도 기생한다. 긴 주둥이로 사람을 찌르고 피를 빨며 심한 가려움증을 준다. 많이 물리면 수면부족과 나병·Q열·브루셀라병 등을 옮길 수 있다.

6개월을 틈새에 숨어 안 먹고 생존할 수 있기에, 살충제를 써도 숨어 있다가 약기운이 가시면 다시 활동한다. 박멸이 어려운 이유다.

오죽하면 빈대 잡으려다 초가삼간 태운다는 속담도 있겠는가.

빈대는 한국만이 아니라 세계적으로 인류의 적이다. 뉴욕, 런던은 빈대와의 전쟁을 선포할 정도로 시달렸고, 매년 수십억 불의 예산을 빈대박멸에 사용한다. 관광객과 방문객이 줄어 극심한 피해를 입기도 했다.

빈대로 가장 유명한 곳은 스페인 산티아고 순례길이다. 800㎞. 한 달을 꼬박 걸어야 하는 순례 길에는 숙소(알베르게)가 마련되어 있다. 알베르게의 빈대는 가히 세계적이다. 매년 빈대에 물려 죽는 사람이 몇 명은 나올 정도니… 알만하지 않은가.

스페인에서 몇 달 기거하는 동안 알베르게에서 빈대에 물린 사람을 몇 명 만났는데, 온 몸을 볼펜으로 꾹꾹 찍어 놓은 것처럼 물린 자국이 남아 있었다. 하룻밤 잠깐사이 물린 것으로, 며칠 동안은 온몸이 퉁퉁 부어 호빵처럼 되었고, 가려움과 어지럼증까지 더해 거의 죽다 살아났다고 설명했다. 거기에 알레르기까지 더해지면 사망에 이른다. 때문에 스페인에서는 빈대에 물린 사람은 의무적으로 병원에 가야한다.

최근에는 LA 한인타운에도 사우나에서 시작된 빈대가 타운 내 아파트, 호텔까지 번져 주의가 요망되고 있다. 이미 피해 집단소송까지 제기되는 등 골칫거리가 되고 있다.

인류의 적이 된 빈대. 그러나 사람 사는 세상에도 빈대인간들이 있다. 사람에 붙어, 단체나 조직에 붙어 피를 빨아대는 빈대인간들. 결국 빈대인간들은 상대가 망하거나 조직이 망해야 자취를 감춘다. 어둠속에서 비밀리에 암약하며 조직과 인간들을 해한다. 빈대인간은 단체에 가입할 때부터 숨은 목적이 있다. 사리사욕과 부정을 행하기 위하려 행동한다. 그리고 때가 되면(밤이 되면 활동하는 빈대처럼) 서서히 제모습을 드러낸다.

LA한인축제재단의 전 회장 공금횡령 비리사건이 결국 사법당국에 넘겨졌다. 이어 전직 이사진들도 개혁운동을 촉구하고 나섰다. 오래전 재단에서 활동하다 지금은 뒤에서 후원하던 고령의 인사들이 보다 못해 나선 것이다.

거슬러 가보면, 축제재단의 고질병은 10여 년에 이른다. 이미 배무한, 정주현, 김준배 전임회장 시절부터 논란이 계속되었다. 더욱이 매년 백만 불에 이르는 사업규모를 자랑하면서도 전문성 없는 내부 이사들의 회계감사로 얼렁뚱땅 지나쳐 온 것도 문제였지만, 이들 모두가 제명되었다는 점도 재단이 얼마나 곪아 있는가를 잘 설명하고 있다.

곪은 상처는 언젠가는 터지는 법. 빈대는 문제가 되거나 거추장스런 이사, 이사장, 감사들을 몇몇과 짜고 갖가지 죄명을 붙여 제명처분이라는 칼을 휘둘렀다. 재단 운영상 전직 회장들의 입김이 남아 있는 것은 당연지사. 그래서 박윤숙은 배무한, 정주현, 김준배, 윤난향 등을 제명처분하고 전 사무국장을 공금횡령 등의 죄목으로 형사고발까지 했다. 그리고 재단 운영은 마음에 맞는 3명의 이사만으로 멋대로 움직였다. 이전에는 15명의 이사들이 활동했지만 소수의 이사만으로 구성, 멋대로 짬자미 운영을 해오다 결국 비영리재단 공금횡령 사건까지 터지고 만 것이다. 거기에 재단 정관의 1년 회장 임기 단임제까지 무시하고 2년을 편법으로 회장 자리를 차지하고 3년차 연임을 주도하다 불발되었다.

사필귀정.

진실은 언젠가 드러나는 법. 빈대의 악취는 드러나고 말았다. 본인이 제명처분했던 자들에 의해 다시 제명처분의 칼날을 받은 것이다. 제명처분 결의 이후, 본인 사물을 챙겨 경비에 의해 쫓겨나는 사진은 죄인의 말로를 여실히 보여준다.

회장에 취임하자마자 걸림돌로 생각한 사무총장을 십여만 불 공금횡령 죄를 덮어씌워 고발했다가 역 소송을 당해 소송비용과 합의금 1만 5천 불을 지불키로 했다. 또 전임 회장에게 2만 5천 불을 갚기로 하고는 1불도 갚지 않은 채 공금 횡령에만 열심이었다는 것이다.

한마디로 생선을 훔치기 위해 재단에 들어온 도둑고양이가 때를 만나 열심히 도적질을 한 셈이다. 그동안 입바른 소리와 감언이설로 언론을 속이고 한인사회를 우롱했다.

윤난향 전 감사 역시 구구절절한 눈물의 하소연이 이미 여러 언론에서 보도된 바 있다. 재단 감사로서 미결제 부분 확인을 촉구하며 따지자 엉뚱하게 '꽃뱀 성추문' 사건을 만들어 내더니, 한국의 대학병원에서 무료검증을 받았다는 무고한 죄명으로 끝내 제명을 했다는 것이다.

이렇듯 안하무인으로 제명처분의 칼을 휘둘러 대고, 이후에는 마음대로 야욕을 드러내 공익재단의 공금횡령을 일삼은 것이다. 현재 축제재단은 비영리공익재단으로 연방법과 IRS의 엄격한 재정 감사대상이다. 이를 어길 경우 연방법에 의한 중죄 처벌을 받게 된다.

또한 LA축제재단에서 얻어지는 이익은 회장이나 재단 이사들의 몫이 아닌 한인사회 전체의 이익이다. 한인사회 발전을 위해서 쓰여야 할 기금이 도둑고양이의 뒷주머니로 들어가는 건 절대 안 될 일이다.

축제 행사는 한인의 이름을 빌어 진행된다. 당연히 얻어지는 이익금도 한인사회의 것이다. 이는 명확하게 정관에 있으며 임원진이라면 명심해야 할 부분이다.

그동안 논란이 된 사항은 쌈짓돈처럼 공금유용을 일삼았으며, 한국방문조차 공무와 혼동해 집행했고 부츠 계약금 내용도 멋대로 했다는 것이다.

전직 회장들이 대여금, 차용금 등으로 내 돈, 재단 돈, 시비도 구린내를 풍겼고 그 여파는 지금까지 계속되고 있다. 결국 이 틈새를 노린 빈대가 한 몫을 챙기려다 말썽을 빚은 당연지사가 되고 말았다.

이제 세상에 알려진 만큼 다시는 재발되지 않는 제도적 장치와 더 이상 빈대들이 한인단체에 발붙이지 못하도록 전 언론과 한인사회가 나서야 한다.

그동안 축제재단과 빈대에 붙어 착복했던 적폐 언론들의 반성도 당연 있어야 할 것이다.

2017년 4월, 〈彦〉

12
검난檢亂의 시대

　검찰의 수난이 금년 내내 이어지고 있다.

　터질 것이 연이어 터지는 양상이지만, 자성이나 개혁은 쉽지 않아 보인다. 검찰 내부를 들여다보면 거의 조폭 아니면 군대조직처럼 운용되고 있기 때문이다. '검사동일체 원칙'도 명령계통 체계를 위한 것이라지만, 하극상을 방지하고 지시대로 따르게 하는 편의주의와 독재 권력의 잔재일 뿐이다.

　법대로 따지자면 검사 개개인이 사법기관이며, 탄핵소추로만 해임될 수 있다. 또 내부 조직도 검찰총장과 검사, 두 직제뿐이며 오직 총장의 지시만 받고 보고한다. 직급이 두 개인 것은 승진에 눈치 보지 말고 소신껏 일하라는 의미다. 현재 평검사는 2300명 정도이며, 그중 400명 정도가 부장급 검사이고 검사장급 이상은 48명 정도 편성되어있다.

　막장에 이른 검사들을 떡검, 섹검, 견검 등으로 비난한다. 최근에도 검사 자살사건에 이어 홍만표, 진경준, 우병우로 이어지는 핵폭탄급 검난의 연속이다. 대한민국을 흔들고 있는 추악한 검찰의 민낯에 그저 아연할 뿐이다. 이들은 수재에 배울 만큼 배운, 최고 지식인에 속하는 고시출신들이지만 하는 짓은 쓰레기에 불과하다. 인간 밑바닥 막장 인생들도 차마 하지 못할 짓들을, 그것도 가장 잘 나간다는 검사들이 저지르며 살아왔다.

　차 세금을 안내려고 회사에 우회 등록해놓고, 의료보험까지 누락했다. 친구든, 주위든 호가호위를 이용해 부동산 매매나 청소용역 이권 등을 뺏어 수백억씩 챙기고, 세금도 천재적으로 피해갔다. 열심히 배워서 하는 짓이 도둑질이고 사회악이라면, 차라리 머리가 좋다며 열심히 공부시킨 부모들의 죄악이 크다.

더구나 국민들에게 극도의 공분을 사고 있는 대목은 진경준, 우병우의 재산이 공직자 중 1, 2위를 차지한데다 검찰 내 요직을 두루 거쳤다는 점이다. '있는 놈들이 더 한다.'라는 말이 틀리지 않는 세상인가. 그 재산마저 우병우는 사시에 합격한 후 결혼 잘해(불알 팔아) 처가재산을 얻은 것에 불과하며, 진경준은 친구에게 갈취한 돈으로 친구회사의 주식을 갈취해 수백억대의 재산을 쌓은 것에 불과하다.

이런 자들의 가족이 외제차를 5대나 굴리면서 차세금마저 안내려고 온갖 추악한 짓을 다한 것이다. 갈취하다시피 해외여행을 11차례나 다니고, 알리바이와 주위 이목을 피하기 위해 지능적으로 비행기 편을 이용했다.

진경준은 귀성열차표를 팔아 4천 원을 챙긴 사람을 구속했고, 지들끼리 꽃보직을 주고받으며 영전했다. 승승장구, 쌓은 명성과 인맥은 변호사 개업 이후 돈을 쓸어 담았으며, 이마저 부족해 불법으로 전화변론, 유령변론, 후배 검사 압력 넣기 등으로 승소를 이어갔다.

이 대목은 홍만표 게이트에서 잘 드러났다. 한때 우병우는 홍만표와 파트너로 일했는데, 매년 2백억의 수임료를 기록했다니 '대단하다'는 말밖에 안 나온다. '정운호 게이트'에서 드러난 추악한 이면은 그저 조폭이나 양아치 뒷거래 수준이다.

더 잘나갔던 국민검사 안대희도 15개월 동안 16억에 달하는 수임료 때문에 총리 청문회에서 낙마했다. 그렇다면 이들은 사건마다 어떻게, 얼마를 벌어 2백억을 벌었단 말인가. 이들의 드러난 불법을 보면 전관예우는 차라리 순진했다는 세평을 얻고 있다.

본분이 썩은 자들이니 나머지는 새겨볼 필요조차 없는 것인지 우병우 민정수석은 현재까지 버티기를 계속하고 있다. 물론 박근혜의 비호 아래 진행되는 버티기다. 국민의 기본의무인 세금을 회피하고(사실 군대도 시력을 이유로 안 갔다. 현재 신병기준으로는 현역입대다.), 민정수석으로서의 인사검증도 곳곳에서 불의가 드러났지만 건재한 이유는 무엇일까.

범죄에는 죄질이란 항목이 있다. 죄를 지을 때 악랄한 범죄는 가중한다는 기준이다. 수천억대 부자 공직자가 차세금조차 안내기 위해 거짓 회사 명의로 운행한 것은 더러운 죄질에 속할 것이다. 그런데 일반 공무원도 아닌 수사 감찰 업무를 맡는 최고위직(민정수석) 자리에서 버티고 있는 대한민국은 '헬조선'이 맞는 것 같다.

조선시대 경화세족京華世族으로 불리는 집단이 있었다.

문자 그대로 풀면 서울에 대대로 뿌리를 내리며 살아가는 선비를 일컫는 말이지만, 실제는 정치·경제적으로 누릴 것을 다 누리고 대대로 살아가는 양반을 지칭하는 말이다. 신라 시대에 성골과 진골을 따졌듯, 조선시대 경화세족이라고 하면 대대로 가풍과 가문을 인정하는 이른바 토호세력을 의미했다.

검찰내부에서도 귀족검사, 거지검사, 금수저, 로얄 패밀리 등으로 나뉜다고 한다. 검사들도 평등한 검사가 아니다. 서울법대가 당연 최우선이지만 또 귀천은 있다. 고등학교 출신을 따진다. 고향을 따지고, 부모를 따진다. '니 아버지 뭐 하시노?'가 괜히 나온 말이 아니다.

아버지가 고위직 법조인이나 공직자인 검사는 맨 앞자리다. 처가가 좋으면 다음 순위를 차지한다. 이마저 없으면 '독일병정', '독사', '면도칼' 등이 되어 죽어라 일만 해야 한다. 실적으로 윗사람에게 잘 보여 출세해야 한다는 말이다.

검찰을 취재하면서 이런 검사들을 만났다. 그러나 대한민국 최고 실세 검사들의 종말이 최근 몇 달 사이에 극명하게 드러났다. 과거 다른 실세 검사들은 어떠했을까?

'죄를 짓되 걸리지 않으면 된다.'라는 법언이 적용되었을 뿐이다. 멀리서 가까이서 그들이 하는 짓을 보았다. 지금 감방에 있는 홍만표, 진경준과 다르지 않다. 자신이 잡아넣은 조폭 두목을 수억의 수임료를 받고 변론하는가 하면, 수많은 스폰서를 거느린 부장검사는 술집에서 호기 있게 스폰서를 불러내 청구서를 내민다. 부하에게 인정받는 부장검사의 요건이기도 하다. 영화 내부자나 더 킹 역시 괜히 나온 영화가 아니다.

법조비리의 맨 위에 '김앤장 로펌'이 있다. 연봉 600억을 받는다는 김영무 대표변호사. 이제부터라도 김앤장 활동을 잘 살펴보길 바란다. '헬조선'의 거악 뒤에는 김앤장이 도사리고 있다. 일제강점기 소송부터 미국, 국제적 거악들 뒤에도 김앤장은 나타난다.

기사나 자료에도 등장하지 않는 숨은 그림자. 그는 어찌된 셈인지 국가문화재 운현궁(비원 내부)을 매입해 궁궐에서 왕처럼 살고 있다. 궁궐에서 잠은 편안히 잘 수 있는지 김영무에게 묻고 싶다.

대한민국 검사선서

나는 이 순간 국가와 국민의 부름을 받고 영광스러운 대한민국 검사의 직에 나섭니다.

공익의 대표자로서 정의와 인권을 바로 세우고 범죄로부터 내 이웃과 공동체를 지키라는 막중한 사명을 부여받은 것입니다.

나는 불의의 어둠을 걷어내는 용기 있는 검사, 힘없고 소외된 사람들을 돌보는 따뜻한 검사, 오로지 진실만을 따라가는 공평한 검사, 스스로에게 더 엄격한 바른 검사로서 처음부터 끝까지 혼신의 힘을 다해 국민을 섬기고 국가에 봉사할 것을 나의 명예를 걸고 굳게 다짐합니다.

2016년 8월, 〈彦〉

13
판사도 인간이다. 가장 추악한…

서울대 한 철학교수는 '배고픈 도둑은 빵을 훔치지만, 많이 배운 도둑은 빵공장을 훔친다.'며 신입생들에게 배움의 자세에 대해 일갈하곤 했다. 머리 좋고 많이 배운 자가 더 큰 범죄자가 될 수 있다는 가르침이었다.

국가나 국민은 적어도 법관만은 최후의 보루로 사회적 양심을 지켜내기 바란다. 그러나 따지고 보면 법관도 인간이기에 사회에서 벌어지는 추악한 이면을 얼마든지 저지를 수 있다. 판사도 인간이기에 가진 권력만큼 더 추악한 인간으로 몰락할 수 있다.

과거에도 추악한 판사들이 저지른 범죄가 있곤 했지만, 양승태로 말미암아 드러난 사법부의 추악한 민낯은 상상을 초월한다. 많이 배운 자들답게 저지른 범죄도 치밀하고 조직적이며 지들끼리 뭉쳐 처리했다. 조폭이나 범죄집단이 저지른 추악함과 다르지 않다.

조폭들은 90도 인사를 해야 하는데, 법 마피아들은 양승태 대법원장에게 보고를 한 후 뒷걸음으로 방을 빠져 나왔다고 한다. 왕정시대 왕을 알현하고 나오는 내시를 흉내 내는 것이다. 그것도 1급 법원장, 부장판사들이 그러했다니 아연할 뿐이다. 쓰레기가 따로 없다.

이들을 법조계에서는 법 마피아로 부른다. 이들이 사회의 조폭과 다른 점이 무엇인가.

이들 마피아 판에서는 법원행정처장이 차기 대법원장 후보 1순위다. 서열 2위 차장은 차기 대법관이 된다. 조폭들의 서열과 다르지 않다.

이들이 하는 짓이란 법관 사찰, 정보 수집과 차단, 실행, 보복, 인사, 재판모의 등이었다. 법과 양심을 지켜야 할 법관들이 요즘의 기무사나 정보

요원 못지않은 악행을 저질렀다.

대법원장 양승태, 법원행정처, 법원장, 부장판사를 아우르는 키는 오직 인사권이다.

판사들의 사찰과 뒷조사는 술자리 참석자 명단과 발언까지 기록해 상부에 보고했다. 동석한 판사 중 누군가는 염탐꾼이 되어 동료의 성향과 발언을 보고했다는 것이다. 판사들을 사찰하고 당근과 채찍으로 회유와 보복을 하고 인사권을 행사해 사법농단을 저질렀다. 그리고 문체부 블랙리스트처럼 판사 블랙리스트까지 만들어 활용했다.

친일파나 밀정이 한 짓을 판사가 한 셈이다. 이런 자들에게 법과 양심을 기대한다는 것이 가당키나 한 것인가. 그들은 가족이나 자식도 없는 자들인가. 옆 사람이야 어떻게 되든 자신만 잘 나가고 요직에서 출세해 사리사욕만 챙기면 그만이란 말인가.

그뿐만이 아니었다. 굵직한 재판을 앞두고는 박근혜 청와대나 정치권과 거래를 하고 당사자를 찾아 로비, 매수를 일삼았다. 때로는 혼맥, 지연, 학연을 동원했고, 재판 중인 다른 사건과 거래한 것으로 법원행정처 문건에서 드러나고 있다. 정권 입맛 따라 춤추는 판결, 대법원장 입맛대로 판결하는 판사들 임명이 사법 불신의 원인이었다.

양승태 사법농단은 건국이래 최대 사건이고 가장 추악한 사법농단으로 밝혀지고 있다. 양승태는 무엇을 위해 최악의 사법농단을 감행했을까. 이유는 간단하다. 양승태는 임기 내내 상고법원에 목을 맸다. 법원 고위 직제를 늘려 자기 사람을 앉혀 천년만년 영향력을 행사할 '상왕'이 되고자 한 것이다. 한때, 무식한 똥별로 치부되던 육사 장성들은 쿠데타로 정권을 잡은 뒤 '서울법대 위 육사'로 군림했다.

드러난 사법농단에서도 법원 내 쓰레기들은 반란군 못지 않았다. 30년 전의 전두환이 '일해재단'을 획책하듯 양승태도 상고법원을 꿈꿨던 셈이다.

양승태의 또 다른 획책은 네덜란드 대사관, 유엔, 스위스, 제네바 등지에 법관을 파견한 것이다. 해외에 근무하는 판사인 '사법협력관'은 2010년 폐지됐으나 박근혜 때 다시 도입됐다. 이 역시 인사권을 바탕으로 한 조직 관리의 수단이 되었다.

이런 쓰레기들이 내린 판결에 얼마나 많은 국민들이 억울한 처지에 빠졌겠는가.

쌍용차, KTX, 전교조, 세월호 판결 등에 목숨을 끊은 사람도 30명이 넘는다.

쓰레기들의 판결은 특히 정치권, 국회의원, 재벌, 대북문제, 노조, 진보 인사 등에 많다. 당연히 구속되어야 할 재판이 지연되고, 영장이 기각되어 미꾸라지처럼 빠져나가고, 구속된다 해도 3.5 법칙에 따라 집행유예나 병보석으로 풀려나고….

오죽하면 청와대는 구속할 수 있어도 삼성은 구속하지 못한다는 말까지 있을까.

법 마피아를 살펴보면, 임종헌 차장보다 더한 사람은 박병대 전 법원행정처장이다. 우병우마저 동향에 대학선배인 박병대에게는 꼼짝 못했다.

취재카메라를 피해 임종헌은 단거리 육상선수처럼 도망갔지만, 밤의 대법원장으로 불린 박병대는 아예 도피 잠적중이다. 박종대 헌정문집에는 법원장과 부장판사들의 충성을 맹세하는 용비어천가가 수치를 잊고 기록돼 있다. 양승태의 내시 판사들처럼.

사법농단은 법원행정처 문건 이외에도 이탄희, 이수진 같은 양심 있는 판사들의 폭로가 있었기에 세상에 드러났다.

반면, 사법농단의 한가운데서 반짝이다가 이번 사태로 주목받는 판사들이 있다. 우리는 이들의 이름을 기필코 기억해야 한다. 한승 전주지방법원장과 이민걸 전 법원행정처 기조실장은 당연히 대법관 두 자리를 차지할 것으로 봤다. 임성근 서울고법 부장판사, 윤성원 광주지법원장 역시 후보군이었다. 이들은 물론 법원행정처를 거쳤다. 특히 한승, 윤성원, 이민걸은 무려 4차례나 행정처 요직을 거쳤다.

또 강형주, 민중기 전 서울중앙지법원장은 법원행정처 법무담당관, 기획담당관을 거쳐 차장을 역임했다. 이들 마피아 법원장들은 법원행정처의 수족이 되어 법원 내 판사들의 사찰, 동향보고를 하고 판결을 멋대로 주물렀다.

그럼에도 고영한, 김창석, 김신 등 이번에 퇴임한 대법관들은 하나같이 자신은 죄가 없고 깨끗한 척 했다. 이들은 후배 판사들에게 사법 본연의 임무에 충실해야 하고 법치주의에 대한 믿음이 무너져서는 안 된다고 미사여구를 구사했다.

그러나 퇴임식 후 기자들의 질문에는 고개를 숙이고 도망가기 바빴다. 적어도 마지막 퇴임식인만큼 떳떳하다면 당당하게 답변해야 옳았다. 이 정도면 개풀 뜯는 소리, 적폐들의 망발쯤으로 치부해도 될 것이다.

모든 신뢰를 상실한 사법부를 더 이상 방치할 수는 없다. 사법농단 관련 영장의 91%를 기각하는 법원을 보고만 있을 수 없다. 반성을 모르는 마피아 법관들은 지금도 영장기각을 남발하고 압수수색마저 불허하며 식구 보호에 급급하고 있다.

압수수색조차 못하게 하는 법원에 정의실현의 길을 열어야 한다. 특검 같은 특별재판부 설치만이 해법이다. 또 이미 전국판사회의에서 논의된 대법원장의 법원장 인사권을 판사회의에 넘겨 '경선'으로 뽑아야 구조적 악순환을 척결할 수 있다.

하루 속히 양승태 등 법 마피아를 엄단해야 한다. 삼권분립을 팽개치고 재판거래로 국기를 흔든 법관들을 법원에서 몰아내야 최후의 보루인 사법부를 바로 세울 수 있다.

2018년 8월, 〈彦〉

14
죽음의 냄새

삶의 이면에는 각자 인생만큼의 냄새가 있다고 한다.

좋게 표현하면 향기라고 해도 무방할 것이다. 자신만의 고유하고 독특한 향을 내기도 하고, 그저 그런 비슷한 향을 내기도 하며 심한 악취를 내기도 한다는 것이다.

과연 여러분의 향기는 어떠한가.

살아온 세월만큼의 세파에 젖은 냄새가 배어 있을 터이다.

요즘에는 오래된 주검이 발견되면 과학실험을 통해 그 시대상황을 유추하는 작업을 한다. 머리카락을 통해 당시 대기상태를 추출하고 식생활까지도 연구해낸다. 살아온 행적의 자취는 다양하게 존재하고 증거가 되고 있다. 죽어서도 전생의 냄새를 찾아내는 시대에 살면서 다시 한 번 자신의 삶의 자세를 여미게 하는 대목이기도 하다.

BBC는 보도를 통해 동물이 죽으면 시체에서 특수한 '죽음의 냄새'를 풍겨 산 동물이 가까이 오지 못하게 한다고 알렸다. 캐나다 맥마스터 대학 연구진은 곤충과 갑각류처럼 유연관계가 먼 동물들까지 죽으면서 지방산을 분해시켜 죽음의 냄새를 풍겨 다른 동물들을 가까이 오지 못하게 한다고 밝혔다.

또, 바퀴벌레들은 살기 좋은 곳을 발견하면 페로몬을 분비해 동족을 인도하고 공격적인 행동을 할 때에도 특이한 냄새를 풍겼다. 이 같은 죽음의 냄새는 4억 년 전부터 진화해온 것으로 추정하고 있다. 또, 죽은 바퀴벌레의 체액을 뽑아 여기저기 묻혔더니 다른 벌레들이 그 장소를 피하는 것을 연구진이 밝혀냈다. 결국 바퀴벌레는 상황에 따라 특정 화학물질을 분비하고 냄새로 신호를 보낸다는 것을 알아낸 것이다.

이와 유사한 연구로 개미들이 죽은 동료를 집에서 끌어내 공동묘지에 갖다 버리는 행동이 확인됐는가 하면, 병든 토끼를 어미가 내쫓았다는 연구도 있다.

생태학자인 윌슨 박사는 지극히 건강한 개미 한 마리에게 올레산을 한 방울 떨어뜨리자 금세 동료들이 달려와 '고통에 울부짖으며 몸부림치는' 개미를 공동묘지로 끌고 가는 것을 발견했다. 또 연구진은 죽은 바퀴벌레의 체액은 올레산과 리놀레산 등 두 가지 주성분으로 구성된 단순한 지방산임을 밝혀냈고, 바퀴벌레가 경우에 따라 사용하는 것도 밝혀냈다.

현재는 개미와 바퀴벌레가 수백만 년 전에 갈라져 매우 먼 유연관계에 있는데도 죽을 때 같은 물질을 분비하는 것이 우연인지 아니면 광범위한 동물들이 같은 죽음의 냄새를 풍기는지에 대한 의문을 연구하고 있다.

죽음의 냄새를 풍기며 죽는 곤충들. 그 죽음의 냄새를 맡고 멀리하는 곤충들. 곤충과 동물들의 세계에서는 가까이 해야 할 냄새와 멀리 해야 할 냄새가 존재하는 셈이다.

결국 인간도 동물이기에 나름의 냄새를 갖는 것은 자명하다.

생각해보면 사는 동안 죽음처럼 가까이 있는 것도 없다. 언제나 스스로 선택할 수 있고, 타의에 의해서도 순간에 다가올 수 있는 게 죽음이다. 세상 모든 것을 둘러보면 인간이 너무나 나약하고 한없이 보잘것없다는 단정이 남는다.

인간이 공기나 물의 소중함을 잊고 살듯이 죽음 또한 잊고 사는 것은 아닐까. 그러면서 몇 백 년을 살 것처럼 아등대고 몸부림치며 살아가는 것이다. 미움과 증오와 범죄, 살인도 마다 않고….

한국은 탄핵정국과 대선의 혼란을 겪고 이젠 청문회 정국으로 투쟁이 한창이다. LA에서는 한인단체마다 투쟁과 소송이 몇 년째 계속되고 있다.

여기저기 동료를 돕는 향기가 아닌 죽음의 냄새가 진동하고 있다. 동료를 죽이는 냄새와 살리는 냄새 중에 당신은 어떤 냄새를 풍기며 살아가고 있는가.

인간이기에 어쩔 수 없이 살아가는 냄새를 풍길 수밖에 없다면, 보다 향기로운 냄새를 갖도록 해야 하지 않을까.

유독 사람이 죽으면서 미소 띤 경우가 많아 연구했더니 놀라운 원인이 밝혀졌다.

사람이 죽는 순간 몸 안에서 엔도르핀이 최대로 분출된다고 한다. 신체가 스스로 깨닫고 자동 반사하는데, 그 때문에 목을 매고 죽은 사람들이 웃는 얼굴일 때가 많고, 일반 주검에서도 웃는 얼굴이 유독 많다고 한다. 심지어 교통사고 직전에도 자동반사로 엔드로핀이 급격히 분출된다고 한다. 뭐, 믿든지 말든지!

그러나 사람들은 오늘도 싸우고, 고소하고 원수로 남는다. 천 년을 살 것처럼.

죽음의 냄새를 주위에 풍기는 줄도 모르고….

사족으로,

이라크 전장에서 전사한 한 해병대원의 젊은 아내는 시신으로 돌아온 남편과 함께 하룻밤을 보낼 수 있도록 당국에 요청했다.

미망인이 된 아내는 평소 남편이 좋아하던 음악을 들으며 잠이 들었다.

사랑하는 남편이 살아서 돌아왔다면 함께 보낼 밤처럼. 그런 밤을 추억하며.

그 부인이 원한 것은 남편의 냄새와 남편과 함께하는 밤이었으리.

장렬히 전사한 남편도 그 마지막 밤은 아마 행복했을 것이다.

남편의 관 앞에서 촛불을 켜고 밤을 지새운 장면의 사진은 다음날 세계 언론에 보도되었다.

죽음도 이렇듯 아름다울 수 있음을 보여준 한 장의 사진이 세계를 울리고 감명을 준 것이다.

그리고 그 사진은 2006년 퓰리처상을 받았다.

2017년 6월, 〈彦〉

15
천재들의 도시 〈1〉
'새의 노래' 카잘스

역사를 거슬러 가보면 유난히 천재들이 함께 모여 살던 도시가 있다.

그것도 같은 시기였다면 천재들은 어떻게 살았는지, 특히 천재들끼리 어떤 교류를 했는지 궁금하지 않는가.

1800년대 빈에는 모차르트, 베토벤, 하이든, 요한 슈트라우스 등이 모여 있었다. 천재들은 천재들의 도시에 모여 서로 격려하며 경쟁했다. 당시 그들도 천재인 것을 인식했을까. 후대에 그토록 존경과 사랑을 받을 천재들로 여기며 생활했을지도 궁금한 대목이다.

1920년대에는 파리에 천재들이 모여들었다. 자신들은 몰랐겠지만 당대의 천재들이 모여 있는 곳이 파리였다. 너무 많아 셀 수 없을 정도다.

이제 잘 알려지지 않은 천재들의 도시, 바르셀로나를 이야기 할 차례다.

1900년대가 막 시작될 무렵, 바르셀로나에는 한 세기를 대표할 음악의 거장 카잘스, 미술계의 피카소, 건축계의 가우디가 있었다. 이외에도 세계 곳곳에서 모여든 파리의 천재들과 달리 호안 미로 등 바르셀로나 천재들은 그 지역 태생인 점이 이채롭다. 이들은 훌륭한 예술 작품과 위대한 업적을 남겼지만, 고향을 사랑하고 조국을 위한 삶을 보낸 특별한 예술가들이기도 하다. 우연이겠지만 몇 년 후 천재 시인 네루다가 바르셀로나에서 영사로 근무하며 동시대를 보낸 것도 특이하다. 공교롭게도 카잘스, 피카소, 네루다의 이름은 모두 파블로다.

카잘스(1876. 12. 29 ~ 1973. 10. 2)는 바르셀로나에서 가까운 카탈루냐의 소도시 벤드렐에서 태어났다. 교회 오르가니스트였던 아버지의 영향을 받아 일찍이 피아노와 오르간을 배웠고, 11세 때부터는 첼로에 빠졌다

어느 날 헌 책방에서 먼지를 뒤집어 쓴 바하의 「무반주 첼로 모음곡」의 악보를 발견한 소년 카잘스는, 그 후 10여 년에 걸쳐 이 작품의 연구에 달라붙어, 말년에 이르러서야 드디어 그 전곡 연주라는 획기적인 위업을 성취했다.

카잘스는 1895년 파리 데뷔 이후, 본격적인 연주활동을 하면서 세계적 명성을 얻었다. 15년간 그는 파리에 살면서 바이올린의 자크 티보, 피아노의 코르토와 트리오 활동으로도 이름을 날렸다.

1920년부터는 사재를 털어 바르셀로나 오케스트라를 창립해 지휘하며 노동자들을 위한 1달러 연주회도 가졌다. '현악기의 왕자'로 일컬어졌으며, 현대의 첼로 연주법은 그에 의해 정립되었고, 현대 음악 연주에서 첼로가 차지하는 높은 지위 역시 카잘스에 의해 세워졌다.

쿠데타를 일으킨 프랑코 장군이 스페인 내전(1936)에서 승리하고 군사 독재정권이 시작되자 카잘스는 저항을 선언하고 피레네 산맥의 작은 마을 프라도에 은거하며 공식적인 연주활동을 중지했다. 당시 카잘스는 동족의 참상에 괴로워하며 빛을 볼 수 없는 신경증에 걸려 고생하던 중이었는데, 친구의 권유로 카탈루냐와 닮은 프라도를 찾았던 것이다.

전 세계가 아쉬워하는 가운데 1950년, 카잘스를 흠모한 세계 각지의 음악가들이 모여 '프라도 음악제'를 개최했고, 그 음악제를 계기로 그는 다시 연주를 시작했으며 현재까지도 '카잘스 페스티벌'이란 이름으로 계속되고 있다. 이후 카잘스는 각지의 음악제에 모습을 나타냈지만, 스페인에는 끝내 돌아가지 않았다. 1955년부터는 푸에르토리코 산후안에 살며, 100년에 가까운 긴 생애를 보내다 세상을 떠났다.

진실과 아름다움과 평화를 실천한 생애. 첼로 음악의 성서라고 불리는 「무반주 첼로 모음곡」은 다른 바흐 작품들이 빛을 보게 된 이후에도 여전히 평가절하되고 있다가 20세기 첼로의 거장 파블로 카잘스가 발견, 연

구를 거듭하며 연주하여 이후 첼로 음악의 최고의 명곡으로 인정받았다. 「무반주 첼로 모음곡」은 현재에도 '가장 좋아하는 클래식'에 첫손에 꼽히기도 했다.

그의 수많은 연주회 중에서 1899년에 영국 왕실의 초청으로 빅토리아 여왕 앞에서 한 연주, 1904년에 백악관의 초청으로 테오도르 루스벨트 대통령과 1961년 케네디 대통령 앞에서 한 연주는 정말 특별한 연주회였다.

카잘스는 스페인은 물론 나치 독일, 이태리에서의 연주도 거절했다. 세 주축국을 지원하던 미국에서의 연주도 거부했지만, 그가 평소에 흠모했던 케네디 대통령의 초청만은 받아들여 1961년 11월 13일 백악관에서 미에치슬라프 호르초프스키, 알렉산더 슈나이더 등과 실내악 연주회로 화해의 분위기를 가졌다. 카잘스로서는 60년만의 백악관 연주회였던 이 실황은 녹음되어 전설적인 음반으로 전하고 있다. 특히 마지막 앙코르로 카잘스가 연주한 카탈루냐 민요인 '새의 노래'는 그의 자유에 대한 강한 의지를 담아낸 연주로 많은 의미를 담고 있다. 이어 그는 1963년 미국 정부로부터 자유의 메달을 받았다.

특히 95세 생일을 두 달 앞둔 1971년 10월에는 UN본부에서 주는 평화상을 받는 자리에서 노구의 몸으로 '새의 노래'를 연주했다. 음악가가 평화상을 받는 예도 드문 일이지만, 카잘스처럼 투철한 애국심으로 전 생애를 일관했던 예술인도 흔치 않았기에 세계는 축하했다.

'새의 노래Song of the Birds(El Cant dels Ocells)'는 카잘스의 고향인 스페인 카탈루냐 지방의 민요이다(우리나라의 아리랑 같은). 프랑코 독재에 신음하고 있는 조국을 생각하며 '제 고향의 새는 피스(Peace), 피스(Peace) 하고 웁니다.'라며 UN본부 단상에서 울먹이면서 토해낸 수상연설은 지금도 강렬한 감동으로 전해진다.

2년 후 96세 나이로 생을 마감했지만, 프랑코가 건재한 스페인으로는 끝내 돌아가지 않았다. 프랑코가 1975년에 사망한 후에야 카잘스는 고향인 카탈루냐의 벤드렐로 이장됐다.

카잘스에 대한 평가 중 "가장 위대한 지휘자다. 그의 연주를 들어보지 않은 사람은 현악기가 어떻게 울릴 수 있는지 모른다."는 유명한 말이 전한다.

카탈로냐 지역의 특색 탓인지 카잘스는 음악가 이전에 강한 애국심을 가진 사람이었다. 음악가로서 독재에 항거하는 모습을 행동으로 남겼고, 인간과 정의를 사랑했으며, 마음의 소리를 예술로 승화시키고 행동으로 남긴 보기 드문 천재다.

90세가 넘도록 정해진 시간의 연습을 게을리 하지 않았던 카잘스. 인간과 예술을 사랑하고 평화와 정의를 몸소 지킨 위대한 카잘스의 정신이다.

지금 카탈루냐는 분리 독립을 앞두고 신음하고 있다. 때마다 스페인에서 분리독립을 주장하는 카탈루냐 역사를 다 설명하기는 너무 길지만, 자신들의 뿌리를 앞세워 언어와 민족, 문화가 다른 아라곤의 후손에 대한 차별과 동서남북으로 갈린 골 깊은 스페인의 지역감정이 원인으로 지적된다. 특히 근래에 와서는 빈부격차가 큰 것도 원인으로 부각되는데, 대대로 카탈루냐 지역은 부촌이었다.

카탈루냐 언어는 스페인어와 다른 프랑스와 이탈리어에 가까운 언어다(지역상 근접한). 현재도 교통표지판 맨 위에 카탈루냐어, 그 밑에 스페인어를 표기할 정도이며 각 학교에서도 카탈루냐어부터 배운다.

사족으로,

글을 쓰는데 도움이 되는 연주는 오래 전부터 피아노, 바이올린보다는 첼로라는 의견이 지배적이다. 글을 쓰기 전이나 쓰면서 '새의 노래'를 듣는 행복은, 글쓰기와 첼로 음악듣기에 빠져본 사람만이 느낄 수 있는 감성이다. 가슴 밑바닥에 저민 아픔을 긁어대는 첼로 소리는, 그렇다. 누구나 갖고 있는 상처를 긁어대는 소리가 분명하다.

2017년 10월, 〈彦〉

16
천재들의 도시 〈2〉
'신의 건축가' 가우디

"바르셀로나의 한 천재가 우리 곁을 떠났다. 바르셀로나의 한 성자가 우리 곁을 떠났다. 돌마저도 그를 위해 울고 있다."

가우디가 죽었을 때 신문에 난 추도문이다.

천재의 갑작스런 허무한 죽음을 온 도시가 슬퍼하고 있었다. 가우디 건축 작품들이 있는 거리를 순례한 후 '성가족 성당'에 도착한 가우디의 관은 건축학교 학생들에 의해 탄생의 문을 지나 성당 안으로 들어왔다. 죽은 자를 위한 기도가 울려 퍼졌다. 건축 작업에 일생을 바친 가우디는 마지막 혼을 불태운 '성가족 성당'의 지하납골당에 명예롭게 안치되었다.

평범한 삶을 거부하고 평생을 신과 성전건축을 위해 살았던 '신의 건축가', '천재 가우디'의 일생은 비록 외롭고 힘들었지만, 그의 장례식만큼은 결코 외롭지 않았다. 검소한 죽음을 원했지만 가우디 장례행렬은 선두가 대성당에 도착했을 때 병원에서 아직 출발 못한 사람들이 있을 정도였다. 그러나 그가 남긴 두 개의 유언은 전 재산을 성가족 성당에 기부할 것과 조촐한 장례식이었다.

가우디는 그날도 성당에서 나와 늘 하던 대로 산책길에 나섰다.

1926년 6월 7일 오후 6시쯤, 바이렌 거리에 도착한 가우디는 코르테스 거리를 건너기 위해 걸음을 멈추었다. 이 거리는 길 양쪽으로 플라타너스가 심어진 보도가 있고, '붉은 십자가'라 불리는 30번 전차가 달리는 큰 거리였다. 그가 막 4차선 코르테스 거리를 가로질러 상행선을 지나려고 할 때, 한 대의 전차가 헤로나 거리 쪽에서 다가오고 있었다. 순간 가우디는 그것을 피해 뒤로 물러났고, 그때 테투앙 광장에서 카탈루냐 광장으로 오던 하행선 전차가 뒤에서 그를 덮치고 말았다. 가우디는 뒤편에서 다가오는 전차를 미처 발견하지 못했던 것이다.

그의 나이 74세였다(1852년 6월 25일 ~ 1926년 6월 10일 안토니 가우디).

사고 당시 상황은 지금도 모호하지만, 우측 늑골과 전신쇼크를 받고 시립병원에 우송을 시도했으나 부랑자 같은 남루한 옷차림 때문에 사고 전차 운전사와 택시 기사 3명 모두가 이송을 거부해 장시간 길거리에 방치한 탓에 결국 죽음에 이르렀다. 나중에야 그가 도시의 추앙받는 천재 가우디인 것을 알았지만 이미 위독한 상태였다.

성가족 성당을 방문한 사람들은 적어도 가우디의 과분한 칭호에 대해 이의를 제기할 수 없을 것이다. 신이 내린 건축가가 아니라면 가능한 일이 아님을 깨닫기 때문이다. 그런 예술가의 죽음이 이토록 허접할 수 있다는 사실 또한 숙명처럼 받아들여진다. 신만이 알 수 있는 성자의 '숙명' 말이다. 성전을 짓는 도중에, 그것도 전차에 치여 죽는 죽음이라니….

가우디의 독창성에 대한 주장은 지금까지 여러 가지 설이 전해진다. 가우디 건축의 독특함을 보고 "당신은 어떤 이론과 영감으로 작업을 합니까?"라는 물음에, 그는 창밖을 가리키며 "저의 스승은 저 자연입니다."라고 했다.

바르셀로나 북서쪽 외곽에 위치한 '몬세라도'는 카탈루냐의 상징이다. 독특한 1500개의 암반 산은 해마다 많은 관광객이 찾는 성스러운 명소다. '몬세라도'는 가우디가 '태초의 생명적 근원'의 영감을 받은 산실이며 고향이기도 하다. 가우디 작품들의 직선을 배제한 곡선은 바위산의 곡선을 닮았다. '몬세라도'를 찾는 이들은 묘하게도 가우디의 작품들과 닮은 바위산들에서 쉽게 가우디를 떠올리며 독창적 형태에 찬사를 보낸다.

가우디의 독창성은 생활과 일상에서도 함께 했다. 그는 늘 말이 없고 허름한 차림새에 이상한 실험들을 일삼았기 때문에 평생 괴짜라는 꼬리표를 안고 살았으며 성격 묘사조차 모순되는 어휘로 가득하다.

노년의 가우디는 성가족 성당 작업장에서 아예 기거하며 성전 건축과 수도자로서의 생활을 지속했다. 건축, 기도, 고해성사, 산책으로 매일 같은 생활을 반복했다.

가우디는 공사 일을 마치면 산책을 했는데, 이유는 고질적인 류머티즘 때문이었다. 가우디의 산책코스와 노선은 늘 반복되었고, 때문에 주변 사람들도 가우디의 산책을 알고 있을 정도였다. 오후 5시 반 경이면 성당에서 성 펠리페 네리 오라토리오회(San Philip Neri Oratorians) 교회까지 산책하고 돌아오는 길에 우리키 나오나 광장에 있는 가판대에서 석간신문을 사는 것이었다. 귀가시각은 항상 밤 10시경이었다.

1882년 공사를 시작해 135년째 계속되고 있는 미완성의 성가족 성당은 지금도 공사 중이다.

처음부터 '가난한 이들을 위한 교회'를 설계했으며 지금까지도 기부금만으로 건축비를 충당하고 있다. 가우디 사망 100주년인 2026년 완공을 목표로 박차를 가하고 있지만, 실현 가능성은 높지 않다.

20세기의 미켈란젤로로 불리던 가우디의 드로잉과 기록물들은 1936년 스페인내전 때 병사들에 의해 안타깝게 불타 사라졌다. 지금은 가우디의 초기 정신을 최대한 살려서, 가우디를 모방한 건축공사가 계속되고 있는 셈이다. 때문에 원래 도면이 사라진 채 가우디 정신이 사라진 건축물로 변모하고 있다는 지적도 나온다.

바르셀로나에는 성가족 성당 이외에도 구엘공원, 카사미라, 세르베리오 성당 등 가우디의 작품들을 만나볼 수 있다. 연 3백만 명의 세계인들이 바르셀로나 천재들의 흔적을 찾아 도시 곳곳을 순례한다.

구엘공원에서도 가우디의 천재성은 곳곳에서 빛을 발한다. 35년간 구엘의 전적인 지원이 있었기에 천재 가우디가 존재할 수 있었다. 당부컨대 바르셀로나에 가거든 건축만 보지 말고 가우디의 의자를 빼놓지 말길 바란다.

람불라스 거리에는 피카소 미술관, 몬 주익 언덕에는 미로의 미술관이 있다. 천재들은 세계인들을 불러 모으고, 덕분에 후대는 명예와 풍족한 삶을 영위한다.

그런 바르셀로나가 지금 태풍의 눈 앞에 놓여있다. 지역성과 민족성 강한 기질로 인해 오랫동안 지속되어 온 자치독립의 진통을 겪고 있는 것이다.

누구도 예측할 수 없는 지경에 놓였지만 멀리서나마 평화로운 결정이 도출되길 빌어본다.

한국과 닮아도 너무 닮은, 동족끼리의 내전, 지역차별, 지역분리까지 투쟁이 계속되고 있는 스페인이다.

동쪽 끝 한반도와 서쪽 끝 이베리아 반도.

논쟁을 좋아하고 술과 축구를 즐기고, 툭하면 쌈박질 하는 것까지 너무 닮은 스페인.

한번쯤 가볼 나라가 분명하다.

2017년 11월, 〈彦〉

17
천재들의 도시 〈3〉
'게르니카' 피카소

스페인에서 가장 유명한 것이라면, 외국인으로써 단연 '부엔 카미노' 산티아고 순례를 꼽을 것이다.

그러나 그보다 먼저 갈 곳이 있었다. 마드리드 바라하스 공항에 도착하자마자 찾은 곳은 도심에 위치한 소피아 미술관이었다. 사진으로만 봤던 「게르니카」를 보기 위해서다.

소피아 미술관은 현 왕비인 레이나 소피아 이름을 따서 국립병원 건물을 개축해 1992년 재개관했다. 「게르니카」는 2층에 전시돼 있는데, 그곳이 가장 인파가 붐벼 줄을 서서 관람해야 했다. 세간의 명성도 그렇지만 782×351cm 크기의 대작에 놀라고, 기관총을 든 경비원이나 강화유리의 방호시설도 놀랄 정도였다. 매년 백만 명의 관람객이 게르니카를 찾는다는데, 압도할 만 한 명작이었다. 2층에는 수십 점의 게르니카 드로잉도 함께 전시되어 피카소의 작업과정을 엿볼 수 있고, 옆방에서는 스페인 내전 당시의 다큐멘터리 영화를 상영해 당시 상황을 가늠케 해주었다.

1936년, 프랑코 소장의 쿠데타로 내전이 시작되자 파블로 피카소는 프랑코를 맹비난하고 스페인에 돌아가지 않았다. 스페인 내전 중 파리에 머물고 있던 피카소에게 스페인 정부는 1937년 파리만국박람회 스페인관에 전시할 작품을 미리 의뢰한 상태였다.

그리고 1937년 4월 26일, 나치 콘돌 군단의 24대 비행기는 전사에 첫 기록으로 남긴 기총소사와 융단폭격을 시험하기 위해 북쪽 바스크의 소도읍 게르니카를 선택해 작전을 펼쳤다. 오후 내내 시험 폭격이 계속되었고 마지막 마무리는 막 개발된 소이탄 폭격으로 도시 전체를 불바다로 만들었다. 이는 2년 후 벌어진 세계 2차 대전 내내 공군 폭격의 전형이 되었고, 이후 6.25와 월남전 등 여러 전쟁에서 효용성 높은 전술로 활용되었다.

게르니카의 폭격으로 주민 6천여 명 중 1,600명이 사망했고 도시의 80%가 파괴되었다. 군 시설은 물론 군인도 없는 평화로운 소읍이 이유 없이 나치의 실험장이 된 결과였다.

이 비극적이고 잔혹한 소식은 다음날 전 세계에 알려졌다. 피카소도 파리의 한 카페에서 신문을 통해 비극적 뉴스를 접하고, 분노 속에 만국박람회장 전시 작품 작업에 착수했다. 그리고 한 달간의 작업 끝에 탄생한 대작이 바로 「게르니카」다. 당시 피카소 나이 56세였다.

피카소는 박람회 전시가 끝나더라도 프랑코가 건재한 스페인에 게르니카를 절대 전시하거나 보관하지 못하도록 하겠다고 선언했다.

때문에 뉴욕현대미술관에 무기한 대여되어 전시되다가 프랑코 사망 후, 피카소 탄생 100주년인 1981년 국민의 열망 속에 스페인으로 돌아왔다. 피카소가 1973년 사망했고, 2년 후 프랑코도 사망한 이후였다.

피카소는 내전 당시 프라도 미술관 명예관장직을 맡은 인연으로 프라도 미술관 전시를 원했으나, 스페인 당국은 보안상의 문제로 소피아 미술관에 전시하고 있다.

피카소 역시 카잘스처럼 나치와 독재정권에 온몸으로 끝까지 저항했다. 음악계에 카잘스가 있다면, 미술계에는 피카소가 예술과 정치일선에서 투쟁한 인물로 남았다. 시대의 두 천재가 불의에 저항한 드문 사례였다.

우리와 피카소의 인연은 1950년에 이루어졌는데, 6.25 전쟁 중에 알려진 황해도 신천 양민학살 소식을 듣고 피카소가 그린 「한국에서의 학살」이란 작품 덕분이다.

신천 학살사건은 3만 5천 명의 민간인이 학살된 사건으로, 한 창고에서는 900명이 갇혀 학살을 당했으며 이중 어린이 200명도 무참히 살해된 비극적인 참상이다.

스페인 내전과 한국 내전의 비극을 그린 두 작품은 나폴레옹 군대의 마드리드 학살을 그린 고야의 「1808년 5월 3일」, 「1804」, 그리고 마네의 「막시밀리안의 처형」 등의 작품에서 영감을 얻었다고 한다. 피카소는 철저하게 전쟁을 배척하고 전쟁의 끔찍한 참상을 소재로 많은 그림을 남겼다. 그는 평생 동안 나치즘과 파시즘, 그리고 제국주의를 반대했다.

3년여 걸쳐 완성한 대작 「전쟁과 평화」 또한 6.25가 발발한 1950년에 한국 평화를 기원하며 완성한 발로리스(프랑스 남부) 예배당의 동굴벽화다. 입구에는 피카소의 도자기 작품들이 전시되어 있고, 예배당 안 좌측이 '전쟁', 우측이 '평화'를 상징하고, 검정, 노랑, 빨강, 그리고 하양은 인류를, 비둘기를 떠받치고 있는 패널은 '전쟁'과 '평화'를 잇는 메신저를 의미한다.

「전쟁」의 하양 방패에는 평화의 상징인 비둘기와 연인 질로의 얼굴이 겹쳐 있고, 「평화」에는 한국을 상징하는 태극문양이 그려져 있다. 박물관의 안내 팸플릿에도 "이 시기의 피카소는 특별히 한국의 평화를 염원했다."고 적혀 있다.

「게르니카」와 「한국에서의 학살」은 동기나 표현이 유사하다. 2004년 프랑스의 협조로 한차례 한국에서 전시되기도 했다. 프랑스 정부는 피카소의 유족이 소장한 「한국에서의 학살」 등을 상속세 대신 받아 피카소미술관을 건립했다.

1900년 이후, 파리는 천재들의 도시였다. 세계의 각 부분의 천재들이 모여든 곳이 바로 파리였다. '에콜 드 파리(École de Paris파리파)'라 불리는 파리로 건너온 헤밍웨이, 에즈라 파운드, 스콧 피츠제랄드, 제임스 조이스, 부라크, 로트렉, 달리, 듀샹, 마티스, 세잔, 모딜리아니, 파스킨,샤갈, 키슬링, 자크, 막스 등의 천재들은 야수파, 큐비즘, 추상미술, 다다이즘, 초현실주의까지 숨 가쁘게 예술 지형을 변화시켰다.

셀 수도 없는 천재들이 살다가 명멸한 도시들. 천재들은 도시를 어떻게 변형시켰는가. 또 역사는 그것들을 어떻게 기록하고 있는가. 오늘을 사는 우리가 새겨볼만한 가치 있는 대목이 아니겠는가.

지금 우리 시대의 천재는 어떠한가?

사족으로,

박정희 정권은 피카소를 공산당원이었다는 이유로 금기시하고 배척했다. 따라서 당시 교과서에 피카소는 없었다.

1969년, 한 기업이 파산했다. 어린이용 인기 크레파스였던 삼중화학공업(대표 박진원)에서 제조한 '피카소' 크레용이 반공법위반 혐의로 제조 금지 당하고 사장이 입건돼 망한 사건이었다. 반공시대에 옆구리가 터진 불운한 한 기업의 종말이었다.

또 지금의 송해 정도인 당시 인기 코미디언 故 곽규석(일명 후라이보이)이 방송 중 피카소를 운운했다는 이유로 반공법위반으로 검찰 조사를 받기도 했다.

2017년 11월, 〈彦〉

「한국에서의 학살」

「게르니카」

18
우주의 황금돛단배

인간이 배를 타고 여행을 하면서부터, 배를 타고 우주여행을 하는 것을 꿈꾸었다.

지난 해, 천재 물리학자 스티븐 호킹과 러시아 갑부 유리 밀러, 페이스북의 마크 저커버그는 '스타샷 프로젝트'라는 기상천외한 백억 불짜리 프로젝트를 발표했다. 카메라와 항행, 통신, 동력장치를 탑재한 스마트폰 크기의 초소형 우주선 1000대를 광속의 20% 속도로 '알파 센타우리'에 보내는 것이다. '알파 센타우리'는 태양 인근의 항성이다.

일단 1000개의 초소형 우주선을 로켓에 탑재해 지구에서 약 100만㎞ 떨어진 곳까지 보낸 후 초소형 우주선의 돛이 펼쳐지면 지구에서 돛에 레이저 광선을 쏴 3만 년이 걸릴 거리를 20년으로 단축시킨다. 무연료로 태양풍, 태양광을 이용해 항해하는 우주돛단배의 이름은 코스모스 호다. 코스모스는 유명한 칼 세이건의 저서 제목에서 따왔다.

1976년, 세이건은 태양광 돛단배 우주선 계획을 발표했다. 그 후 40년 만에 세이건의 꿈이 이루어진 것이다.

칼 세이건을 생각하면 잊을 수 없는 두 장면이 있다.

우주를 바다로 여기고, 우주여행을 항해라고 생각했던 세이건은 보이저 호를 검은바다를 항해할 선박으로 형상화해 출항시켰다. 수년 후, 보이저는 영락없는 우주의 검고 광활한 바다에서 항해 중인 돛단배 바로 그 모습이었다. 세이건은 우주과학에 인간과 '스토리텔링'을 접목시킨 최초의 우주과학자였다.

첫 장면은 보이저가 항해 중에 갑자기 카메라를 돌려 돌아보게 하는 것이었다. 혹시 우주공간에서 발생할 사고위험 때문에 많은 반대가 있었지만, 세이건은 강력한 주장으로 관철시켰다. 그리고 보이저 호가 뒤돌아본 장면은 인간이 최초로 우주에서 본 우리, 지구의 모습이었다. 그건 우주 속의 '창백한 푸른 점'(pale blue dot 세이건이 작명)이었다.

우리가 우주를 바라볼 때 수많은 점들의 별처럼, 우주의 점들 사이에 외롭게 푸른 점으로 흐릿하게 보이는 지구를 보면서 인류는 감격했다. 푸른 점을 본 누구는 고독을, 누구는 두려움을 호소했다.

"여기 있다. 여기가 우리의 고향이다. 이곳이 우리다. 우리가 사랑하는 모든 이들, 우리가 알고 있는 모든 사람들, 당신이 들어봤을 모든 사람들, 예전에 있었던 모든 사람들이 이곳에서 삶을 누렸다. 우리의 모든 즐거움과 고통들, 확신에 찬 수많은 종교, 이데올로기들, 경제 독트린들, 모든 사냥꾼과 약탈자, 모든 영웅과 비겁자, 문명의 창조자와 파괴자, 왕과 농부, 사랑에 빠진 젊은 연인들, 모든 아버지와 어머니들, 희망에 찬 아이들, 발명가와 탐험가, 모든 도덕 교사들, 모든 타락한 정치인들, 모든 슈퍼스타, 모든 최고 지도자들, 인간역사 속의 모든 성인과 죄인들이 여기 태양의 빛 속에 부유하는 먼지의 티끌 위에서 살았던 것이다."

세이건이 출간한 '창백한 푸른 점'이란 책에서 당시 감회를 이렇게 적었다.

세이건은 어떻게 항해 중인 우주선에서 뒤돌아볼 생각을 했던 것일까. 스토리텔링이 충만한 사람이 아니면 할 수 없는, 낭만이 깃든 상상력과 소설적 발상을 40년 전에 한 칼 세이건.

과연 보이저 호와 인류는 외계문명을 만나게 될까?

두 번째 장면은 '골든 레코드'다. 인류의 함의인 외계 생명체와의 조우를 실현하기 위해 세이건은 '골든 레코드'를 제작해 보이저 호에 실어 보냈다. 지름 30센티에 금박을 입힌 LP 레코드판 '골든 레코드'는 보이저 호와 만

날지 모를 미지의 외계문명에 보내는 지구와 인류의 메시지다. 지구를 대표할 음악 27곡, 한국어를 포함한 55개의 언어로 된 인사말, 지구와 생명의 진화를 표현한 소리 19개, 지구 환경과 인류 문명을 암시하는 사진 118장이 수록되었다.

지구의 속삭임으로도 불렸던 '골든 레코드'는 세계에서 가장 많이 쓰이는 언어들로 인사말과 각 언어의 화자, 뜻, 사용 인구 등이 표와 지도로 일목요연하게 정리되어 있다.

또 지구와 인간 문명의 사진 118장은 태양계 행성들, 인간의 생체 정보, 지구 생태계, 인간의 문화와 인공물 등을 보여주는 사진들로 구성되어 있다.

코미디 같은 대목이지만, 외계인에게 인간 몸을 보여줄 목적으로 찍은 남녀의 누드사진은 NASA에 의해 외설로 거부되기도 했다.

선정된 27곡의 음악은 베토벤, 모차르트, 바흐, 등의 클래식부터 조지아 합창곡, 아프리카 피그미 족의 노래, 중국 고금과 일본 샤쿠하치의 연주, 자바의 가믈란 등 여러 문화권의 다양한 음악들이 포함되어 있다.

또 '지구의 소리들(Sound of Earth)' 19개는 태양계의 초기 역사를 상징하는 어지러운 소용돌이 소리와 천둥 번개소리를 비롯한 비바람 소리, 동물과 인간의 소리, 문명의 기계 소리 등이 수록되었다.

'골든 레코드'의 수명은 10억 년으로 추산된다. 호모 사피엔스가 등장해 오늘날의 첨단 문명을 건설하기까지 고작 2만년이 흘렀다는 사실을 떠올려 보면, 언제 누구에게 '골든 레코드'가 전달될지는 상상하기 어렵다.

'골든 레코드'는 최대한 우호적이고 긍정적인 인류의 모습을 담았다. 대량학살 무기나 기아, 전쟁 같은 부정적인 이미지는 빠졌다. '골든 레코드'가 우리의 좋은 점만 보여주는 불완전한 자화상이라고 비판할 수 있지만, 세이건은 인간이 존재의 유한성을 극복하고 시공을 초월해 소통할 수 있는 미래에 치중했다. 수십억 년이 지나 지구와 현생 인류가 사라진다 하더라도 우리의 목소리는 보이저 호에 실려 영원히 코스모스에 울려 퍼질 그날을 기다린 것이다.

인간은 영원하지 않더라도 우주는 영원할 것을 믿은 것이다.

보이저 호는 우리의 메아리와 이미지를 싣고서 우주를 여행하고 있으며, 머나먼 그 여정만큼 오랫동안 우리를 계속 살아있게 할 것이다. — 앤드루안 세이건

보이저 우주선이 태양권계면을 넘은 지 한참 지난 뒤에도, 그 까마득한 미래에도, 지구의 인사를 담은 두 장의 레코드판은 언제까지나 꿋꿋하게 우주를 항해할 것이다. — 칼 세이건

1977년에 발사된 보이저 1호는 장장 40년을 날아 태양계 끝을 벗어나 성간 우주공간을 항해 중이다. 그동안 목성, 토성, 천왕성, 해왕성을 지나 태양계 밖으로 나아가면서 수많은 사진과 자료를 전송했다. 2012년 최초로 태양계를 벗어난 보이저는 성간을 진입해 알 수 없는 암흑 속을 운항하다 2020년에는 플루토늄 연료 소진으로 사라질 것이다.

40년 전 9월 5일. 보이저 1호가 인류의 가장 먼 곳을 향해 길을 떠난 날이다. 그 날의 감격을 지금은 하늘의 별이 된 칼 세이건(1934. 11. 09 ~ 1996. 12. 20)과 다시 새긴다.

사족으로,

골든 레코드 프로젝트에 참여한 이는 6명. 그 중 칼 세이건은 총 책임을 맡았고, 그의 두 번째 부인 린다 살츠먼 세이건이 55가지 인사말 구성 작가로 참여했으며, 마지막 부인인 앤 드루안 세이건은 19개의 지구의 소리를 창작하는 감독으로 참여했다.

2017년 9월, 〈彦〉

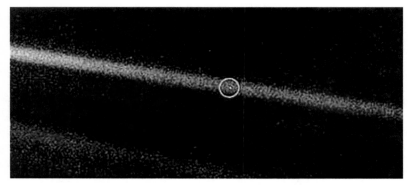

동그라미 속 한 점 티끌이 70억 인류가 사는 지구다. 60억㎞ 떨어진 명왕성 궤도에서 보이저 1호가
뒤로 돌아 찍은 역사적 사진.
우주 속 외로운 존재 지구의 모습. '창백한 푸른 점 – pale blue dot'.

인류의 '우주 척후병' 보이저 1호. 지구로부터
약 200억㎞ 떨어진 우주 공간을 날고 있는 중
이다.

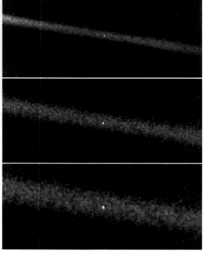

19
부끄러움을 알려주랴!

세상의 불의에는 핑계가 뒤따른다.

자신이 저지른 범죄에 대해서도 나름 변명거리를 붙이고 악행이나 복수를 저지른 뒤에도 죄악보다는 핑계를 앞세운다.

하기야 나라를 팔아먹은 이완용조차 '나 아니어도 누군가는 해야 할 일'이라며 철면피한 핑계를 일삼았다. 자신이 저지른 죄악이 어떠한 짓인지는 차마 알지 못했을 것이다. 조선 최고의 악인으로 역사에 남고, 이후 후대는 먼지처럼 사라지고 오욕으로 남겨질 것이란 사실을 알았어도 그 같은 변명을 주절거렸을지 궁금하다.

철학자 발터 벤야민은 '모든 문명의 기록은 야만의 기록'이라고 했다. 좌·우, 갑과 을, 승자와 패자, 어느 쪽이든 야만을 저지르고 한쪽은 당해야 했다. 따라서 알렉산더 대왕이나 징기스칸의 업적은 분명 야만의 업적이 될 터이다. 그 역사 속에서 대부분의 인간은 희생자였다.

역사의 빛나는 기록은 결국 희생자들을 향한 야만의 기록일 뿐이다. 야만의 기록은 불평등한 권력관계의 역사이며 음울하고 암담하다. 오늘날 우리가 부딪치는 온갖 모순들은 수만 년 인류 역사에 걸쳐 쌓여온 것들이다. 과거나 현재에 모순들은 존재했고 쉽게 해결되지 않는다. 사회 변화를 꿈꾸던 숱한 이들은 역사와 진실이 자신들의 편으로 믿지만, 실제로는 전혀 그렇지 않다. 그러한 믿음은 근거 없는 것이며, 불분명한 진실 속에 희생되었을 뿐이다. 그렇게 인류의 희생 속에 역사는 흘러갔고 야만의 기록이 곧 역사가 되었다. 암울하고 절대 해결될 것 같지 않은 현실, 그것이 역사가 되었다.

그렇다면 역사는 발전하는 것인가.

분배 이론에는 터널효과가 있다. 많은 차들이 정체된 터널에서 한쪽 차선이 움직이기 시작하면 자기 차선도 곧 움직일 것이라는 희망을 갖게 되지만, 그건 착각일 뿐이다. 현대 경제구조는 빨리 갈 사람만 가고 나머지 사람들은 불만과 불신 속에 혼란과 불행한 사태를 맞게 된다는 이론이 터널효과다.

경제가 발전한다고 모두 잘 살고 혜택을 받는 세상은 아니라는 의미다. 사회가 나아진다고 꼭 자신이 나아지지 않는 이치다. 기본적으로 나아질 것이 제대로 나아지지 않으면 불만은 사회, 정치, 경제 전반에 영향을 주고 원동력을 잃게 된다는 것이다. 빈부격차와 만연한 탈법, 부정이 만연한 사회는 불행이 기다릴 뿐이다.

— 변방 이민생활 중에 가장 존경할만한 일을 샌프란시스코에 있는 아시아문화센터에서 발견했다. 1995년, 샌프란시스코에서 Asian Art Museum center 건립 계획에 따라 모금을 시작했다. 지역세가 가장 큰 화교들이 모금한 전체 금액보다 많은 금액을 기증한 사람이 있었다. 한국인 이종문이었다.

20년 전, 여느 아시안 커뮤니티보다 많은, 무려 1천 6백만 불을 단 한 사람이 기증해 주위를 놀라게 했지만 더 감동적인 대목은 계속된다. 문화센터 측은 Asian Art Museum center를 이종문 아시안 문화센터로 이름을 바꾸었다. 그리고 드디어 개관식 날, 테이프커팅을 위해 시장과 의원 등 많은 귀빈이 모였다. 그러나 이들은 단 한 사람만의 커팅을 위해 한발 물러서서 양보했으며, 박수로 위대한 기증에 화답했다. 감동은 이어진다.

문화센터 측은 준공식이 있기까지의 공로와 기증을 기리며 건물 열쇠를 이종문에게 전달하고 사실상의 주인공을 관리자로 명명하려했다. 그러나 준공식까지 갖은 노력을 쏟았던 그는 "오늘로 내 할 일은 끝났으며 다시 관여할 일이 없을 것"이라고 선언했다. — 위 글은 10년 전에 써서 잡지에

기고했던 글의 일부이다. 지금도 그때의 감동은 생생하다. 고생을 한 만큼 인생의 깊이와 참뜻이 전해지는 삶이라고 오늘까지 여기고 있다. 바라건 대 언젠가 직접 그분에게 살아온 내면의 얘기를 들을 수 있는 기회가 주 어지기를 바랄 뿐이다.

이종문은 한국 종근당제약의 이종근 회장의 동생으로, 박정희를 피해 미국 유학을 시작했고 남가주에 정착했다. 인생 첫 어려움이 닥치자 가장 먼저 돌팔매를 한 부인의 이혼청구는 꽤 회자되었지만 이민생활의 여러 의미를 남긴다. 그리고 고초 속에서 눈부신 재기에 성공했다. 고초 뒤의 성공인 까닭에 써야 할 곳에 과감히 기부하는 것인지도 모른다.

오른손이 한 일을 왼손이 모르게 하라. 이것이 참 기증의 의미다. 돈 몇 푼 냈다고 주인 행세하고, 뒤에서 갖은 이익을 챙기면 이미 장사치에 불과 하다. 투자하고 수익을 챙기는 장사 말이다. 완장행세 해가며 갖은 텃세까 지 부릴 양이면 그건 기증 아닌 꼼수 악행에 불과하다.

이미 LA 한인사회에서도 그런 악행은 수차 자행되었다. 돈 몇 푼 내놓 고 자리 차지하고 주인 행세하면서 갖은 악행을 저지른 역사 말이다. 그리 고 수많은 뒷돈을 뒤에서 챙긴 것도 모자라 끝내는 건물이나 재단까지 말 아먹은 사례를 기억하는 사람은 많을 것이다.

돈 많은 어떤 부자는 센터 건물을 지으면서 가지가지 명목으로 공사비 를 축내더니 막판에는 자신의 실내장식 회사를 차려서 공사금을 챙겼다. 한 올드 타이머 단체장은 4.29폭동과 관련, 멀쩡한 센터 건물을 부동산 가격하락이 우려된다며 매각하도록 몇몇 이사들과 꼼수를 부려 매각한 후, 은행에 입금한 거금을 증권투자가 수익에 좋다면서 설치다가 끝내 모 두 말아먹었다. 추후 드러난 비리는 당시 증권투자액에 따른 '리퍼피' 커미 션이 10% 정도였기에 거액을 챙겼다는 사실이다. 물론 건물 매매에 따른 커미션도 마다하지 않았을 것은 자명하다.

그 악인들에게 한인들 중 누구도 그런 권한을 주지 않았다. 악인들이 나서 갖가지 이유와 꼼수로 악행을 저질렀을 뿐이다. 그리고 모두가 침묵했다. 진실을 아는 자의 침묵은 죄악이며 공범이다. 지식인의 침묵도 죄악에 해당한다. 침묵으로, 공조로 얻어지는 술은 얼마나 달고 좋은가? 그때 침묵했던 사람들, 그래서 얻어진 것은 무엇이었는가. 안일과 친교와 몇 잔의 술이 한인사회를 망쳤다.

한인사회를 둘러보면 하나 같이 제대로 돌아가는 단체가 없다. 모범적이고 본받을만한, 한인들로부터 믿음과 찬사를 받을 완장이나 단체가 없다. 한마디로 한인사회에 '어른'이 없다. 그들은 안하무인으로 막말과 행태를 일삼아 왔기에 지원이나 사랑을 받지 못하고 일그러진 한인사회가 되었다. 그 중심에 한인회와 동포재단과 부자들이 있다. 그들 눈에는 한인들이 보이지 않는다. 악행을 저지르며 변명을 앞세우고 부끄러움 없이 행세한다. 그리고 누구나 알면서 침묵한다. 나아가 박수치거나 옆에 서 있는 사람도 많다. 함께 악행을 일삼는 것이다.

20만 불을 자신 명의의 구좌에 넣고 기증이라며 회장 자리부터 꿰차고 앉은 몰염치한 단체장에게 이종문 신화를 들어는 보았는지 묻고 싶다.

요즘 최대 논란은 민중은 개, 돼지라는 막말이다. 더 큰 문제는 그런 망상을 하는 자들이 하나 둘이 아니라는데 있다. 차마 말은 하지 않더라도 그렇게 여기고 행동하는 단체장과 완장이 하나 둘이 아니라는 점이다.

그들도 개, 돼지라는 말에 분노했는가. 그들도 개, 돼지는 되고 싶지 않았을 것이다.

그런데 아는지 모르겠다. 그들이 지금 LA 한인들을 개, 돼지로 만들고 있다는 사실을.

2016년 7월, ⟨彦⟩

20
세상을 향한 용기를 부추기는 한마디
〈스포트라이트: 영화평론〉

나도 모르게 주먹을 쥐게 하는 힘. 분노하게 하는 힘. 바로 내 속에 송곳이 있기에 세상의 악을 향해 나아갈 용기가 있는 건 아닐까.

할리우드 영화 「스포트라이트」는 기자들이 주인공인 영화다. 누구보다 기자들이 관심을 가지고 볼 수밖에 없다. 영화는 그 기대를 저버리지 않았다. 보고나면 가슴 서늘해지는 이야기다. 기사 한 줄에 공포가 흐르고, 취재 배경에 깊은 사유를 갖게 하는 힘 있는 영화다.

영화의 내용은 아동 성폭력을 저지른 신부들과 추문을 은폐하는 교회 권력에 얽힌 거대음모를 파헤치는 이야기다. 되도록 영화적 재미나 전개를 뺀 대신, 건조하게 관찰되는 프로페셔널 직업인으로서의 기자 세계를 특히 탐사보도의 긴 이야기를 다뤘다.

보스턴 글로브 기자들이 가톨릭 사제의 아동 성추행이란 거대 은폐음모를 찾아 헤매고 매번 부딪치는 벽들에 대응해 가는 과정을 추적하는 방식이다. 사건은 사건으로 끝나지 않고 언론, 교회, 지역사회 권력 시스템과의 투쟁으로 전개된다.

사건이 거대할수록 거대한 악과 싸워야 한다. 거악은 힘이 세고, 기자들은 만만치 않은 노력과 큰 것을 걸어야 한다. 때로는 명예나 목숨까지도 요구한다.

영화에서도 벽은 때때로 앞을 막는다.

기자들에게는 외부에서 영입된 유대인 편집장 '배런' 또한 벽처럼 보인다. 종교가 다르고, 유대인이며, 외부인사란 점 등이 어떤 보도결정을 하게 될 지 의문이기 때문이다.

편집장에게도 벽은 있다. 사주와 지역 인사들 그리고 종교계 여론 등이 앞을 가로막는다.

오보나 거짓 증언, 또 닥쳐올 투쟁도 벽일 것이다. 기나긴 법정투쟁 또한 큰 벽이다.

기자들은 기록을 뒤지고 관계자들을 만나 사실을 털어놓으라고 사정하고 매달린다. 사실 기자들의 조사만으로 기사가 만들어지기는 쉽지 않다. 절대적으로 내부자의 고발이나 피해자 진술 등이 필요하지만, 그 과정은 험난하기만 하다.

먼저는 이해관계가 얽히기 때문이고, 보복이나 나중에 예견되는 불확실한 사항들도 벽이 되기 때문이다. 여기에 증언의 번복과 매수 등이 얽히면 전쟁으로 변한다. 간부는 사주의 눈치를 보고 사주는 지역 여론이나 권력들과 만난다.

영화는 피해자들을 일일이 만나고 가해자들과 대응하는 내용을 보여주면서 흘러간다.

결정적 키를 쥐고 있는 변호사 셋도 흥미로운 캐릭터다. 가장 적극적으로 피해자들을 변호해왔고 문제해결에서 결정적 실마리를 제공한 착한 인물이지만, 자신의 직업윤리의 벽에 깊이 고민한다(고객정보를 줄 수 없는).

결국 작은 벽과 큰 벽 사이에서 자신이 선택해야 할 윤리와 법 앞에서 고민하는 것이다. 큰 벽과 작은 벽 사이에는 어떤 도덕적 잣대나 사회를 향한 이상향이 놓인 것인가.

기자도 기사를 덮어야 할 것인가, 아니면 절대적으로 터뜨려야 할 것인가 사이에서 고민한다. 누군가는 반드시 기사의 무게만큼 피해를 볼 것이기 때문이다. 그것 또한 마지막 남은 벽이 될 것이다.

많은 시간이 흐르고 각고의 노력 끝에 기사는 신문지면에 실리고 영화는 끝난다.

천주교구의 높은 신부는 기자에게 따진다.

"이런 걸 공개하려 하다니, 언론의 책임감은 어디 갔나요?"

"가톨릭의 치부를 들춰내는 게 사회에 어떤 이익이 생기는 것이냐?"

"이번 주말 교회를 찾을 수많은 사람들은 어찌 할 것이냐."를 따지며 기자를 공격한다.

사내 편집회의에서도 갈등은 많다.

"이런 사실을 공개하지 않는다면 언론의 사명은 무엇인가요?"

신문사에서 과연 가톨릭계 전체와 싸울 힘이 있는지를, 보도 후 감당할 수 있겠는지를 묻는 간부에게 기자가 대들며 하는 말이다.

쉽지 않는 결정이다. 어쩌면 오늘만 사는 정신이어야 가능한 무모함이다.

그러나 마지막에는 늘 인간이 있었고, 진실과 정의가 남았다. 영화에 등장하는 인물들의 얼굴에는 그런 것들이 남아 있었기에 감동으로 돌려주었을 것이다.

언제나 그들은 감추고, 거짓 변명을 앞세우고 숨기려 노력한다. 마지막에는 꼭 기사를 써야 하는 이유를 되묻는다. 그것은 어쩌면 자신을 죽일 더 큰 이유를 설명해 달라는 의미다.

처음은 감추고 거짓으로 대응하고 변명한다. 다음은 매수나 선을 찾아 날뛰고, 그리고 물타기나 약점 찾기, 신상 털기 등의 보복이 시작된다. 심지어 청부폭력까지.

은폐된 악과 구조적 시스템의 공포이다. 그래도 그것을 깨부수는 힘이 남아있는 사회는 조금은 건강한 것일까. 오늘, 남는 의문이다.

갑자기 불이 켜지면 우린 모두 창피한 거다.

우리 모두, 그때 어디에 있었나.

무얼 하고 있었나.

2016년 3월, 〈彦〉

영화 「스포트라이트」

21

한 권의 책, 여인의 삶 (직지 이야기 1)

"오늘도 안 됩니까?(Aujourd'hui, on ne peut pas?)"

1980년 봄, 프랑스 파리 리슐리외가(街) 프랑스 국립도서관. 소년처럼 머리칼을 짧게 친 52세의 한국 여성이 또박또박 물었다. 도서관 직원이 고개를 저었다.

여성은 흔들림 없는 표정으로 "내일 다시 오겠다."고 말하고 돌아섰다.

그는 몇 달 전까지 이 도서관에 근무하던 재불(在佛) 서지학자 박병선(朴炳善), 박병선은 서울에서 태어나 1955년(27세) 최초의 여 유학생으로 프랑스에 건너갔다. 소르본대학과 프랑스 고등교육원에서 각각 역사학과 종교학으로 박사학위를 받았다.

1967년부터 13년간 프랑스 국립도서관에 근무하면서 3000만종이 넘는 장서를 뒤져 세계 최고의 금속활자 본 '직지심체요절(直指心體要節)'과 외규장각 도서 297권을 찾아내 주불 한국대사관에 알렸다.

어느 날 국립도서관 깊은 곳 동양서적고에서 먼지에 뒤덮인 한 권의 책을 발견했는데 그것이 직지였다. 직지의 마지막 장의 글씨 '1377년 청주 흥덕사에서 인쇄', '주자인시-쇠를 부어 만든 글자를 배포했다.'는 글씨였다.

그리고 갖가지 활자실험으로 5년 만에 금속활자 고증에 성공한 박병선은 드디어 1972년 봄, '세계 도서의 해'를 맞아 프랑스 국립도서관 '책의 역사' 전에 출품해 직지가 요하네스 구텐베르크의 성경책보다 무려 73년이 앞선 세계 최고의 금속활자본임을 전 세계에 알렸다. 그리고 2001년 9월, 유네스코 세계기록유산에 등재되는 쾌거를 이루어냈다.

학계 일부에서는 1377년 이전부터 고려에서는 금속활자가 사용되었다고 주장한다. 기록에 이규보의 동국이상국집을 금속활자로 28부 인쇄해 관청에 보급했다고 남아 있는데, 이는 1230년대에 이미 금속활자가 존재한 것을 의미하기 때문이다.

직지심체요절은 직지라고도 불리는데, 1377년, 승려인 백운화상이 이름난 승려들의 말씀이나 편지 등에서 뽑은 내용을 수록해 놓은 책으로 충북 청주 흥덕사에서 금속활자로 찍어낸 책이다. 당시 50~100부 정도 인쇄되었을 것으로 추측되는데, 현재는 유일하게 하권 한 권만 프랑스 국립도서관에 소장되어 있다.

또, 박병선은 1975년에 외규장각 의궤의 행적을 20년 만에 찾아냈는데, 프랑스 국립도서관의 베르사유 분관 폐지 창고에 버려지다시피 방치돼 있었다. 이 사실을 한국에 알리자 프랑스는 외규장각 의궤의 존재를 한국에 알렸다는 이유로 그를 권고 사직시키고 '한국의 스파이'라는 오명을 씌우기까지 했다.

프랑스 측에서는 박병선에게 온갖 압력을 행사하고 방해했다. 이후 매일 도서관에 찾아가 '개인' 자격으로 외규장각 도서열람을 신청했다. 옛 동료들의 냉대를 견디며 매일 같은 질문을 던졌다. "오늘도 안 됩니까?" 한 달 만에 간신히 열람 허가가 떨어졌다.

박병선은 "이후 10년 넘게 매일 도서관에 가서 외규장각 도서의 목차를 베끼고 내용을 요약했다."며 "점심시간에 자리를 비우면 책을 일찍 반환하라고 할까봐 밥도 안 먹었다."고 했다.

박병선의 적극적인 노력 끝에 2011년 5월27일 297책의 외규장각 의궤가 145년 만에 대한민국 땅으로 돌아왔다. 그러나 5년 주기 대여 형식으로 아직 소유권은 프랑스에 있다.

결혼을 하지 않은 그는 파리 시내에서 한 시간 떨어진 교외 아파트에 혼자 살았다. 박병선이 직지심체요절과 외규장각 도서를 찾아낸 데는 이병도 교수 역할이 컸다. 이 교수는 유학을 떠나는 박 박사에게 "프랑스가 병인양요 때 조선의 물건을 많이 약탈해갔다. 사학을 공부한 사람이니 프랑스에 가거든 꼭 찾아보기 바란다."고 당부했다. 당시 학자들 사이에서는 병인양요 때 프랑스가 약탈해 간 왕실 물건이 있다는 얘기는 오갔지만, 그 실체는 알려지지 않았다.

이전에는 학계에 직지가 있는 곳은 루브르박물관이며 프랑스 군대가 훔쳐간 것으로 알려졌다. 그러나 병인양요 당시, 프랑스 해군이 강화도를 침범해 그곳 외규장각(왕실기록 보존 창고)에 보관되어 있던 의궤를 약탈해 간 것이고, 조선말에 초대 주한 프랑스 공사를 지낸 콜랭 드 플랑시라는 사람이 구매해 몰래 프랑스로 빼돌린 것으로 이후 몇 단계를 거쳐 프랑스 국립도서관으로 흘러들어간 것이다.

콜랭(초대 주한대리대사 재임 1890년~1903년, 1922년 사망)은 명성황후에게 궁녀를 하사받은 외교관으로 두 사람은 극적인 사랑을 나누고 모로코, 파리 등을 전전하다 비정하게 이별한 사건으로도 유명한 자이다. 콜랭이 어떻게 직지를 입수하고 국외로 빼돌렸는지는 명확하지 않지만 이후 콜랭이 팔고 고서수집가들 손을 전전하다 프랑스 국립도서관에 기증된 내용은 확인되고 있다.

직지는 유네스코가 지정한 세계기록 문화유산 가운데 해당 국가에 없지만, 선정된 유일한 예로 알려져 있다.

새천년을 맞는 1999년, 지난 1천년 동안 인류에게 가장 중대한 100사건 중 1위가 '금속활자 발명'이었다. 인류의 문명 발전에 그만큼 획기적인 사건으로 기록된 셈이다. 인쇄기술 발전 이후, 종교혁명과 산업혁명이 있었고 오늘날의 눈부신 문명을 만들어냈다.

'나라는 망해도 역사는 인멸할 수 없다.'

– 정태제 사초에서

2017년 〈彦〉〈2편 계속〉

22
한 권의 책, 여인의 삶 (직지 이야기 2)

2010년 5월, 마지막 수술을 마친 박병선 박사는 8월에 프랑스 파리로 돌아갈 채비를 하고 있었다. 병원에서는 "적어도 6개월 정도 요양이 필요하다."고 했지만 "프랑스에서 아직 할 일이 많다."며 파리 행을 서둘렀다.

그는 한국을 떠나기 전, 모교인 서울대를 찾아 투병하는 동안 도움을 준 대학관계자를 만났다. 서울대 총장은 박 박사가 치료비가 없어 어려움을 겪는다는 소식을 듣고 성금 1000만 원과 치료를 주선 했었다.

이런 분이 있기에 역사는 살아난다. 평생을 배움으로 정진하고 그걸 몸소 실천하신 분. 그것도 평생의 업적으로 자신의 삶을 포기한 채…. 그저 묵묵히 초지일관 우리의 역사를 위해.

한 인간의 놀라운 역사는 사람들에게 깊은 감명을 주기에 충분하다. 기나긴 세월 너무 단순해서 슬픈 이야기. 진실한 삶과 질곡의 시간들.

그러나 세상이 이래서는 안 된다.

아무것도 바라지 않고 묵묵히 자신이 맡은 바, 생각한 바를 평생 사명으로 수행하는 이들에게는 응분의 몫이 돌아가야 한다. 그럼에도 세상은 무심하게 나간다.

일제 강점기에 조국광복을 위해 피땀 흘린 이들의 후손들이 얼마나 비참한 삶을 살아야 했다는 것을…. 반면 일제에 빌붙은 매국노들은 양지에서 살았고, 나아가 그 후손들은 얼마나 양지에서 출세가도를 달렸는가도 극명하게 잘 알고 있다. 반면 음지에서 사명을 수행한 후손들은 변변한 집 한 칸 없이 대학진학은커녕 후대마저 끊겼거나 후손들의 발자취도 찾기 어려운 실정이다.

조명되어야 하고 대우 받아야 할 것이 버려진 세상. 그것은 올바른 세상, 우리가 꿈꾸는 세상이 아니다. 생각건대 역사는 '양지의 편'이 아닌 '음지의 편'에 의해 구성되고 있음을 말해주고 있다.

세상의 진리나 고귀하고 아름다운 것에 대해 우리는 알고 있다. 그는 좋아서 한 일이라지만, 그의 삶을 들여다보면 검은 슬픔이 가득하고, 그의 삶이 너무나 값지고 빛나는 삶이었음을 깨닫는다. 이런 이들이 역사를 지고 오늘도 묵묵히 나아가는 것이다.

오늘도 깨닫는다. 스스로 용기 있게 세상을 향해 열심히 달리지 않았다는 것을 반성한다.

'개인 박병선'의 일상은 늘 고독했다. 그는 "프랑스 사람들이 나를 미워한 건 이해한다."고 했다. "내가 놀란 건 한국 정부의 반응이었어요. 처음에는 '뭐 하러 이런 걸 찾아내서 귀찮게 하냐.'는 냉담한 반응을 보였거든요. 마음고생을 많이 했지요. 나중에 전 국민적인 반환운동이 일어나자 정부가 태도를 바꿨어요."

그는 상하이 임시정부와 독립운동에 대한 사료를 찾아내는 작업도 했다. "임정(臨政)이 상하이의 프랑스 조계(租界-외국인이 자유롭게 거주하며 치외법권을 누릴 수 있도록 설정한 구역)에 있었기 때문에 임정과 관련된 사료가 프랑스에 굉장히 많다."며 "우리 세대가 죽고 그 모든 사료가 흩어지기 전에 모든 걸 찾아내야 한다는 절박함이 있다."고 했다.

그는 관련 자료를 모아 총 다섯 권 전집을 낼 계획이었지만, 1권이 나온 뒤 우리 정부의 지원이 끊겨 중단됐다.

병원에서 한국을 떠나면서 그는 지금 제일 하고 싶은 일은 기운을 차려 파리의 집으로 돌아가 병인양요에 대한 책을 마치는 것이라고 말했다.

프랑스국립도서관 직원들은 비가 오나 눈이 오나 외규장각 도서를 펼쳐 놓고 있는 그를 보고 '파란 책에 파묻힌 여자(la femme cachee derrie relelivrebleu)'라고 했다. 외규장각 도서 표지가 파란 색이었다.

지금도 일부 언론에서는 직지가 병인양요 때 약탈된 것으로 착각하고 있다. 그때 약탈된 것은 외규장각 문서, 즉 의궤이다.

그는 1975년, 외규장각 의궤를 프랑스 국립도서관 베르사유 별관 창고에서 찾아냈다. 외규장각 의궤는 1866년 병인양요(고종3) 때 약탈해간 도서이다. 외규장각에는 역대 국왕의 글과 글씨, 왕실족보, 의궤를 비롯한 6000여 권의 책이 보관되어 있는데, 이 외규장각을 프랑스군이 병인양요 때 불태우고, 일부를 약탈해 간 것이다. 의궤는 조선시대 왕실과 국가의 각종 행사준비과정, 그리고 의식 절차를 글과 그림으로 기록한 것이다. 특히 프랑스에 의해 약탈된 외규장각 의궤는 대부분 고급 비단과 놋쇠물림으로 장정하고 천연 염료로 채색된 당대 최고의 도서 중 하나였다.

직지가 프랑스로 넘어간 것은 대한제국 말기이다. 당시 주한프랑스 공사였던 콜랭 드 플랑(재임 1890~1903년)이 직지를 수집해 프랑스로 몰래 가져갔다. 안타깝게도 당시 관심 있는 사람도 없었으니 몰래 가져간 것이 아닐 수도 있겠다.

콜랭에게는 또 다른 비련의 야사(野史)가 전해진다. 왕의 여인을 탐낸 남자가 콜랭이다. 고종의 궁녀이며 무희였던 여인을 사랑해 끝내 명성왕후에게 하사(?)받아 사랑을 나누다가, 파리 생활까지 하며 행복했다. 그러나 다시 돌아온 조선에서 갑자기 궁으로 돌아오라는 명령에 비관자살한 궁녀 리진의 비련悲戀이 전해진다.

당시, 직지의 중대함을 알고 수집한 사람은 모리스 쿠랑(Maurice Courant, 1865~1935)이었다. 언어학자이며 리용대학 중국어 교수였던 쿠랑은 1890년, 주한 프랑스 공사관의 통역관으로 일하면서 조선에서 도서를 조사하고 수집했다. 이후 천진, 서울, 동경 등에서 통역관으로 일하다 프랑스로 돌아가 '한국서지 1~4권'을 출간했다.

《한국서지》 증보판 제4권에는 콜랭 공사가 소장한 도서목록에 직지가 실려 있는데, 이로써 세계 최초의 금속활자본인 《직지심체요절》의 존재가 알려지는 계기가 되었다. 수천 종의 한국 도서 목록이 기록되어 있는 《한국서지》는 지금까지 한국학 연구에 중요한 자료가 되고 있다.

누구도 하지 않은 일을 쿠랑이 한 것으로 서지연구에 중요한 자료가 된 것이다.

콜랭은 조선에서 수집해 간 대부분 고서를 모교인 동양어학교에 기증했는데, 직지는 앙리 베베르(Henri Vever, 1854~1943)가 골동품상에서 180프랑에 구입하여 소장하고 있다가 유언에 따라 1943년, 프랑스 리슬리 국립도서관에 기증되었다.

그 후 직지의 존재는 잊었다가 20여 년이 지난 1972년 5월 27일, 열린 '책의 역사' 전시를 통해 세상 밖으로 드러났다. 유네스코가 선포한 '세계도서의 해' 행사에 전시할 고서적을 찾던 중 박병선이 찾아낸 책이 바로 직지였다. 당시에도 귀중문헌으로 분류된 책으로 대출, 열람까지 금지된 미스터리한 책이었다.

그에게는 또 하나의 과제가 남아있었다. 직지심체요절이 세계 최초의 금속활 자본이라는 것을 입증하기 위한 고증작업이었다. 심지어 입증을 위해 점토로 글자를 만들어 오븐에 굽다 화재가 일어나기도 했다.

그는 "처음부터 직지는 우리 불경이고, 또한 금속활자본이 맞다."고 확신했다. 확신을 위해, 파리의 인쇄소와 신문사에서 금속활자 주형을 얻어다 집에서 직접 찍어봤다. 납 활자를 만들어 찍어보느라 화재 위험도 겪었다. 끝내 그는 불교의 게송(偈頌: 부처의 공덕이나 가르침을 찬탄하는 노래)을 적은 오래된 종이 위에서 미세한 금속 부스러기를 찾아냈다. 이후 세계 최고(最古)의 금속활자본으로 공인받았고, 2001년엔 유네스코 세계기록문화유산으로 지정됐다. 현재는 프랑스와 반환 협상이 전개되고 있다.

1901년에 저술한 《조선서지》의 보유판에 직지가 게재된 것으로 미루어 적어도 그 이전에 수집된 것으로 추측된다. 하지만 프랑스 측에서는 직지심체요절을 인정하지 않았다. 현재도 열람이 금지된 책으로 남아있다. 프랑스에서는 동양의 작은 나라 조선의 과학과 인쇄술을 인정하지 않았고, 인정하기 싫어 책을 드러내지 않았다.

이는 박병선에 가한 압박에서 읽을 수 있는 대목이다. 끝까지 압박에 굴복하지 않은 그는 도서관에서 해고된다. 세계 인쇄사의 역사를 단번에 뒤집을 유물이었기 때문이다. 여기에 구텐베르크가 숨어있다. 유럽 곳곳에 동상까지 세워진 구텐베르크를 붕괴시킬 수 없는 까닭이기도 하다.

이에 대한 숨겨진 비화는 최근 개봉한 영화 '직지코드'에서 일부 단서를 찾을 수 있다.

프랑스 국립도서관 지하에 꽁꽁 숨겨진 '직지'를 찾아 나선 다큐멘터리 영화가 '직지코드'다. '직지코드'는 고려시대 세계 최초의 금속활자본 '직지'를 둘러싼 역사적 비밀을 밝히고자 프랑스, 이탈리아, 스위스 등 유럽 5개국 7개 도시를 종단하며 직지에 얽힌 비화를 파헤치는 영화다. 제작진의 다이내믹한 여정과 놀라운 발견은 직지가 서양문화에 끼친 영향과 구텐베르크가 얼마나 허구인 사실과 금속활자의 역사를 추적한다.

영화는 '직지' 원본과 그것을 둘러싼 동서양 문명사의 비밀을 밝히는 제작진의 추적 과정이 생생히 담겨 있다. 특히 제작진에게 '직지' 열람을 허락하지 않는 프랑스 국립도서관의 석연치 않은 반응과 미스터리한 분위기를 그대로 보여준다. 고려는 직지 이전, 이미 수십 년 전 부터 금속활자가 사용되고 있었으며 중국으로도 전해졌다는 사실도 설명한다.

이러한 상황은 구텐베르크 '42행 성서'의 허구와 유럽 문명의 자존심의 비밀역사가 의문과 호기심을 자극한다. 특히 '다빈치코드'처럼 퍼즐을 차례로 조합해 단서를 찾아나가는 것에 빗대어 '직지코드'라고 재치 있는 제목을 만든 제작진의 감각이 눈길을 끈다.

어떻게 고려의 금속활자가 유럽에 전해진 것일까.

세계 문명사를 추적하는 다큐멘터리 '직지코드'는 로마 바티칸 수장고에서 발견된 편지가 다큐멘터리의 가설에 흥미를 더한다. 1333년 교황 요한

22세가 고려왕에게 보낸 이 편지에는 '고려왕이 우리가 보낸 그리스도인들을 환대해줘서 기쁘다.'는 내용이 적혀있다. 이 편지의 발견은 한국에 온 최초의 유럽인을 1594년 세스페데스 신부로 기록하고 있는 기존 천주교 역사를 뒤집는 의미 있는 사건이며, 이미 유럽 신부들이 고려를 방문했다면 금속활자를 알았을 것이며 그 영향을 유럽 인쇄술에 미쳤을 것으로 추정하고 있다. 결국 고려와 유럽 금속활자 역사 사이의 비밀을 풀어줄 연결고리가 되는 셈이다.

그리고 영화가 보여준 또 하나의 미스터리는 구텐베르크가 가짜이며, 인쇄 지식이나 과학이 없는 인물이란 것도 보여주고, 현재도 모든 것을 감추고 있다는 사실이다.

지금까지는 고려가 유럽인과 그 당시 교류가 없었을 것으로 추정했기에 고려의 금속활자 비밀이 풀리지 않았다. 하지만 교류가 있었다면 추정은 얼마든지 달라진다. 과연 구텐베르크는 고려의 금속활자를 훔쳤을까. 좀 더 연구가 필요한 대목이다.

박병선은 2009년 직장암 4기 선고를 받았다. 그리고 2010년 1월, 한국에서 직장암 수술을 받은 후 10개월 만에 프랑스로 되돌아가 병인양요에 대한 연구를 계속하는 저술활동을 하며 대한민국의 역사와 문화재에 대한 각별한 애정과 사랑을 보여주었다.

2011년 11월 23일, 파리에서 향년 83세의 나이로 세상을 떠났다. 세상을 떠나기 직전의 위급한 와중에도 유언으로 "'병인년, 프랑스가 조선을 침노하다'의 속편을 준비했고 직접 출간하려고 했는데 아쉽다."며 "병인양요 속편을 꼭 마무리 지어 달라."는 말을 남기고 세상을 떠났다.

박병선, 1929년 출생 - 2011년 11월 23일 직장암 투병 후 사망, 현충원에 잠들었다.

2017년 8월, 〈彦〉

분노

23

암살 그리고 인류잔혹사

그동안 많은 우려대로 김정남(김정은 이복형)이 끝내 암살되고 말았다.

역사 속에는 수많은 암살이 역사의 질곡을 더해 주고 있다. 암살로 인해 역사가 뒤바뀌고 혼란에 빠진 인류는 고통을 겪어야 했다.

암살. 역사 속의 인류잔혹사가 된 암살은 많지만 세계사에서 다음 두 사건을 빼놓을 수 없다.

1914년 6월 28일, 화약고가 된 발칸반도 보스니아의 사라예보에서 오스트리아의 황태자 페르디난트 부부가 세르비아의 참모본부 정보부장이 밀파한 7명의 암살범의 흉탄에 피살되었다. 오스트리아는 이 사건을 이용해 세르비아를 타도하고 발칸에서의 열세를 만회하고자 하였으며, 독일도 그것을 지지하였다. 한 달 후 오스트리아는 세르비아에 선전포고하고 이어 독일, 러시아, 프랑스가 참여하고 끝내는 유럽에서 이탈리아를 제외하고 전 지역에서 전쟁이 시작되었다.

1차 세계대전의 발발이다.

전쟁을 하는 4년 동안 1천만 명이 사망하고 2천만 명이 부상당했다. 이 전쟁에 야만적 기회를 틈타 일본도 참전해 아시아에서의 강탈을 도모했고, 이탈리아도 막판에 전쟁에 참여했다. 지극히 사소한 목적과 이익을 위해 저지른 암살이 인류잔혹사로 기록된 세계대전이 되었다.

또 다른 암살. 1934년 12월이 막 시작된 날,

스탈린의 대숙청의 시작은 엉뚱하게도 두 발의 총성으로 시작되었다.

레닌그라드(지금의 상트페테르부르크) 네바 강기슭에 있는 스몰리 수도원.

1917년 혁명 발발 당시부터 볼셰비키 본부로 사용해온 아름다운 이탈리아식 건물에서 공산당원 니콜라예프가 레닌그라드의 지도자 키로프를 총으로 쏜 것이다. 스몰리의 자기 사무실로 가던 키로프는 복도에서 암살자의 총에 맞았고, 이어 울린 또 한 발의 총성은 암살자가 자신에게 쏜 것이었다. 그러나 암살자 니콜라예프의 자살시도는 성공하지 못한 채 달려온 경찰에 체포되었다. 키로프는 응급처치에도 불구하고 이미 절명 상태였다.

사건의 파문은 컸다. 키로프는 당내에서 스탈린에 버금갈 만큼의 권력과 명성을 갖춘 스탈린의 오랜 친구였고 사실상 2인자였다.

암살소식에 달려온 스탈린은 장례식장에서 눈물을 흘리며 해당 사건을 국가테러행위로 간주하고 즉각 법 절차에 의한 수사가 아닌 즉결 심판을 할 수 있는 3인 위원회를 구성해 처리하도록 명령했다. 결국, 이 조치로 엉뚱하게 군부와 최고위 권력층의 대숙청이 시작되었다. 스탈린과 버금갈 세력을 가진 키로프의 죽음은 거센 피바람을 휘몰아치게 했지만, 그 작용은 모두 스탈린의 계략에 의한 것이기도 했다. 재난을 기회로 즉결심판을 활용, 숙청을 시작했다.

키로프의 죽음으로 가장 큰 이득을 챙긴 사람 또한 스탈린이었기에 암살 배후에 스탈린을 지목하는 사람도 많았다.

막후작업도 있었다. 스탈린은 키로프가 니콜라예프의 처와 놀아나다 응징의 총탄에 죽었다는 소문을 퍼뜨렸다. 일종의 물타기였다. 스탈린은 국민의 관심이 커갈수록 때를 놓치지 않고 암살 배후로 지명될 사람들의 명단을 부풀려 엔케베데(정보국)에 수시로 전달했다. 혐의를 받은 자들은 거의 스탈린의 정적 혹은 눈 밖에 난 자들이거나 충성을 의심받는 자들이었다. 당성이 약하거나 한 번이라도 스탈린에게 항명을 한 자들도 포함됐다.

스탈린이 내려보낸 명단에는 군부와 당내 서열 최상위 자들이 올라있었다. 키로프의 죽음은 스탈린의 각본에 따라 국가테러행위로 간주되었고, 부풀릴 대로 부풀어진 빵 반죽은 주방장 마음대로 주물러 만들어졌다. 암살사건은 반대파를 싹쓸이 하는 것은 물론 나름대로 세력이 커져 눈에 가시가 된 고위 권력층 청소에 활용되었다. 또 반대파만이 아닌 자파 청소 작업에도 활용되었다. 이때 당내 3인방을 포함, 트로츠키 파와 카메네프 파의 조직으로 명명해 수천 명을 체포해 처리했다. 기획된 작품이었든, 우연히 터진 암살사건이었든, 대숙청(치스트카)은 스탈린의 도약점이 되었고 반대파들과 계륵을 일거에 제거해 지도력을 강화한 사건으로 변했다.

대숙청의 한 중심에 엔케베데(NKVD)라는 정보조직이 있었다. 여기에는 스탈린의 지시에 따라 NKVD 수장 야고다가 충실한 개가 되어 대숙청과 몰살에 앞장섰다.

수몰리 수도원에서 울린 총성은 이후 2백만 명이 총살되거나 악명 높은 강제수용소에 보내졌다. 한 번 달리기 시작한 화차는 쉽게 멈출 수 없는 법. 붉은군대 최고군사회의 멤버의 75%, 원수 5명 중 3명, 군사령관 15명 중 13명, 군단장급 85명 중 62명, 사단장급 195명 중 110명, 여단장급 406명 중 220명, 대령 이상 고급장교 중 65%가 체포됐다. 또 당 중앙위원들도 피해가지 못했다.

물론 형식적 재판과정에서 3류 막장드라마가 연출되었지만 누구든 침묵해야만 했다. 거짓은 거짓을 낳는 법. 거짓을 감추려 만들어진 거짓들이 세상을 뒤덮었다. 언론통제에 소문만 무성한 나라가 되었고 스탈린의 손짓대로 돌아가는 세상이 되었다.

그런 세상은 천연덕스런 거짓말과 가증스런 조작극, 음모가 만들어 낸 것이지만 역사는 죄악을 용서하지 않는다. 역사 속에서는 잠시 악마의 날 갯짓에 불과하다.

최순실과의 국정농단도 가증스럽지만 국민을 향해 앵무새처럼 미사여구만 지껄여대는 거짓말이나 변명은 더욱 분노를 자아내게 한다. 추악함과 혐오 그 자체다.

최순실 사건이 막 세상에 불거졌을 때부터 지금까지 박근혜는 여러 차례 사과하면서 조사에 응하겠다고 했다. 국회에서 결정한 대로, 퇴임 절차에 따르겠다고 했고, 특검과 헌재 조사도 성실히 응하겠다고 했다. 그러나 그 말은 자신의 지난 4년간의 추악한 행적처럼 순간순간을 모면하기 위한 거짓에 불과했다.

4년 동안 박근혜의 행적은 괴물이 되었고, 주위 사람들마저 괴물로 만들어갔다. 20명이 구속되어 교도소로 갔고 앞으로도 더 많은 사람들이 감옥으로 가게 될 것이다.

구속자는 물론 그 가족은 비극에 빠지고 자식들마저 불행하게 된 수많은 사람들. 그것은 악마의 행적이 분명하다. 가까이 있는 사람들은 모두 괴물이 되고, 비극에 빠지게 하는 악마의 손짓. 아직도 이런 불행을 반성하지 않고 인정하지 않는 괴물이 된 박근혜, 김기춘, 우병우 등의 추종자들이 가엾기만 하다.

버려야 비로소 꽃이 되는 것이 있다. 내려놓아야 할 때를 너무 많이 놓쳐버린 박근혜.

결국 국가와 국민들의 불행이 아닐 수 없다.

가지 않은 길이 아름다운 걸 깨달을 날은 언제일지 궁금하다.

2017년 3월, 〈彦〉

24
혁명의 시대
〈청년 마르크스: 영화평론〉

최근 개봉했지만 마니아들만 본다는 조용한 영화 「청년 마르크스」를 감상했다. 영화를 통해 새롭게 엥겔스를 알게 된 것은 덤이었다. 영화는 20대의 마르크스와 엥겔스의 만남과 활동, 그리고 '공산당선언' 집필기간인 5년의 시간과 당시 유럽의 시대상도 보여준다.

마르크스와 엥겔스는 출신이나 성장이 판이하다. 마르크스의 부친 하인리히는 유대교 집안이면서 변호사 직업을 위해 개종했고, 엥겔스의 부친 프리드리히는 방직공장 가업을 계승한 지역의 중심인물로 부르주아 출신이었다.

2백 년 전, 20대의 천재 2명의 이념적 업적은 그저 놀라울 뿐이다. 지금도 학자들의 연구가 계속되고, 학문적으로도 당대 가장 뜨거운 빈부 논란을 꿰뚫은 이념의 결정체라는데 더욱 그러하다.

마르크스와 엥겔스는 독일에서 자발적 개혁이 일어날 가능성이 없고, 반란으로는 개혁이 될 수 없다고 판단했다. 따라서 개혁은 전국적인 혁명을 통해서만 가능하다고 보았고 혁명의 주체는 착취당하는 노동자들이라고 믿었다. 이것이 바로 노동자혁명이다.

이러한 혁명이론의 결정체가 1848년에 발표된 '공산당선언'이다. 마르크스와 엥겔스가 공동으로 집필한 '공산당선언'은 인류의 역사는 계급투쟁의 역사로서 부르주아 계급을 타도하고 프롤레타리아 계급의 세상을 만들어야 한다는 공산주의혁명이론이다. 공산당이 주도한 혁명은 제국, 왕국, 공국을 지배하는 제왕과 전체체제를 무너뜨리고 노동자들에 의한 공화제 국가로 탄생한다는 이념이다. 실제, 전체주의와 왕국은 역사 속으로 사라졌다.

마르크스 28세, 엥겔스 23세 때 이룬 업적이다.

우리는 공산주의, 붉은색에 거부감이 있다. 두 사람은 혁명에 대한 자세도 달랐다. 마르크스는 저널리스트로 글로써 혁명 논의를 전개한 반면, 엥겔스는 혁명의 시기에 엘버펠트나 바덴 봉기에 직접 총을 들고 참가했다. 마르크스는 혁명의 열광을 냉정한 시각으로 분석하고 비판했지만 엥겔스는 혁명에 직접 참가한 것이다.

엥겔스는 마르크스를 만난 이후 평생 그를 지원했다. 마르크스는 신문사의 주필로 잠시 일한 것 이외에 평생 동안 직업 없이 주변의 도움과 유산으로 생계를 유지했다. 마르크스는 파리에서 영국으로 이주해 고향으로 돌아가지 못하고 생을 마쳤다.

마르크스는 「자본」을 완성하지 못하고 사망했으나, 엥겔스의 노력으로 「자본」은 책으로 출판될 수 있었다. 마르크스가 죽고 12년 후, 엥겔스도 사망했다. 그들은 평생 고대한 공산혁명을 보지 못했다. 그들이 꿈꾸던 혁명은 1917년 러시아제국에서 일어나 세계최초의 공산주의 국가가 탄생했다. 그들은 혁명이 노동자들이 많은 나라에서 일어날 것으로 예상했으나, 실제로는 농민이 많은 러시아에서 사후 22년이 지나서 일어난 셈이다.

당시 인류 역사에 획을 그은 산업혁명의 실상을 들여다보면 유럽의 민중생활은 참혹했다. 차라리 지옥 그 자체라 할 만하다. 산업혁명 시절, 강에는 폐수가 넘쳐 났고 도로에는 분뇨가, 굴뚝은 하늘을 질식시키고 있었다. 농촌을 떠나 도시로 몰린 인구는 6배 급증했고, 노동자들은 일주일에 6일, 하루 14시간씩 일해야 했다. 공장주는 인건비 절약을 위해 절반을 미성년자로 채웠다(합법적으로).

노동자들은 식비도 안 되는 급여로 굶주렸고, 집단거주 시설에서 악조건에 시달린 탓에 평균 수명이 28년으로 줄었다. 당시 농촌 거주자의 평균 수명은 40세였다.

도시 빈민들은 빈민굴을 겨우 벗어난 집단거주 아파트에서 살았다. 아파트에는 수도시설이나 화장실이 없었다. 길거리에 볼일을 봐야 하는 시대였다. 때문에 거리에 분뇨가 넘쳐났다. 우습지만 이때 고안된 신발이 바로 하이힐이다.

엥겔스는 마르크스 사후에 「자본」의 제2권과 제3권을 편집, 가필했으며 또 절판되어 있던 마르크스의 저작이나 소책자, 입수하기 어려운 신문 기사를 복원, 해설, 수정, 편집했다. 특히 마르크스 저작의 번역에 대한 감수, 유고와 장서관리까지 했다.

마르크스는 독일인이지만 1848년, 이른바 유럽 동시 혁명이 실패한 뒤 혁명에 참여한 자들이 유럽을 유랑하며 망명자가 된 것처럼 마르크스도 3년 후 영국으로 망명해 런던에서 죽을 때까지 활동했다. 묘지조차 런던 외곽 하이게이트에 있다.

그러나 엥겔스의 무덤은 없다. 엥겔스는 유언대로 백색 석회암 절벽으로 유명한 이스트 본 앞 바다 비치헤드에 뿌려져 석회암의 일부가 되었다. 그의 생애를 절벽의 시대라고 여긴 탓이었을까.

그런 탓인지 마르크스를 생각하는 한 시인은,

"누구나, 자기가 사는 시대를 낭떠러지라고 생각하면 안 된다. 누구나, 자기가 벼랑 위에 서 있다고 생각하면 안 된다. 오히려 세상을 개혁하려 한다면 더욱, 스스로 벼랑이 되어야 한다."고 썼다.

현재도 혁명은 필요한가. 그 반증은 지난해의 촛불혁명이다. 지금도 적폐와 물갈이를 주장하며 새롭게 변화할 혁명을 바라고 있다. 6.13선거에서도 적폐청산을 바라는 민심은 보수의 몰락을 드러냈다.

LA 한인사회 역시 곳곳에서 혁명의 소용돌이에 휩싸여 있다. 당연 문제는 부패와 투명성, 감투, 권력욕에 기인하고 있다. 벼랑에 서 있는 한인사회라 할 수 있다.

LA 한인회는 12년 넘도록 부정선거로 논란이 되었고, 금년 선거 또한 부정선거 시비로 법정분쟁이 불거졌다. 한편에서는 LA에도 '최순실'이 설치고 있다는 비아냥까지 나돈다. 부정선거 시비는 끝내 소송까지 제기돼 법정에서 가려지게 됐지만 중대 현안 2개를 앞둔 마당에 한심하기만 하다. 더욱이 타 단체나 언론도 모른 체 침묵하고 방조하고 있다.

그들이 부정선거까지 획책하며 탈취하고자 하는 것은 무엇일까. 감투욕에 이어 한인회관 건물까지를 욕심내는 것은 아닌지 의심하는 시선도 많다.

모두 감투로 빚어진, 개혁을 부르짖는 적폐들이다. LA 한인사회에 혁명이 필요한 곳은 한두 곳이 아니다. 한인회, 동포재단, 축제재단, 재향군인회, 미주총연, 지역주민회의, 3.1여성동지회, 경제인협회 등 수많은 단체들이 싸움과 비리, 부정선거, 야합 등의 이유로 절름발이가 되어 신음하고 있다.

반쪽이 되어 쟁투에 빠진 단체들은 제역할은 고사하고 정통성 시비와 한인들과 타 단체에게 외면 받고 무시당하는 실정이다. 몇몇 적폐 대상 때문에 그 피해는 고스란히 한인사회로 돌아온다. 실제 그 결과 지금 LA 한인사회 두 현안인 '한인타운 분리안'과 '셸터센터 설립'이 속수무책으로 진행된 것이 반증으로 남는다.

누구도 이들 적폐대상들에게 그런 권한을 부여하지 않았다. 한인사회를 망치고 단합을 해치는 그들을 몰아낼 개혁과 혁명이 필요한 시기다.

그들을 방치한 대가는 그대로 한인에게 돌아온다.

2018년 6월, 〈彦〉

25
누구나 외롭다

외로움은 불행에서 오는가.

불행은 가난에서 오는가. 잘 살면 행복한 것인가.

지금 인류는 원시인류 출현 이후 가장 풍족하고 안락한 세상에 살고 있다. 그럼에도 인류는 행복하지 않다.

소확행, 무확행, 미니멀라이즈, 심플라이프 시대가 유행이다. 원하던 바라 모든 것을 줄였다. 먼저 서재 주변 정리와 사람들도 줄이기로 했다. 핸드폰의 연락이 드문 번호를 지우고 이메일도 대거 정리했다. 굳이 필요 없는 것들을 만약을 위해 보관한 것이 부질없다는 생각이었다.

미안하지만 주위 사람들도 과감히 정리했다. 형식적인 인간관계에서 정말 필요한 사람들만을 남겼다. 또 모임도 대폭 정리해 줄였다. 모임에서 무엇을 하고, 무엇을 위한 모임인지 따져보고 내린 결정이었다. 어떻게 살 것인지의 문제가 아니라 어떻게 죽을 것인지, 내려갈 때의 모습을 생각하며 내린 결정이었다.

매월당 김시습은 매화와 달을 자신을 달래줄 벗으로 삼고 평생을 함께했다.

허난설헌은 난초와 눈을, 정약용은 차를, 이긍익은 지팡이를, 김정희는 산을, 허균은 이무기를, 이규보는 거문고와 시, 술을….

시대가 변해 다소 엉뚱하더라도 선비들의 외로움이 전달되는 듯하다. 일관된 것은 가까이 있는 사람이 그들의 외로움을 달래주지 못하고 오히려 외로움에 빠뜨렸다는 사실이다. 결국 가장 가까운 사람들이 사람을 외롭게 한다는 의미다.

다시 외로움의 계절이다. 하늘은 높고 파랗다. 공기는 싸늘하고 가슴에 파고든다. 가슴과 마음의 거리는 얼마인가. 그 사이를 싸늘한 바람이 여미게 한다.

어느 밤, 한 모임에 간만에 참석했다. 단체 모임은 역시 체질에 맞지 않아 빨리 자리를 뜨고 싶은 마음뿐이었다. 돌아가면서 한 마디 하는 순서에 몇 가지 의사를 전했다. 굳이.

그 한마디조차 얼마나 쓸쓸했던지, 그날 마신 술은 고독이었다.

사람들도 알았을까? 그 고독의 잔을. 아마 그들도 고독이라 여기며 마셨을지도 모를 일이다.

깨어난 새벽은 또 얼마나 더 참담하던가.

지난밤을 떠올리며 회한과 쓸쓸한 광대 모습을 번갈아 떠올리면서 쓰린 가슴을 여몄다.

나도 너처럼. 그러나 어쩌랴. 너도 나처럼 그것이 인생인 것을.

어제도 오늘처럼 걷고 마신다. 사랑하고 몸부림친다. 그리고 마침내는 쓸쓸히 돌아선다.

그것이 인생이다. 계절이 바뀌고 세월이 흐른다는 것은 시간만큼의 인생의 쓸쓸함이 찾아온다. 때문에 한 잔 술에 더 취하는 것은 나이 탓만은 아니다.

만나고, 대화하고 또 술 마시다 보면 쓸쓸하지 않은 이가 없다.

모두가 쓸쓸하고 고독 속에 살면서 웃음으로, 한 잔술로, 담배 연기 속에 감춘다. 옷으로 감추고 화장으로 치장하고 그저 하루를 살아가는 것이다. 한겹만 벗겨내면 쓸쓸함이 드러나는데.

고통 없는 삶이 있을까만, 공포 없는 삶도 없을 것 같다. 어릴 적부터 고소공포증과 폐소공포증으로 고생했다. 폐소공포증 때문에 상상만으로도 자주 공포 속에 빠지곤 한다.

지금도 악몽에 시달릴 때면 하수관이나 관 속에 갇힌 꿈을 꾼다. 잠에서 깨어나려 발버둥치고 나중엔 꿈속인걸 알면서도 깨어나지 못해 더 헤매맬 적의 그 참담함이란….

결국 고통은 깨어서나 꿈에서도 당해내야 하는 고통인 것이다.

'알카트라즈'

그들은 어떤 고통을 받으며 생활했을까? 창밖의 세상은 황홀한 그림인데….

샌프란시스코 도심 앞에 놓인 섬, 감옥 알카트라즈 연방교도소.

프랭크 모리스가 유일하게 탈옥한 후 교도소는 1961년 폐쇄됐다고 한다.

감옥을 빠져나와도 물이 너무 차갑고 물살이 세서 수영으로 탈옥이 불가능하다는 추정을 여지없이 깨버린 탈옥수. 악명 높고 죄질 나쁜 죄수들만을 모았다는 알카트라즈.

그들은 매일 섬에서 보이는 샌프란시스코 도심을 보면서 어떤 생각으로 지옥생활을 했을까.

어떤 죄수들보다 고통이 심하지 않았을는지….

'베네치아의 탄식의 다리'(Ponte dei Sospiri)

운하를 사이에 두고 두칼레 궁전과 감옥(Prigioni)을 잇는 다리이다. 대평의원회에서 재판이 끝나면 형을 선고 받은 죄인들은 감옥으로 가는 이 다리를 건너면서 다리 창문으로 바깥 세계를 바라보며 탄식을 한데서 다리 이름이 유래됐다고 한다.

십여 년 전, 그곳에서 탄식의 다리를 건너 감옥에 들어가 보니 곳곳에 죄수들의 낙서가 깊은 슬픔을 말하고 있었다.

지하감옥은 만조 때가 되면 바닷물이 밀려들어와 죄수들은 찬물에 젖은 채 돌바닥에서 죽어가야 했다. 한겨울 바닷물에 젖은 채 감옥생활을 해야 했던 죄수들. 창밖에는 때때로 가면무도회가 열렸기에 음악과 환성도 들었을 죄수들.

운하에 둘러쳐진 섬, 베네치아 감옥에서도 그 유명한 카사노바는 탈옥했다고 한다.

'나의 동의없이 감옥에 수감됐듯이, 나는 동의없이 이 감옥을 나가노라.'
라는 유명한 말을 남기고….

돌바닥에서 사철을 지내야 하는 죄수들은 평균 6개월을 넘지 못하고 죽어 시체로 나갔다고 전해진다. 결국 다리를 건넌 죄수들은 앞으로 6개월이면 주검으로 다시 건널 자신의 처지를 한탄하고 죽을 수밖에 없는 운명을 한탄했을 것이다.

그러나 창밖은 찬란한 세상일진대….

매일 돌바닥에 뒹굴고 창밖에서 들려오는 소리를 들으며 그들은 무엇을 생각했을까?

죄과를 뉘우치며 한탄도 하고 억울함을 저주했을까. 당시는 중죄일지라도 지금은 이해조차 되지 않는다. 이념과 몇 줄의 법규 때문에 영하의 바닷물에 몸을 적시며 감옥생활을 해야 했던 사람들.

그들은 그렇게 죽었다. 인생을 저주하면서, 창밖에 펼쳐질 그림들을 매일 상상하고 안타까워하면서 생을 마감했을 인생들.

벽 하나 사이로 바뀌는 그림들을 상상하면서… 그렇듯 인생은 감옥이다.

그렇듯 언제나 밖은 소란하다. 나와 관계없이. 그리고 아침이 되면 태양은 뜬다.

어떤 작가는 원고지 사각칸이 자신의 감옥이라 여겼다. 누구에게나 감옥은 있다.

창안에 있거나 창밖에 있거나….

그 지겨운 감옥.

2018년 8월, ⟨彦⟩

26
역사에 남을 장면

미 대통령 선거전이 한창 벌어지고 있던 1972년 6월의 어느 날, 워싱턴의 워터게이트 빌딩 민주당 전국 위원회 사무실에서 괴한 5명이 경비원에 체포되면서 사건은 시작되었다. 발견된 카메라와 전자 도청 장치, 그중 행동대장 1명은 닉슨 측의 수석 경호원이었다. 그러나 이 사건은 선거에 거의 영향을 주지 않았고 공화당의 닉슨은 압도적인 표차로 재선되었다.

1년 후, 봄부터 이 사건이 다시 문제가 되어 재판이 시작되었다. 닉슨 대통령의 측근인 할데만과 엘리크만이 관련되었음이 밝혀졌다. 은폐를 위해 백악관이 노력했다는 것도 밝혀졌다. 문제의 핵심은, 과연 닉슨이 은폐 사실을 알고 있었고 은폐에 개입하였는가 하는 문제였다

2년여에 걸친 긴 공방과 청문회를 거치면서 69명이 기소되고 48명이 실형을 받았다. 닉슨은 손과 발이나 다름없는 최측근이 다 잘려나간 허상 권력이 되어 사퇴냐, 버티기냐 중 하나를 선택해야만 했다. 의회의 탄핵소추가 준비되고 시간도 얼마 남지 않았다.

그래도 후세의 사가들은 닉슨의 자진사퇴 결심을 높이 평가한다. 민주주의 발전을 위한 용기 있는 선택이었다고까지 적고 있다.

하긴. 따져보면 60년대까지 미국 대통령은 제왕적 면모를 풍기고 있었다. 탄핵 직전 닉슨의 자진사퇴로 탄핵정국을 모면한 미국은 빠르게 수습되었다. 전임 정권이 그토록 우려했던 혼란과 위기는 없었다.

언제나 주모자들은 헌정질서의 파괴를 운운하며 시간을 최대한 벌기위해 안간힘을 쓴다는 것을 〈워터게이트 스캔들〉을 통해 알 수 있다. 헌정

질서를 파괴한 자들은 변명과 미사여구로 시간 끌기에 안간힘을 쓰고, 그만큼 민주주의의 시계는 거꾸로 흘러간다는 것이다. 거꾸로 간 시간만큼의 피해는 고스란히 국민들 몫이다.

현명한 지도자는 국민의 마음을 헤아린다. 닉슨의 마지막 선택 역시 국민의 뜻을 따른 것이었다. 비록 희대의 스캔들로 국민의 마음에 분란을 일으켰지만, 대통령으로서의 명예를 유지하고 예우와 존경을 받을 수 있었던 것은 현명한 선택을 했기 때문이다. 역사 속에는 그같이 현명한 선택을 한 지도자가 몇 안 된다는 것은 아직도 인간이 버려야 할 것이, 배워야 할 것이 많다는 의미이기도 하다.

2000년 대선 당시, 민주당 대선 후보인 앨 고어 전 부통령과 공화당 조지 W. 부시 전 대통령 간 법정 소송을 거론하며 대선 결과에 이의를 제기할 논란이 컸다.

당시 접전 양상이었던 대선에서 앨 고어는 54만 표를 더 얻고도 낙선했다. 세계의 조롱거리가 되었고, 최 선진국가의 선거제도에 이의를 제기했다. 특히 초접전지 플로리다에서 투개표와 관련한 부정선거가 자행됐지만 앨 고어는 이의제기보다는 "국민의 단합과 민주주의의 가치를 지키기 위해 저는 패배를 인정한다."며 결과에 승복하고 정계를 떠났다.

이게 민주주의의 힘이며 미국의 힘이다. 법이나 제도보다는 사람이 앞선 것을 보여주는 미국의 힘이다. 그러나 선거제도 자체를 합당하게 여기고 싶지는 않다.

한 술집에서 회식 장면, 술을 안 마시는 박근혜 의원은 항상 누군가 혹기사가 대신 술을 마셔주었다. 박근혜가 살짝 잔에 입을 대고 놓으면 혹기사가 술을 마시고는 그 잔을 영구 보존하기 위해 가져갔다는 것이다. 성배 聖杯인 셈이다. 또, 비가와도 박근혜는 절대 우산을 들지 않는다고 한다. 행사장에서도 그냥 앉아서 맞는다. 누군가 뒤에서 비를 막아줄 때까지 그냥 있는 거다. 하긴 공주가 우산을 직접 들어서야 되겠는가.

초선의원들이 차문을 열어주고, 입구 주위에는 3선 의원들이 도열하고,

의자에 손수건을 깔아주고, 김기춘은 의자를 빼주고, 이완구는 '가카'를 연발하고… 간신들의 합창 맞다.

실리프팅과 시술로 깎아 만든 얼굴. 백옥주사 등으로 반짝이게 만든 피부. 김기춘, 우병우, 조윤선, 윤상현 등의 간신배 십상시들에 둘러싸여 만날 적마다 '우유빛깔 박그네', '아름다우십니다.', '날마다 젊어지십니다.'라는 뱀의 혀에 놀아났다. 재임 4년 동안 입었던 옷이 수백 벌이고 옷값이 수억에 이른다니 참으로 가증스러울 뿐이다. 그것도 제 돈은 그대로 통장에 넣고 국정원 특활비나 삥 뜯은 돈을 사용했다니… 이게 박그네식 나라다.

독일 메르켈 총리나 영국 대처 수상의 행색이나 활동은 같은 지도자로서 곁눈으로도 보지 못한 일개 강남 아줌마의 아둔한 행색에 불과하다. 70이 되도록 여인의 진정한 아름다움이 무엇인지도 모른 지도자를 둔 국가와 국민이 비참할 뿐이다.

김기춘은 박근혜를 '주군'이라 칭하고 극존칭을 썼으며, 우병우는 청문회장에서조차 "존경한다."라고 말했다. 잘못된 것은 분명 잘못된 것일 뿐이다. 악행을 일삼은 주군이 무엇을 잘못한 것이며, 간신배 자신들이 무엇을 잘못했는지를 깨닫지조차 못하고 있다.

탄핵으로 무너질 때까지 간신배들답게 끝까지 모르쇠와 버티기로 일관하면서 국격과 민주주의를 말살했다.

청와대는 당연 아버지가 물려준 자신의 왕궁이며, 여왕으로 생각하며 살아왔던 것이 분명하다. 국정이야 어쨌든 '왕권신수설'에 의거한 물려받은 권력으로 착각하고 구중궁궐 청와대 관저에서 푹 눌러 지냈다. 왕정으로 회귀해 공주, 왕후마마 행세를 21세기에 재연한 셈이다.

그걸 지켜내고 감추기 위해 청와대는 범죄 집단이 되었다. 대포폰을 수십 대씩 준비해 위아래 모두 사용했다. 조폭들을 흉내 낸 검찰 수사대응 방식 매뉴얼까지 준비하고 검사에 대비한 변론, 부인, 증거인멸 사전준비까지 민방위훈련처럼 연습했다. 수치를 모르고 도덕을 잃은 흉악한 범죄 집단 그 자체였다. 야매 주사 아줌마, 칙칙이 발기제, 각종 마약류 주사가 가득한 청와대. 지도자가 국가와 국민을 부끄럽게 만들었다.

세계 각국에 조롱거리가 되었고, 국민은 절망에 빠졌으며, 국정과 경제는 혼란에 빠졌다.

이미 박근혜는 국정농단이 드러난 후 첫 대국민담화에서 '죄과를 사과하고 추후 거취를 국회에 맡기겠다.'는 사과문을 발표했다. 최순실 역시 귀국 일성으로 '죽을 죄를 지었습니다. 용서해주세요.'라고 울부짖은 장면을 온 국민은 기억하고 있다.

그러나 시간이 지난 지금, 그들은 악귀로 변해 갖은 수단과 거짓으로 변명과 부인을 하고 있다. 국가와 국민은 어떻든 '나 몰라라' 식이다.

역사는 이들을 어떻게 기록할까.

조선 말기의 이완용처럼, 21세기에 박근혜는 국가를 수치스럽게 한 인물로 기록될 것이 분명하다. 그리고 연산군의 장녹수가 그러하듯 각 영화나 드라마 소재로 최순실이 애용될 것이 분명하다.

벌써 최근 영화에서는 그런 소재가 봇물 터지듯 사용되고 있다. 최순실 소재는 놀랍게도 3년 전 '밀회'라는 드라마에서 차용되기도 했다.

박정희 과거사 지우기에 급급했던 박근혜가 이제 박정희를 능가하는 치욕의 인물로 역사에 남을 것을 단언컨대 약속한다.

한가닥 남은 기대였던 국격과 민주주의 지키기에 나선 박근혜를 이제 지워야 할 때이다.

2017년 2월, 〈彦〉

27
어떤 선택

하나.

뉴질랜드 웰링턴에서 결정적 순간에 기구한 선택을 해야만 하는 참담한 사건이 발생했다.

스테이시 호튼은 최근 몇 달 동안 누군가 집 우편함을 망가뜨리는 사고로 골치를 앓고 있었다.

사고가 있던 밤에도 10대들이 우편함을 망가뜨리는 것을 본 호튼의 아내 바네사는 13세인 아들 실바와 그의 친구, 애완견 등을 태운 채 10대 청소년들의 차량을 쫓았다.

그러나 바네사가 너무 흥분한 탓인지 차량은 출발하자마자 가까운 강둑에서 중심을 잃고 황가누이 강에 전복되고 말았다. 차량이 전복되는 소리와 비명소리를 들은 호튼이 강가로 온 시간은 사고 발생 2분 후, 아들의 친구와 애완견은 차에서 빠져나와 강둑으로 올라오고 있었다. 그러나 아내는 물에서 허우적대며 나오지 못하고 있었고 아들도 차에서 빠져 나오지 못하고 차량과 함께 물속으로 가라앉는 찰나였다.

호튼은 다급히 강으로 들어가 일단 아내를 구하기 위해 안간힘을 썼다. 아내를 구하면서 바라본 차량은 아들과 함께 서서히 물속으로 가라앉고 있었다.

연락을 받고 출동한 구조대원들은 이미 어두워진 강에서의 차량수색에 실패했고, 아들 실바의 주검은 그 다음날에야 발견됐다.

호튼은 현지 언론과의 인터뷰에서 "아내를 안전하게 강둑에 올려놓고 뒤돌아 본 순간 전조등의 빛이 사라져 가고 있었다. 아들의 죽음을 인정해야만 했다."고 울먹이며 말했다.

따지고 보면 가장 큰 피해자이며 통탄에 빠진 사람도 호튼이었지만 잔인한 세상은 용납하지 않았다.

사건은 냄비 언론의 북장구에 맞춰 끝내 논란과 시비에 휩싸였다. 그래도 가장 슬픔에 빠져 있는 사람은 실바의 부모인데도…

세상은 남 말 하기 좋아하고, 일단 자기 판단대로 결론을 내는 것처럼…

누구나 한번쯤 장난삼아 상상해봤을, 아니면 드라마틱한 구도로 진행될 영화나 드라마에서나 볼만한 사건이 발생했기에 더욱 논란이 된 건 아닐까?

누구라서 옳고 그름을 판단할 수 있을까. 어떤 선택이 옳단 말인가. 그의 선택이 법원의 판결을 기다려야 할 사건은 아니었지만, 세상은 그를 법정에 세웠다.

당신이라면 강물에 가라앉는 부인과 아들 중 누구를 구하겠는가.

둘.

선택에 관련된 이런 영화도 기억난다.

배경은 2차 대전 전쟁속의 폴란드,

주인공 소피의 아버지와 소피의 남편(아버지 제자)은 나치의 유태인 학살이 시작되면서 끌려가 총살당한다. 이후 소피 역시 아우슈비츠로 보내진다. 수용소로 가는 기차 안에서, 아들과 딸, 두 아이를 데리고 있는 소피는 아이를 미끼로 협박하는 독일장교에게 강간을 당한다.

그리고 수용소에서는 한 아이만을 살릴 수 있다는 규정에 따라 그녀에게 선택할 것을 강요당한다. 소피는 오열 속에 두 아이를 살려달라고 애원하지만 지금 선택하지 않으면 결국 둘 다 가스실로 가게 된다며 협박하자 어쩔 수 없이 아들을 살리기로 결정한다.

소리소리 지르며 독일 병사에게 안겨 멀어지는 딸을 보며 소피는 오열한다. 딸은 가스실에서 죽고 아들과 소피는 수용소 생활이 시작된다.

그래도 살아야 한다. 그것이 인생이다.

소피는 수용소에서 미모와 능숙한 독일어와 소련어 구사 능력 덕분에 소장의 비서 겸 정부 노릇을 하며 조금은 안락한 생활 속에 끝까지 살아남았다. 그 때문에 전쟁이 끝나자 소피는 다시 아들과 헤어지고 부역자 난민수용소로 끌려간다.

세월이 흘러 소피는 뉴욕에서 살아가다가 끝내 자살로 생을 마감한다.

이 영화는 윌리엄 스타이런의 소설 '소피의 선택'(퓰리처상 수상)을 바탕으로 제작되었다. 반유대주의, 독일 나치의 유대인 학살에 근거한 논픽션이 많은 부분 차용되었다.

소설에서는 아우슈비츠의 사형선고가 나온다.

"너희들은 요양원이 아니라 강제 수용소에 온 것이다. 여기서 나갈 수 있는 방법은 하나밖에 없다. 굴뚝으로 연기가 되어 나가는 것이다. 이 사실이 마음에 안 드는 사람은 철사에 목을 매고 죽어도 좋다. 여기 유대인이 있으면, 너희들은 2주 동안만 살게 될 것이다. 여기 수녀가 있다면, 신부들과 마찬가지로 일 개월 동안 살게 된다. 나머지는 모두 삼 개월이다."

무엇이 옳은 선택이었을까.

남은 세 가족이 동시에 함께 죽었어야 덜 불행한 것인지, 두 아이를 모두 죽이는 것보다는 한 아이라도 살리는 게 백번 잘한 선택인지는, 당연한 것 같지만 그것은 논리일 뿐이고 판단과 결과는 알 수 없다. 또 각자 선택이 다를 수 있다는 사실도 이해해야 한다.

여기에는 어떤 논리나 이념이 개입될 수 없는 '가족'이라는 특수한 단어가 놓여 있기 때문이다. 각기 다른 생각으로 가족을 판단하기에 과거나 현재나 단정은 금물이다.

그걸 세상은 삿대질 하고 있는 것이다.

그렇다면 소피는 아들을 죽이고 딸을 살려야 했을까? 아니면 동반자살이 불행을 막는 길이었을까? 누구는 평생 불행 속에 사느니 죽음이 더 나을 것이란 생각도 할 것이다.

호튼 역시 아들을 살리고 아내를 죽게 했어야 했을까?

그렇게 하면 세상의 삿대질은 멈춰졌을 것인가?

참으로 안타까운 일이다. 어찌하여 그들에게 이러한 선택이 강요된 것인지 하늘을 저주해야 할 상황 아니겠는가.

그리고 마지막으로 한마디 하자면 "그 입 다물라."이다.

누가 뭐래도 당장 위로 받을 사람은 따로 있기에….

어떤 선택, 특히 죽음의 선택에는 알 수 없는, 알아서도 안 되는 부분이 있음을 믿는다. 적어도 그 정도는 지켜져야 사자의 예의는 아닐는지.

평생 안고 가야할 몇 개의 죽음이 가슴속에 남아있기에 자살의 선택에 옷깃을 여밀 뿐이다.

누가 그 깊은 신의 뜻을 알겠는가.

〈참고로 소설과 영화에서는 다양한 내용들이 나오지만 여기서는 단지 '선택' 부분만 언급했음을 밝힌다.〉

2016년 5월, 〈彦〉

28
한량, 건달, 깡패, 양아치, 그리고 선비

한량의 어원은 용비어천가까지 올라간다. '관직 없이 한가롭게 사는 사람'을 한량이라 적었다. 그리고 조선 후기에는 무예를 잘하여 무과에 응시하는 사람을 지칭하게 되었다. 한편으로는 돈 잘 쓰고 줄창 놀기만 하는 사람을 가리키기도 하는데, 이것은 한량이 직업이 없으면서도 경제적으로는 부유한 계층이었음을 말해준다.

건달은 술과 고기는 먹지 않고 향내만 맡고 공중으로 날아다니며 사는 곳은 수미산 남쪽 금강굴, 하는 일이라곤 제석천에서 노래와 연주를 하며 지낸다. 이름은 건달바. '건달'은 불교 용어에서 유래했다. 그리고 '하는 일 없이 노는 사람' 또는 '가진 것 없이 난봉을 부리고 주색잡기 등을 하며 돌아다니는 불량한 사람'이란 뜻이 되었다.

건달은 시대에 따라, 사회상황에 따라 그 생태를 달리하고 명칭도 달리하고 있다. 건달은 폭력이나 흉기를 쓰지 않았다. 우리나라 건달이 폭력적이 된 것은 일제의 강점과 더불어 들어온 일본의 건달 야쿠자 등의 영향을 받았기 때문이다. 지금도 깡패와 건달은 궤를 달리한다.

깡패를 '깡으로 사는 패거리'라는 의미의 '깡패'로 보거나, 영어의 '갱스터(gangster)'와 국어의 '패거리'가 결합한 어형으로 보는 설도 있다. '갱(gang)'과 한자어 '패(牌)'가 결합된 어형이기 때문이다. '갱패', 즉 '깡패'는 '건달패, 난장패(亂場牌), 놀량패, 동패(同牌), 왈짜패, 왈패, 주먹패' 등과 같은 '패' 자 돌림이다. 영어 '갱'이 '무리' 또는 '악한 등의 일당'을 가리키고, 한자 '패(牌)'

또한 '무리' 즉 '패거리'를 가리키므로 '깡패'는 같은 의미를 지니는 서로 다른 성격의 두 단어가 결합된 합성어이다.

해방 후 건달은 깡패로 변했다. 정치꾼들이 깡패를 동원해 무리한 정책이나 선거 등에 목적 달성을 위한 도구로 썼다. 80년대까지 계속된 정치와 깡패들의 연계는 요즘은 재계에 진화해 허물을 보이곤 한다.

양아치. 사전에는 거지, 넝마주이를 속되게 이르는 말이라고 되어있다. 일제강점기에는 서울의 경우 40~50곳에 거지들이 모여 살았으며 동냥뿐만 아니라 넝마주이를 하기도 했다. 넝마주이는 사설막(대원들을 거느린 주인인 '조마리'가 관리하는 막), '자작'(개인 또는 가족단위로 만든 막) 방식의 조직을 갖추고 망태기와 집게를 사용하여 폐품을 수집하여 판매하였다. 한마디로 거지가 조직을 갖춘 형태라고 보면 된다. 양아치는 떼로 몰려다니면서 자기보다 약해보이는 사람을 괴롭힌다. 양아치와 깡패의 경계가 모호해지는 대목이다.

선비는 학식은 있으나 벼슬을 하지 않는 사람을 말했다. 명분과 의리를 앞세우는 정신은 오늘날의 정치이념 같기도 해 씁쓸하다. 덕치로써 국민을 포용하려는 조선 왕조가 인간화 작업의 과정에서 설정한 모범 인간형은 어떤 것일까.

조선 왕조가 설정한 이상형 인간은 학과 예를 이룬 자였다. 학문 즉 문(文)·사(史)·철(哲)을 전공 필수로 하여 이성 훈련을 체득하고 예술, 즉 시(詩)·서(書)·화(畵)를 갖춘 사람이다. 그것이 조선 왕조가 설정한 학예 일치의 이상 인간형이었다.

사화가 거듭 될수록 선비는 불굴의 정신과 기개, 청청한 마음을 내세웠으니 이 또한 이상적인 인간교화가 아니었을까. 선비는 곁불을 쬐지 않고, 비가 내려도 달리지 않았다. 한마디로 '체' 하며 살아가는 사람이다. 그러나 인문학과 시, 서, 화에 가무까지를 갖춰야 선비가 될 수 있었다는 점은 높이 살만 하다.

중국 성리학에 심취돼 차츰 선비가 **사대부**로 변모한다. 양반, 문관을 지칭하지만 사대부는 천하에서 가장 아름답고 좋은 것이 사대부라는 이름이다. '사대부'라는 이름이 없어지지 않는 까닭은 옛 성인의 법도를 지키기 때문이다. 사농공상을 막론하고 사대부의 행실을 가다듬기 위해서는 예를 바탕으로 하지 않으면 안 되고 예는 부가 아니면 성립될 수가 없다. 그러므로 누구나 가산을 마련하고 생업을 영위하여 관혼상제의 네 가지 예로써 부모를 받들고 자녀를 키우지 않으면 안 되는 것이다.

인간이 사는 형태는 굳이 분류하자면 위 5가지 모습에서 조금씩 달라지는 삶이 될 것이다. 그리고 살기 위해 무언가를 범하며 하루하루를 보낸다.

시어詩語처럼 '꽃이 피는 건 힘들어도 지는 건 잠깐'인 것을 모르는 인간들이 저지르는 패악은 끔찍하다. 그도 언젠가는 패악을 당하게 될 터이지만, 오늘이 영원하리라 믿는 게 인간의 어리석음이다. 또 자신의 패악 질을 자신은 절대 패악 질로 여기지 않는다는 점도 끔찍하기는 매 한 가지다.

JP(김종필)는 90세 생일잔치에서 휠체어를 타고 나와 '나이를 먹으니 모두가 고맙지만 단 한 사람은 여전히 밉다.'고 말해 주위를 어리둥절하게 했다. 자신의 평생 악인으로 전두환을 지목한 것이다. 이어 '나이 먹어 좋은 점은 싫은 사람들이 먼저 죽는 것을 지켜보는 재미'라고 말하기도 했다. 결국 악인이 아직 죽지 않고 살아 있다는 비아냥거림이었다. 하긴, 건강하면 전두환 아니던가.

사족으로,

중국 속담에 원수가 생기거든 복수를 꿈꾸지 말고, 동네 강가에 나와 앉아 있으라고 했다.

언뜻 이해가지 않겠지만, 흐르는 강물을 보며 복수심을 버리고 평상심을 유지하라는 뜻이 절대 아니다. 엉뚱하지만 그건 강가에 앉아 있으면 곧 원수의 시체가 떠내려 올 것이란 의미이다. 세월, 복수, 용서, 신의 응징, 천벌 등 많은 함의가 포함된 속담이다.

화무십일홍花無十日紅.
매일 꽃을 보면서도 깨닫지 못하는 인간에게 하는 말이다.

2017년 2월, 〈彦〉

29

「1987」 2018의 길을 묻다
〈영화 1987〉

누군가는 그 길에서 쓰러졌지만, 우리 모두는 1987을 지나왔다. 그저 스치듯 지나기도 했지만, 때로는 최루탄에 눈물을 쏟아내고 피 흘리기도 했고 감방에 가기도 했다.

그렇게 이 시대 사람들은 1980과 1987을 지나 왔다. 그리고 서서히 잊혀졌다. 참혹했던 나날도 쉽사리 잊힐 수 있다는 것을 세월을 통해 터득하면서 고단한 삶속에 발을 뻗고 잠든 나날이었다.

그리고 새날이 왔다. 세상은 함께 하면 달라질 수 있다는 것을 지난겨울 길 위에서 촛불로 터득했고, 우리가 이루어 냈다는 희열에 함성도 질렀다.

그러나 우리는 또 쉽게 잊는다. 그 길 위에 쓰러진 수많은 사람들의 고결한 피를….

시간은 책갈피에 끼워둘 수 없다던가. 시간은 바람처럼 지나고 우리는 잊는다.

1987년 1월 14일, 청년 박종철이 죽었다. 서울대생이었던 그는 당시 수배 중이었던 서울대 선배 박종운의 행방을 추적하던 공안경찰들로부터 참고인 자격으로 체포됐고, 치안본부 대공수사단 남영동 대공분실 509호에서 10시간 동안 전기, 물고문을 받던 중 사망했다. 당시 박종운은 1계급 특진에 현상금까지 걸려 있어 경찰들은 야수처럼 변해 그를 찾아내는데 혈안이 돼 있었다.

경찰은 사망을 은폐하려 했지만 1월 15일 한 신문에 '경찰서 조사받던 대학생 쇼크사'라는 2단 기사로 인해 세상에 알려졌다. 해명을 위해 기자회견장에서 치안본부장 강민창은 박종철이 사망 당일 오전에 밥과 콩나물국을 먹었고, 입맛이 없어서 냉수를 마셨다고 했다. 그런 다음 심문을 시작했는데, 땀을 흘리면서 "책상을 '탁!' 치자 '억!' 하고 쓰러졌다."고 말했다.

부끄러움도 없이 대국민 사기극은 그렇게 시작되었다. 그들은 국가 충성과 반공을 앞세워 무자비한 살인극도 저질렀다.

86년 10월에는 건국대에 29개 대학에서 모인 2천여 학생들은 8천 명의 경찰에 포위돼 4일간 투쟁을 벌이다가 도서관 건물 옥상으로 내몰린 채 1,525명이 연행되어 법원이 1,290명을 시위한 죄로 구속시키는 세계 최대 시위사건 진기록을 남기기도 했다. 검사는 열심히 기소했고, 판사는 더 열심히 구속영장을 발부했다.

그리고 숨 가쁘게 달려온 1987년 6월 9일은 이한열이 연세대 앞에서 시위 도중 머리에 최루탄을 맞아 피를 흘리며 쓰러졌다. 다음 날이 바로 6월 10일, 즉 6월 항쟁이 시작되는 날이었다. 끝내 이한열 열사는 7월 5일 사망해 광주 '5.18 구묘역'에 잠들었다. 당시 이한열은 22살이었고, 박종철은 21살이었다.

6.10항쟁을 통해 6.29선언으로 항복을 받아낸 후, 길 위의 시민들로 인해 옷을 벗은 자들도 많았다. 당시 나는 새도 떨어뜨린다는 장세동 안기부장, 노신영 총리, 김종호 내무장관, 강민창 치안본부장이 해임되었다. 1년이 지난 1988년 1월 16일 새벽, 강민창은 끝내 구속되었다. 고문에 가담한 박처원 대공처장, 유정방, 박원택 경정, 조한경 경위, 강진규 경사, 황정웅 경위, 반금곤 경장, 이정호 경장 등은 이미 구속된 상태였다.

그리고 가장 결정적 귀결은 일해재단을 앞세운 전두환, 노태우로 이어진 군사독재 영구집권 계획도 두 사람의 고결한 피로 막을 내리게 되었다.

조롱거리 된 경찰의 '탁치니 억하고 죽었다.'

누가 꽃다운 청년들을 죽게 했는가.

지난 겨울 촛불시위도 평화만을 떠올려서는 안 된다. 그 길 위에는 피비린내가 진동하고 광화문 광장 곳곳에 한 겨울에도 노숙하며 신음하는 젊은이들이 수없이 많았다.

불의의 정권 수레바퀴 아래 곳곳에서 짓이겨 지며 신음하던 사람들. 블랙리스트와 민간인 사찰 등 괴수의 손길에서 벗어나지 못한 사람들은 오랫동안 피 흘렸다. 그리고 눈을 피해 하루하루 안간힘을 다해가며 남루하게 살아왔다.

가문이 고통 받고, 가족이 깨지고, 친지들마저 박살내던 권력은 이제 새 옷으로 갈아입고 시치미를 떼고 있다. 과거 친일파와 독재정권 앞잡이들이 늘상 그래왔던 것처럼. 낡은 것들이 사라져야 원하는 세상, 새 세상이 왔다.

가해자들은 스스로를 선량하고 지극히 정의로운 사람이라고 믿으며 많은 것들을 자행한다. 그래서 반성도 없다. 악행에는 반드시 마땅한 변명이 따르기 때문이다. 그래서 치유도 어렵다.

그러나 그들은 추악한 범죄자로 몰락하고 역사는 그것을 기록한다. 아직도 경찰과 검찰은 적폐대상이고, 제1의 개혁대상이다. 그들은 권력을 쥐고 충견이 되어 국민 목을 쥔다. 권력의 손아귀에 잡힌 시민은 가엾고 불쌍하다. 서민의 피로 살아가는 셈이다.

세상은 함께 힘을 모을 때 바뀐다. 물론, 반대 반향으로 힘을 모을 때도 사회 변화는 발생한다. 나치가 발흥할 때도 독일은 모두 힘을 합쳤다. 유대인 학살에는 이 논리가 정당화해 독일은 도덕성을 상실했다. 일본은 아직도 논리의 정당화도, 반성도 없이 극우의 길을 가고 있다.

박근혜 정권이 촛불 시민혁명으로 몰락하고 새로운 세상이 왔다. 정권이 바뀌고 세상이 바뀌면서 빈자리를 차지하려는 자들이 곳곳에서 날뛰고 있다. 국내에서는 요즘 '문빠' 논란이 한창이다. '문빠'를 사칭하며 완장 행세를 하는 자들이 날뛰고 있다. 서로 민주화인사 행세로 진위구별까지 벌여야 할 세상이 LA 한인사회다.

1987년과 2018년 사이에 무엇이 놓여 있는가.

1987년에도 국민적 여망은 길 위로 쏟아져 나왔다. 이한열 장례식에는 노무현 장례식처럼 백만 명의 사람들이 길 위에 있었다. 그때는 관통하지 못한 것을 30년 후 지난겨울 관통했다.

그럼에도 이런 국민의 여망을 한국당의 홍준표는 감히 좌파세력으로 매도한다. 아직도 선긋기와 좌우 색깔론으로 편 가르기를 하고 있다. 시대를 바꾸려 한 평범한 사람들의 간절하고 안간 힘을 좌시해서는 안 된다. 아직도 다스 주인이 누구인지 밝혀지지 않는 조롱 속에 국민들은 분통을 터뜨린다. 기자와 아나운서가 현장에서 쫓겨나 건물 관리와 토스트 요리법을 배워야했고, 입에 자물쇠를 채웠다.

'그런다고 세상이 바뀌나요?'가 아니라 그래서 세상이 바뀐다는 것을 각인시켜야 한다. 역사가 그것을 기록하고 입증하도록 해야 한다.

우리는 터널 속에 있는가. 아니면 막 빠져 나온 것인가.

2018년을 시작하며 우리에게 던지는 사회적 화두다. 한때 우리는 어둔 터널 속에 있었다. 영화 「1987」을 보며 그 터널이 되살아났으며 어쩌면 아직 터널을 빠져나오지 못한 채 안간힘을 쓰고 있다는 생각은 혼자만은 아닐 것이다.

2018년 1월, 〈彦〉

30
인간의 탐욕과 거짓말

인간이 평생 쓸 수 있는 돈은 얼마일까. 인간이 탐할 수 있는 돈은 어디까지인가.

흙수저나 평범한 사람들이 쓸 돈과 권력자나 재력가가 탐하는 수치는 정녕 다른 것인가. 인간이 한평생을 살면서 얼마나 부를 축적해야 만족할까. 고인이 된 어떤 작가는 만족보다는 자족이 더 중요하다고 들려줬다.

당신에게 백만 불이 있다면 무엇을 하고 싶은가.

한 사람이 평생 동안 평범한 삶을 살기 위해 필요한 돈만큼만 탐할 수는 없는 것인지. 평범한 사람이라면 아마도 백만 불이면 평생을 살아갈 수도 있을 것이다. 그러나 어떤 이는 하루에 백만 불을 도박으로 날리기도 한다. 더욱이 중독자들은 수천만 불을 도박에 날리기도 한다. 그게 인간이다. 끝없는 욕망. 제어할 수 없는 욕망, 가질수록 더 갖고 싶은 것. 욕망을 향해 달리는 생은 곧 불빛을 향해 몸을 내던지는 부나비 같은 생과 같다.

욕망을 향한 끝없는 질주. 만족을 모르는 욕망은 자족보다 언제나 불행하다.

당신은 얼마를 갖는다면 행복하겠는가. 진정 그 숫자로 만족하겠는가. 나중에 후회 없이 말이다.

알려진 대로 이명박의 저수지에는 수천억의 재산이, 아니 몇십 조의 재산이 있을 거란 말도 많다. 거짓 속에 산 삶처럼 그의 재산이 얼마인지 누구도 알 수 없다. 언젠가는 밝혀질 것이다. 꼭 그래야만 한다. 역사는 진실을 밝혀줄 것이라 믿는다.

이명박이 그의 연설처럼 정직하게, 새빨간 거짓말을 하지 않고, 덜 욕심을 부렸다면 지금 같은 불행이 찾아오지 않았을 것을, 감옥에서나마 후회하고 있을까. 욕망을 조금 덜어낼 수만 있었다면 친지, 가족, 주위 사람을 불행에 빠뜨리지는 않았을 것. 참회는 하고 있을까.

드러난 내용만으로도 이명박이 얼마나 냉혈적으로 돈을 아꼈는지 혀를 내두를 만하다. 아랫사람들에게도 몰인정 그 자체였다. 그런 탓에 10년이 지난 비리들이 주위사람들의 증언으로 드러나고 있다. 천박한 인성이 아닌 베풀 줄 아는 자였다면 지금의 그곳에 있지 않았을 것이다.

가장 많이 가진 자가, 가장 많은 권력을 가진 자가 나눌 줄 몰라 부나비처럼 욕망의 불에 타 죽는 꼴이 되고 말았다.

정녕 인간이란 그런 줄을 알면서도 부나비처럼 욕망을 향해 질주해야만 하는 것인지. 이브의 욕망, 카인의 탐욕까지를 되새겨 본다.

펜 대신 깡통을 든 기레기들

기업은 광고라는 매체를 상품을 팔기 위해, 기업을 알리고 이미지를 높이기 위해 사용한다. 그러나 들여다보면 꼭 그렇지만은 않다. 언론에 대한 영향력이나 압력수단으로 대기업은 광고를 사용하기도 한다. 기업주, 광고주가 언론 세계에서는 주님보다 위에 있다는 자조적인 말이 헛말이 아닌 이유다.

왜 그들은 기사를 쓰는가. 술, 밥을 얻어먹고 돈 몇 푼을 챙기려 한다면 기자가 아니라 거지(양아치)가 맞다. 정녕 그들에게 필요한 것은 펜이 아니라 깡통 아니겠는가.

돈 몇 푼을 구걸하는 자들이라면, 독재시대 권력자에게 한 아부와 출세 지향을 쉽게 가늠할 수 있다. 전두환 군사독재시절, 육사 밑에 서울법대가 있다는 말처럼 최고 지성이란 자들이 독재 권력에 머리를 조아리고 충성을 다했던 시절을 우리는 잘 알고 있다.

이제 군사독재의 자리를 삼성이 차지하고 있는 셈이다. 한국 언론이 삼성에 머리를 조아리고 충성을 다짐하고 있다. 쿠데타 장군들의 총칼이 아닌 금력에 굴복해 머리를 조아리고 있다.

잘 나간다는 언론, 기자들이 삼성에 아부 인사를 앞 다투어 보내고 몇 푼의 동냥질을 서슴지 않았다. 이명박에게, 삼성 장충기에게 동냥질을 한 대가로 세상을 호도하고 혼돈, 가짜뉴스 속으로 빠뜨린 기레기들. 그들도 분명 부모와 아내, 자식들이 있을 것이다. 가족들은 그들을 자랑스러워했을까.

몇 푼의 욕망 때문에 그들은 쓰레기가 되었고, 펜 대신 깡통이 필요한 양아치가 된 셈이다.

불과 50년 전, 폴 게티는 세계 최대 부자였다. 당대 부자만이 아니었다. 역사상 그렇게 많은 돈을 가졌던 부자는 없었다. 수백만 불을 주고 예술품을 사들이면서도 납치된 손자의 목숨 값을 지불하지 않다가, 손자의 귀가 잘린 뒤에야 6개월의 흥정 끝에 겨우 20%만 주고 간신히 석방시켰다. 그 손자는 납치 트라우마를 견디지 못하고 약물중독에 빠졌고 젊은 나이에 숨졌다. 결국 백 년, 천 년을 써도 남을 것 같은 돈은 당대를 지켜내지 못했고 대마저 끊긴 불운을 겪어야 했다.

우리나라도 50년 전 부자가 1%도 명맥을 유지하지 못했다. 많이 가진 자들이 왜 쉽게 망하는 것인지 알 수 없다. 그래서 옛말에 부자는 이루는 것보다 지키는 것이 어렵다고 했던가.

한때 떵떵거리던 유수한 재벌, 기업들이 지금은 아스라이 사라졌다. 그들은 자신들이 곧 사라질 운명인 것을 알기나 했을까.

권력자는 권력을 잘 사용해야 하고 부자는 돈을 잘 써야만 한다. 바르지 못한 힘은 한낱 양아치의 주먹질이나 해코지에 불과하다. 죽고 난 뒤에야 저축한 돈은 숫자에 불과하다는 걸 깨닫게 되겠지만, 그때는 이미 늦다.

몇 개월 전 한 친구가 죽었다.

그는 허투루 10불 쓰는 것도 머뭇거리는 성격이었다. 친구들은 이미 그의 태도를 알고 있었다. 그래서 친구들이 서둘러 음식 값을 내곤 했다. 문제는 친구들 중에서 그가 가장 부자였다는 사실이다. 그래도 친구들은 모른 척 대부분 지불했다. 그런 친구가 췌장염으로 2달 만에 죽었다. 그답게 친구에게조차 칭병 사실을 알리지 않았고, 대부분 친구들은 사망 후 장례식장에서 그의 죽음을 확인할 수 있었다.

그의 딸은 나중에 그런 사실을 알고 더욱 슬피 울고 사과까지 했다. 죽은 뒤에 몇 채의 부동산과 어카운트의 잔고가 무슨 의미가 있느냐고 애통해 했다. 딸은 친구가 보다 행복하게 살다 가기를 진정으로 바랐지, 부동산이나 잔고의 숫자를 많이 남기기를 바라지 않았다는 의미다. 그 딸은 그 숫자를 남기기 위해 고인이 불행했을 대목을 상기하며 더 많은 눈물을 흘렸다.

당신은 쓸 돈을 제대로 쓰고 있는가. 깊이 생각해 볼 일이다.

2018년 4월, 〈彦〉

31
2Q16 대한민국 명예혁명

아프리카의 '큰상아 코끼리'에 상아가 거의 사라지고 없다고 한다. 사냥꾼들이 상아를 노리고 죽이는 바람에 코끼리 스스로 상아를 없애는 DNA가 성장해 상아가 사라졌다는 것이다. 놀라운 진화의 힘이다. 큰상아 코끼리는 대개 40킬로에서 50킬로 정도의 상아를 좌우 2개 갖고 있다. 놀랍지 않은가. 코끼리들은 살아남기 위해 상아를 스스로 없앤 것이다.

또, 하찮은 풀들은 주위의 식물이나 꽃을 닮아 간다. 살아남기 위한 생존 전략이다. 풀들이 '솎아내기'에서 살아남기 위한 속임수며 진화의 결과다.

추악한 악의 꽃이 몰락하고 있다는 사실이 서서히 분명해지고 있다.

거짓은 또 다른 거짓으로 덮는 법이다. 실제로 덮어지지 않음에도 불구하고, 어리석은 인간들은 그렇게 악인의 길을 간다. 살아남기 위해서라고 또 거짓을 말할 것인가.

막장 사기꾼들은 모른다. 정치란 사람들에게 절망을 주는 게 아니라 희망을 주는 것이란 걸.

40년 행각의 사기꾼들은 적어도 정치판에는 발을 들여 놓지 말았어야 했다.

소금에 음식을 넣으면 먹을 수 없다. 삶에 욕망을 넣어야지, 욕망 속에 삶을 넣으면 안 된다. 악들이 판치는 세상에서 선은 살아남기 힘들다.

박근혜, 최순실은 그렇다 치고 김기춘, 우병우는 어떻게 악의 길을 걷게 되었는가.

괴물이 된 그들도 빛나는 청년시절은 있었다. 이젠 널리 알려진 우병우의 경북 영주고교시절 이야기 중 한 토막.

그는 '정의로운 사회와 부정과 부패가 없는 국가를 만들겠습니다.'라는 다짐을 담임선생에게 자주 했다고 한다. 그리고 얼마 후 20세의 나이로 사법시험에 합격해 오늘에 이르렀다.

악행에는 반드시 변명이 따르듯이, 설마 '나만 빼고' 정의로운 국가가 될 것이란 생각은 하지 않았기를 바란다. 모두가 바라고 부러워한 청년시절을 지낸 수재의 종말이 악인의 초라한 말로라면, 부러워한 모두는 얼마나 비참해질 것인가. 아니 이제야 당당해졌다고 으스댈 수 있을지도 모르겠다.

나만 빼고, 어쩌면 너도 우병우라면 그런 길을 걸었을 것이라고 주장할 것인가.

누구나 명문대에 고시합격, 그리고 부잣집에 장가가는 호사스런 삶을 꿈꾸었을 것이라고 변명할 것인가.

악인들은, 반성하라는 말에 부끄러움이나 뉘우침이 없다. 박근혜, 최순실이 그러하듯 부끄러움을 알지 못하고 자신들이 무슨 죄를 지었는지도 알지 못한다. 그저 앞을 향해서만 질주했다. 닥치는 대로 악행과 거짓을 떠들면서 자신의 손에 쥐기만을 바랐다.

작게 훔치면 감옥에 가지만 크게 훔치면 나라를 차지한다는 말처럼 큰 도둑이 되고 싶었던 그들이다. 큰 도둑은 국가나 기업의 금고를 맘대로 챙기고, 거짓에 거짓을 밥 먹듯이 해도 되는 것인가.

태초에 세상의 죄는 도둑질 하나였으며 도둑질에서 모든 죄는 시작되었다.

대통령을 만든 사람들과 줄을 대기 위해 고개를 조아리고 옆에서 사진을 찍었던 사람들. 백 개를 주고 만 개나 백만 개를 챙기려한 재벌들. 이제 그들을 단죄할 시간이 다가오고 있다. 그렇게 만든 대통령과 제도를 이제는 뜯어 고쳐야 할 시간이 다가오고 있다. 그런 식으로 대통령이 만들어져서는 안 되고, 그런 정치인 집단이 다시 살아나서는 안 된다.

한국형 냄비 뉴스대로, 벌써 잊었겠지만 지난 총선은 친박 코스프레, 친박 어벤저스 등 박근혜와 사진만 찍어도 당선이라는 희한한 정치판이었다. 그들을 잊어서는 안 된다. 그들이 다시 정치판에 발을 들여놓게 해서는 안 된다. 그들을 똑똑히 기억해 반드시 단죄해야 한다.

권력은 시장(경제권)으로 넘어갔는가.

박근혜가 야권과 싸우고 언론과 싸울 때 재벌들은 웃었다. 5년, 아니 2년만 참으면 또 다른 세상이 온다는 걸 알기 때문이다. 대선이 시작되면 재벌들에게 손을 벌릴 것이고 줄을 댈 것을 알기에 그저 웃고 참는 것이다. 껌 값으로 때우고 껌 공장을 차지하는 수법으로 속으로 비웃는 것이다.

국가의 본질은 폭력이고(막스 베버), 그건 신체적 폭력과 금전적 폭력이다. 국가는 이 두 가지를 적절히 사용해 가며 국민들을 다스린다. 박근혜는 너무나 철저하게 박정희처럼 국정원, 검찰, 국세청, 경찰, 감사원 등을 이용해 정보와 사정기관을 활용했다. 국가의 폭력을 철저하게 사용한 셈이다.

썰물처럼 대통령 주변의 사람들이 빠져나가고 있다. 박근혜를 팔아서 국회의원, 장관, 수석 등 한자리씩 꿰차고 단물 빨던 인물들의 침묵과 배신이 연일 비쳐지고 있다. 그자들의 배신도 꼴불견이지만, 김경재, 윤창중 같은 자들이 박근혜 지키기를 외치는 것은 더 가관이다.

2Q16 겨울. 대한민국은 명예혁명이 진행 중이다.

혁명은 피를 부른다. 민주주의는 피를 먹고 자란다. 독재 그림자가 어린 국가에서는 자유, 민주주의에 피냄새가 배어있다. 4.19 유신독재, 6월 항쟁, 5.18 광주항쟁에는 열사들의 피가 고여 있다. 시위에는 화염병과 최루탄 냄새가 가득하고 쇠파이프와 곤봉이 난무했다.

그러나 이 겨울에는 평화와 민주만을 외칠 뿐이다.

이 겨울에는 촛불이 가득하고, 횃불이 세상을 밝히고 있다. 투쟁이 아닌 문화와 축제를 보여주고 있다. 피의 냄새가 없다. 2백만이 넘는 시민들은 피 때문에 거리에 모인 것이 아니다. 시민들의 분노 또한 사람이 아닌 사기극과 기만, 특권과 전횡, 거짓에 또 거짓이 용납되는 세상을 향한 절규인 것이다. 사람이 아닌 잘못된 세상을 바꾸기 위한 외침인 것이다.

이젠 박근혜조차도 하찮아졌다. 그녀가 무엇을 할 것인가. 그녀가 갈 곳은 감옥뿐이다. 사면이 없다면 죽을 때까지 갇혀야 할 처지다.

문제는 살아있는 자들의 내일이다. 어떻게 새로운 세상을 만들 것인지 고민해야 한다. 다시는 속지 않을 세상을 위해, 다시는 거리에서 외치지 않아도 될 세상을 만들어야 한다.

박정희 정치사에 저주의 18년 평행이론이 거론된다. 박정희 독재 18년, 박근혜 칩거 18년, 박근혜 정치 18년이 그것이다. 이제 박근혜마저 비참한 최후로 치닫게 되면 100년 현대사에 이완용 이상의 비극으로 남을 공산이 크다. 더불어 1905년 을사오적乙巳五賊에 이은 병신오적, 아니 병신십적도 단죄해야 마땅하다.

사필귀정.
역사에서 배우지 못한다면 더 참담한 비극이 우리에게 있을 뿐이다.

2016년 12월, 〈彦〉

32
행운

일생 동안 행운은 몇 번이나 주어지는 것이며, 진정한 행운은 무엇일까.
행운이 무엇인지 알고나 지나가는 것일까.

오늘도 그토록이나 행운을 기다리는 사람들을 위해 행운 이야기를 준비했다.

물론 사실이며, 현실에 일어난 믿을 수 없는 이야기임을 먼저 밝힌다.

카지노나 도박 이야기 아닌 신기루 같은, 그저 신의 손짓 같은 이야기들이다.

사막이 아름다운 건 오아시스가 있기 때문이라 했던가.

우리 인생에도 기다리는 신기루가 있어 아름다운 것일 것이다. 우리는 그걸 희망이라 부른다.

가끔은 신기루 때문에 인생이 너무 허망하기도 하다. 인간이 그토록 바라는 희망이란 게 벼락 맞는 것보다 적게 신기루를 만나게 된다니 과연 인간은 몇 번이나 어떤 행운을 만나게 될까.

사람들은 복권(LOTTERY)을 어떤 생각으로 사는가.

미국에는 몇 백 불짜리 당첨금 복권부터 천 불, 만 불, 백만 불, 수천만 불, 수억 불짜리까지 다양한 복권이 있다.

현장에서 바로 동전으로 스크래치 해 확인하는 것과, 한국처럼 구슬이나 화살로 매주 당첨자를 결정하는(랜덤방식) 방식 등 다양하게 있다(더 자세한 것은 모름).

대개 LOTTERY는 20~30개 주가 연합해서 하는 '메가', '파워', '수퍼' 같은 복권과 각 주나 기업들이 운영하는 것들도 있다.

이들 복권은 지자체가 발달한 미국답게 주의회에서 승인을 받은 주만 판매할 수 있다.

거의 일주일에 2회 추첨을 하는데, 상금이 클수록 붐을 조성해 판매액이 커지므로 업체는 갈수록 당첨을 어렵게 하기 위해 잔머리를 쓰고 있다. 추첨번호가 갈수록 많아지는 것이다.

그래서 어떤 때는 몇 달 씩 당첨자가 없어 수억 달러로 상금액이 치솟기도 한다.

이른바 한탕주의와 과열 선정주의의 극치라고 할 수 있다.

당첨금이 1억 달러가 넘어서면 서서히 열기가 달아오르고 판매소는 매출이 늘어난다.

수백만 명 중 한 명은 기본이고, 수천만 명, 심지어 수억 명 중 한 명이 당첨되는 행운은 어떤 사람이 얻게 되는 것일까.

분명 천사가 있어 지켜주지 않고서는 어려운 장난인데, 과연 그 사람을 천사는 어떤 이유로 결정했는지 묻지 않을 수 없다.

더 궁금한 것은 그렇게 천사가 선물한 행운을 악에 사용토록 한다면, 그래도 천사가 있는 것인가. 과연 신의 손짓의 의미는 무엇일지 묻지 않을 수 없다.

정녕 천사의 미소가 아니라면 그저 지나다 굴러온 복, 어쩌다 뒷발에 채인 것에 불과한 것인가.

지금부터 본격적으로 신의 손짓을 확인해보자.

평범한 미국인이 그렇듯, 그 여인도 가끔 심심풀이 삼아 복권을 사는 정도였다. 그녀는 이혼한 삼십대로, 뉴욕 인근에서 엄마와 함께 살고 있었다. 평범한 직장을 다니면서, 그저 가난하게.

여느 때처럼 복권을 사 TV 위에 놓고 당첨 확인도 못한 채 그 주가 지나 갔다.

그 주간은 역대 두 번째로 최다복권 금액이어서 뉴스시간에도 화젯거리로 나오고 직장에서도 대화할 정도였다.

그리고 겨우 당첨자가 뉴욕에 있다는 소식을 접했다. 그리고 퇴근 후 TV 위의 복권을 찾지 못해 엄마에게 물어보니 왈,

'난 네가 이미 보고 '당첨 안 된 복권'이라 내버려둔 줄 알고 버렸다'는 대답이었다.

당첨확인을 안한 것인데… 5불만 날렸구나, 하고 포기한다.

그리고 또 며칠이 지난 어느 날.

신문에서 아직 그 엄청난 금액의 당첨자가 나타나지 않아 많은 사람의 애를 태우고 있다는 기사를 본다.

그리고 약간 고조된 관심 속에 더 확인해 본 결과, 당첨자가 자신이 살고 있는 동네임을 확인하고 가게도 같은 것을 알고는 흥분하기 시작한다.

설렌 심정을 참지 못한 그녀는 부랴부랴 집에 돌아오는 엄마에게 자초지종을 묻는다.

엄마는 청소하면서 오래된 옷가지와 함께 비닐봉지에 모아 쓰레기통에 버렸다는 말을 듣고, 행여나 하는 마음에 쓰레기통까지 찾아보니. 이미 쓰레기통도 차가 비워가 버린 것을 확인했다.

설마 '나였을까?'

그래. 당첨자가 아직 나타나지 않은 것일까. 이런 상상은 차마 믿을 수 없었고 그저 호기심정도로만 잠시 찾아본 것이었지만, 다음날 출근해서는 우연히 더 놀라운 사실을 알게 된다.

매주 월요일 수거해 가는 청소차가 그 주는 공휴일이어서 쉬었다는 사실을 알아내고는 엄마와 함께 동네 쓰레기 수집장에서 끝내 쓰레기 봉지

를 찾아낸다.

자. 여러분 그 속에 그 복권이 그대로 보존돼 있을까?
찾아낸 복권은 과연 1등, 2억6천만불짜리 복권이 맞는 것일까?

눈치 챘겠지만 그 복권은 정말 1등 복권이었다.
놀랍게도 천사가 그녀에게 내린 행운의 복권은 사소한 악마의 손짓에도
어김없이 그녀에게 전달된 것이다.
되돌아보면 아무리 하늘이 내린 복이라도 뜻하지 않게 잃을 수 있으나,
그 천사는 끝까지 그녀를 지켜주었다. 그녀는 얼마나 달라진 삶을 살게 되
었을까.
몇 번을 잃어버릴 수 있었으나 끝까지 지켜준 천사.
정녕 천사는 있는 것 같지 않은가. 이 정도면.

오늘도 행운을 꿈꾼다면 먼저 천사를 만나시길….

2014년 4월, 〈彦〉

33
아! 김광석, 철사줄이라니…

김광석(당시 33세)은 서울 마포구 서교동 자택 거실 계단 난간에서 싸늘한 시신으로 부인 서해순에 의해 발견됐다. 서 씨는 경찰에서 "6일 0시 30분쯤 귀가한 남편과 거실에서 맥주 4병을 나눠 마신 뒤 오전 3시쯤 안방으로 들어가 비디오를 보다 인기척이 없어 거실로 나와 보니 남편이 목을 매 숨져 있었다."고 말했다. 서 씨는 "남편이 지난해 데뷔 10주년 공연을 마친 뒤부터 자신의 음악적 한계를 고민해 왔으며 술을 마신 뒤에는 조울증 증세를 보였다."고 진술했다. 경찰은 타살 흔적이 없고 목을 맨 흔적이 뚜렷해 자살로 결론지었다.

11년 후인 2007년 12월 23일 새벽. 김광석의 딸인 김서연(당시 16세)이 자택에서 숨진 채 발견됐다. 역시 최초 목격자는 서연 양의 모친이자 김 씨의 부인인 서 씨였다. 경찰은 부검 결과와 서 씨의 진술 등을 종합해 급성폐렴으로 숨졌다고 판단하고 내사를 종결했다.

그러나 서 씨는 마치 서연 양이 살아 있는 것처럼 주변에 말했고 언론에는 딸과 함께 미국에 간다고 흘리기도 했다. 서연 양은 김 씨 저작권(작사·작곡가의 권리)과 저작인접권(실연자·음반 제작자 등의 권리)의 상속자였다.

이 내용은 최근 이슈가 되면서 재조명 후 정리 발표된 두 주검의 내용이다. 당시 국내 최대부수 판매를 자랑하는 '조선' 기사로 살펴보자.

제목 : 가수 김광석, 집안서 목매 숨져.
최근 유명 연예인들의 자살과 사망이 잇따르고 있는 가운데 인기그룹 '동물원'의 전 멤버 김광석 씨(32)가 집에서 목매 숨진 채 발견돼 충격을 주

고 있다.

6일 오전 4시 30분께 서울 마포구 서교동 98의 12 원음빌딩 4층 김 씨 집 거실 계단에서 김 씨가 전기줄로 목을 매 숨져있는 것을 부인 서해순 씨(31)가 발견, 경찰에 신고했다.

부인 서 씨는 "남편과 함께 자정부터 새벽 3시까지 술을 마신 뒤 혼 자 안방에 들어가 잠자리에 들었으나 거실에 인기척이 없어 나가보니 남 편이 옥상으로 연결되는 계단에 굵은 전기줄로 목을 매 숨겨 있었다."고 말했다.

경찰은 김 씨가 지난해 11월 부인과 함께 한달 간 미국에 다녀온 뒤 미 국 유학을 결심했으나 부인의 반대로 여의치 않게 되자 고민해 왔다는 가 족들의 말에 따라 이를 비관해 자살한 것으로 보고 있다. 경찰은 그러나 집안에서 유서 등이 발견되지 않아 사체를 부검, 정확한 사인을 가릴 방침 이다.

당시 이후 보도들을 살펴보면,

자살원인에 대해 유명세와 우울증에 따른 이유와 아내와의 마찰, 김광 석의 연인과의 고민, 그리고 가정문제, 경제문제 등을 앞세운 보도들이 줄 을 이었다. 그러나 지금처럼 김광석의 인기가 높지 않아, 관심은 이내 수 면 밑으로 가라앉았다.

부인이 살해당하면 첫 혐의자는 남편이다. 역시 남편이 살해당할 경우 도 부인이 첫 혐의자가 되는 것이 사건 범죄수칙의 교본이다.

가족을 포함해 그를 알고 있는 지인들은 "자살할 친구가 아니다."라며 자살소식에 의문부호를 달았다. 그러나 경찰은 유일한 목격자인 서해순의 진술을 토대로 자살이라고 발표한 뒤 내사 종결했다.

그로부터 21년이 지난 2017년, 이상호 기자가 연출한 영화 '김광석'이 개 봉되며 '김광석 사건'이 재조명 받았다.

이상호 기자는 영화를 통해 '타살 의혹'을 제기했다. 이 기자는 "김광석이 자살했다고 주장했던 부인 서해순이 제시한 근거가 허위로 확인됐고, 영화를 통해 당시 서 씨의 부적절한 처신들마저 드러난 만큼 이제 고인과 팬들 앞에 그녀가 답해야 할 순서."라고 말했다.

이 기자는 수습기자 시절 우연히 이 사건을 취재하면서 그때부터 자살에 의구심을 가졌다는 것이다. 긴 세월 후 의구심은 한편의 영화로 되살아났지만, 아직 결과는 알 수 없다. 다만 진실은 감출 수 없고 주머니 속 송곳처럼 드러나게 돼 있다는 사실이다.

'김광석 타살 의혹'에 이어 그의 외동딸이자 상속녀인 서연 양의 사망 소식은 충격적이었다.

이미 10년 전에 사망했고, 이를 아는 김광석의 지인이 아무도 없다는 점도 의혹투성이였다.

서연 양은 생전에 성장장애 증후군을 앓고 있었다. 일반 또래보다 육체적, 지능적으로 성장이 늦는 병이었다. 남편 사망 후 딸을 데리고 미국으로 건너갔던 서 씨는 2003년 남편이 죽은 지 7년 만에 김광석 추모 사업을 벌이겠다며 귀국했다. 당시 서 씨는 여성동아와의 인터뷰에서 서연 양이 음악을 무척 좋아한다며 "아빠를 닮아 음악적 감각이 있는 것 같다. 사소한 걸로 고집을 피우는 것도 아빠를 꼭 닮았다."고 말했다.

그러나 서연 양의 죽음에도 몇 가지 의혹이 남는다.

— 왜 서연 양의 죽음을 친척인 유가족에게 알리지 않았는가.

— 왜 사망 직전 본래 이름인 서우에서 서연으로 개명했는가.

— 왜 딸의 사망 이후에도 "미국에서 잘 지내고 있다.", "나도 연락이 닿지 않는다."라고 거짓말을 했나.

등이다.

이 같은 의혹은 서연 양의 사망이 김광석의 아버지 고 김수영(2004년 사망) 씨 등 유족들이 서연 양을 상대로 음원저작물에 대한 지적재산권 등에 대한 소송 중에 벌어졌기에 논란을 키우고 있다.

서 씨의 논란에는 이혼경력을 속이고 김광석과 혼인했다는 점과, 당시에도 다른 남자와의 불륜설이 불거졌다는 것이 있다.

또 시댁과의 유산소송도 서연 양의 죽음에 의문을 제기한다. 이는 현재 김광석과 친구 사이였던 사람과 동거중이라는 점도 석연찮다. 김광석이 작성한 일기장에 서 씨가 불륜을 저질렀다는 내용이 적혀있고, 서 씨가 이미 한 차례 결혼해 아이까지 출산했다는 의혹이 있다.

서 씨는 2004년부터 경기도의 초호화 골프 빌리지 전원주택에 거주했으나 최근 종적을 감추었다. 이웃들은 서 씨가 수년 전부터 민머리에 다부진 체격, 거친 인상의 한 남성과 동거했다고 전했다. 서 씨는 이웃들에게 이 남성을 '남편'이라고 소개해왔다. 이 남성은 이모 씨로 김광석 씨가 전 미국에서 만난 고교동창과 이름이 같다. 한 지인은 "이 씨는 뉴욕에서 광석이가 공연을 할 때 광석이네 부부에게 호텔이며 차를 제공했다. 그러다가 갑작스럽게 공연을 얼마 남기지 않고 이 씨와 서 씨가 함께 사라져 김광석이 경찰에 실종신고를 하는 해프닝도 있었다."고 했다. 사라진 이 둘은 2박3일 만에 돌아왔고, 당시 사건은 김광석 씨의 일기장에 언급됐다.

방학 때마다 이 집에서 지내는 남학생도 있었기에 주민들은 아들을 둔 평범한 가정이라고 생각했다고 전했다. 또 친한 이웃들에게 "내가 김광석 부인이다."라는 말도 여러 차례 했다.

이에 서 씨는 '도피 준비 사실무근, 살인자가 아니다.'라며 법적 대응을 준비하고 곧 입장을 발표하겠다고 나섰다.

한편, 검찰은 서 씨를 출국금지 시키고 두 주검에 대한 재수사에 착수했다.

또한, 민주당 안민석, 박주민, 진선미 의원과 정의당 추혜선 의원이 일명 '김광석 법'을 추진 중이다. 시간이 많이 흘렀기 때문에 특별법 제정을 위해 10만 명 이상 서명을 받아 입법청원서를 국회에 제출할 예정이다.

블로그에서
정확히 10년 전, 필자의 블로그에 올린 글에는 안타까운 죽음과 의문을 올렸다.

당시 정리한 글에서 김광석의 행적을 살펴보면,

김광석은 죽기 7시간 전에 공연을 마친다. 마지막 공연이 된 무대에서 부른 마지막 노래는 '너무 아픈 사랑은 사랑이 아니었기에'였다. 참으로 아이러니한 노래였다. 우연이었을까?

공연을 마치고 김광석은 집 앞의 호프집에서 맥주 500cc를 마신 후 집으로 갔다. 집에서 부인과 새벽 3시까지 술을 마시고 부인은 안방으로 가 잠에 들고, 김광석은 계단으로 가 철사줄로 목을 매….

가더라도 철사줄이 아닌 붕대였더라면, 아쉬움은 조금 덜했을 텐데….

결국 경찰의 발표대로 사인은 자살로 결론이 났지만, 활발하게 음악활동을 하던 시기에 유서조차 없는 그의 죽음은 여전히 의문이다.

사후 그를 추모하는 의미에서 라이브 실황곡 중 몇 곡을 발췌해 두 장의 앨범 [노래 이야기]와 [인생 이야기]가 발표됐다. 그리고 죽기 전 백창우와 함께 발표하려 했던 앨범에 '오랜 날들이 지난 뒤에도'를 담은 [가객 - 부치지 않은 편지]가 발표됐다. 이 앨범에는 그의 음악 동료인 권진원, 안치환, 윤도현, 이정열 등이 참여해 그를 추모했다.

김광석은…

64년 1월 22일, 대구에서 형 둘과 누나 둘을 둔 막내로 태어났다.

그리고 68년 서울로 이사해 초등학교 시절을 보냈으며, 76년 경의중학교에 입학해 바이올린, 오보에, 플루트 등 다양한 악기를 접하게 된다. 그리고 이때부터 독보법을 익혔고, 79년 대광 고등학교에 입학해서는 합창단 활동을, 82년 명지대 입학해서는 '연합메아리'에서 기타를 치며 노래를 불렀다.

대학 시절 그의 인생을 바꿔놓은 한 권의 책을 선물 받게 되는데, '젊은 예수'라는 가요집이다. 그 안에 담긴 '못생긴 얼굴'이라는 노래를 부르며 그는 울기까지 했다고 한다.

84년 김민기의 '개똥이' 음반에 참여해 이때 만난 사람들과 '노래를 찾는 사람들'을 결성하고 첫 번째 앨범을 발표한다. 이후 85년 1월 군에 입대했으나, 군 생활 중 사망한 큰형으로 인해 6개월의 복무를 마치고 제대한다.

이후 발표한 '다시 부르기 1'에서 김현성의 '이등병의 편지'를 리메이크했는데 아마도 죽은 큰형을 기리며 부른 곡이라 여겨진다. 그리고 노래꾼으로서의 길을 걷는다.

이후 87년 여름 '동물원'이라는 이름으로 첫 번째 앨범을 발표한다. 이 앨범은 김광석이 본격적으로 음악을 시작할 수 있도록 해준 앨범이다. '동물원' 구성원 자신들도 놀랄 만큼 이 앨범은 성공을 거뒀고, 이는 김광석뿐 아니라 '동물원'의 멤버 김창기, 박기영, 유준열이 음악인으로 갈 바탕을 마련해 줬다.

특히 김광석의 노래로 이 앨범에 수록된 '거리에서'는 당시 라디오를 통해 많이 흘러나왔으며, 대중적 인기를 누린 곡이다. 그러나 김광석은 '동물원'의 성공에도 불구하고 탈퇴, 89년 '기다려줘', '너에게'를 담은 첫 솔로앨범을 발표한다.

허나 이 첫 앨범은 성공을 거두지 못했고, 김광석은 이듬해 1년의 열애 끝에 결혼했다. 그리고 91년 발표한 두 번째 앨범은 김광석을 대중적으로 알리는 계기가 된다. 이 앨범에 수록된 '사랑했지만'이 대대적인 성공을 거둔 것.

김광석이 90년대 우리나라 모던 포크의 대명사로 불릴 수 있도록 한 것은 단연 '일어나'가 담긴 94년 발표한 네 번째 앨범이다. 그러나 세 번째 앨범에도 '나의 노래', '잊어야 한다는 마음으로' 등 주옥같은 노래가 자리하고 있었다. 당시에는 노래처럼 스치듯 지나쳤지만….

아직도 질풍노도 시절을 잊지 못함인가. 누구나 청춘은 있다. 김광석의 노래는 청춘이 지난 요즈음까지 터널을 지날 때에도, 어둠속에서도, 마음을 달래준다.

영화 속에서도, 휴전선 철책에서도, 위로가 되었던 노래들.

사람은 누구나 죽는다. 선택이 아닌 운명으로.

인생은 쓸쓸함 그 자체이고, 고독의 길이며, 원죄를 타고 난 인간들이 지나야 할 고해苦海의 유랑인 것을. 그렇기에 선택할 수 있다면 언제든 고해에 몸을 던질 사람도 많을 인생인 것을….

아, 참담한 인생이여.

그래도 벗어나지 못할 끔찍함이란… 철사줄이다.

죽는다고 모두 끝난 게 아닌데, 마지막 죽음도 나의 모습이고 내 생의 일부인 것을….

더구나 죽은 후에도 삶은 계속되고 있는 것을….

그 증좌가 2017년 다시 떠오른 그의 죽음이듯이. 누구는 붕대로 목을 매 죽었다는데,

아! 철사줄…. 붕대도 아닌 철사줄이라니….

2017년 9월, 〈彦〉

34
이완용과 이명박
〈시대의 역적은 누구인가〉

경쟁 구도 속에 기업들의 살아남기 위한 노고는 눈물겹다.

사기와 협잡, 기업스파이를 이용해서라도 상대를 밟고 올라서야 살아남는 게 기업이다. 기업 오너들의 정신은 그래서 다르다. 입사 때부터 살아남기 위해, 동기보다 빨리 출세하기 위해, 경쟁해야만 한다. 오너가 되어서는 경쟁기업과 전쟁에서 살아남아야 한다.

이명박은 그 전쟁에서 누구보다 빨리 출세했고 신화를 남긴 인물이다. 그가 현대건설 사장 재직 당시 뒷얘기는 많다. 경리직원 가족 명의로 거액 비자금 입출금이 오가고, 해운대 앞 바다의 모래를 밤마다 몰래 퍼 올려 콘크리트에 사용하고, 토목현장에서 파낸 암반을 토목공사에 재사용하고 자갈 값은 비자금으로 빼돌리고, 대규모 관급공사 담합입찰에 전설 같은 수법과 비리들이 저질러졌다. 그런 것들이 모여 신화의 주인공이 되고 부를 축적한 셈이다.

그러나 정치판에도 그런 것들이 통할까.

이명박이 검찰소환 후 끝내 구속영장이 청구되었다. 감옥에 가서 박근혜보다 많은 형량을 받을지도 궁금하지만, 결국 남은 생애가 순탄치 않을 것은 확실하다. 이미 부인, 아들, 사위, 형제, 조카 등 대추나무 연 걸리듯 관련된 인척, 측근들도 셀 수 없다.

감옥행은 지은 죄대로 당연한 수순이지만 그 길은 결코 쉽지 않았다. 기업에서 갈고 닦은 솜씨에 권력이 더해져 지능적인 범죄는 심증과 물증의 간극을 벌렸다. 대통령의 권위는 너무 높고 멀다.

입바른 소리로 쉽게 떠벌리며 '도덕적으로 가장 완벽한 정권', '정직한 대통령'을 외치고 '나는 그렇게 살아오지 않았다.'며 자신하던 이명박이었다. 국민을 향해 '새빨간 거짓말'이라며 지금도 BBK, 다스, 도곡땅, 뇌물수수, 대선부정선거 등을 부인하고 있다.

과연 손바닥으로 하늘이 가려질 것 인가.

2018년을 사는 사람들은 문득 1,900년의 역적 이완용을 대비한다. 시대에 간적(奸賊), 간웅(奸雄)으로 치부하고 있다. 총리대신 권좌를 이용해 일제에 나라를 팔아먹은 이완용과 대통령직을 이용해 갖은 이권과 비리를 저지른 이명박.

그에게 대통령직은 이권을 챙기기 위한 권좌에 불과했다. 국민과 민주주의는 안중에 없었다. 그렇기에 국민을 향해 그런 거짓말과 패악질을 함부로 할 수 있었다. 국가에서 시행하는 모든 것에 사익을 챙기기 위해 눈을 번뜩이고 주변 패거리들을 동원했다. 국무총리실, 국정원, 청와대를 아우르는 '영포그룹'을 위시해 이명박 친인척은 임기 내내 날뛰었다.

구속영장 내용에 아직 오르지도 않은 200조를 탕진한 4대강비리, 자원외교비리, 방위산업비리 등이 드러나면 지금까지의 범죄는 새 발의 피에 불과할 것이다.

관급토목공사 예산에 따라 남는 수익구조는 누구보다 잘 아는 그가 22조가 넘는 토목공사를 못 본 채 했을 것으로 믿는 바보는 없다. 그렇기에 토목공사를 들고 나왔다.

문제는 지금까지 구속 사유로 밝혀진 죄과만으로도 지극히 추악하고 무자비한 범죄라는 점이다. 그건 도적질과 사기꾼들이 저지른 범죄가 아닌 국민을 향한, 민주주의를 짓밟는 무자비한 패악이란 사실이다.

그리고 퇴임 후 안전을 보장받기 위해 더 악랄한 범죄를 저지른다. 자신을 보호할 대통령 만들기에 검찰, 경찰, 국세청 등 권력기관과 사이버 사령부와 기무사 등 군조직에 이어 공무원 조직까지 동원했다. 심지어 국정원 수사 예산인 특수활동비까지 뒷주머니에 챙겼다. 그리고 국민은 2012년

대선에서 부정선거로 대통령이 바뀌고 최순실·박근혜 국정농단까지 당해야 했다.

지난 9년. 민주주의는 짓밟히고, 국격은 떨어지고, 세상은 그들의 것이 되었다. 블랙리스트에 오른 사람들은 곳곳에서 난도질당하고 언론마저 맞장구로 일관했다. 이 또한 이명박 멘토 형님인 최시중이 시나리오대로 주도한 결과였다. 한국 대표적 기레기 종편을 허가하고, 뒤에서 '조중동'을 조종하고, 말 안 듣는 언론, 기자는 가차 없이 잘라내고 거리와 창고지기로 몰아냈다.

이명박의 패악정치 중 으뜸은 민주주의 말살과 언론 말살이다.

보는 대로 챙기는 형님들과 왕차관 등 수하들은 비행기로 아프리카, 중동, 캐나다 등 세계 오지를 돌며 자원외교랍시고 수십조 원을 말아먹었다. 원전 수주를 위해 전쟁에 자동으로 참전한다는 비밀각서는 기가 막힐 정도다. 뒷돈을 챙기기 위해서는 못할 일이 없는 철저한 기업가 정신이 다시 빛나는 대목이다.

수조 원을 가졌다는 그가 스님 돈 2억, 비례의원 공천 뇌물 4억까지 챙긴 정신이라면 자원외교, 원전수주, 4대강 프로젝트에서 얼마를 챙겼을지, 그 저수지는 스위스 어느 금고일지 궁금하기만 하다. 이른바 손에 묻은 콩가루가 어느 정도일지는 검찰이 밝혀야 할 몫이다.

열 살짜리도 알만한 '다스는 누구 것이냐'는 세상의 질문에 아직도 뻔뻔스런 이명박은 모른다고 발뺌이다. 화면에서 볼 때마다 이명박의 얼굴은 유난히 번질거리고, 혀는 뱀처럼 날름거린다. 어떤 프로그램에서는 날름거린 혀 숫자를 세기도 했다.

이명박의 수많은 패악질은 결국 대한민국의 수치이고 부끄러움으로 남는다. 이들을 환호하고 뽑아준 사람들, 9년 동안 용인하고 참아낸 국민들의 어리석음이기도 하다.

변호사비가 없다는 이명박. 수조 원을 가진 자의 패악질 곳곳을 들여다보면 기가 찰 정도다. 그럴 수가 있나 싶지만 의문에 답을 준 영화 '올 더머니'가 있다. 부자라고 돈을 펑펑 쓸 것 같지만 그건 서민들의 생각일 뿐이다. 가진 자의 정답은 쓰지 않았기에 부자가 된 것이다.

LA 근교 게티 미술관을 세운 폴 게티. 당시 세계 최대 부자였지만 마피아 아들이 손자를 납치돼 몸값을 요구하자, 고가 미술품을 펑펑 사면서도 손자의 몸값지불은 거부했다. 부자라고 돈을 펑펑 쓸 것이란 오산은 금물이다. 그래서 가진 놈이 더한다는 말이 있다. 결국 손자는 귀가 잘려나갔고, 합의금 3백만 불을 지불한 뒤에야 5개월 만에 겨우 풀려났다. 하지만 이후 정신장애와 약물중독 폐인이 되고 만다.

사족으로,

폴 게티는 어떻게 되었을까.

이후 가족들도 하나, 둘 비극적인 운명을 맞고 설립한 미술관 운영마저 사회기증으로 넘기고 만다. 후계자들이 엉망이다 보니 대가 끊겼고, 천세만세 부귀영화를 누리며 화수분처럼 끝도 없을 줄 알았던 재물도 당대에 사라졌다.

그래도 고마운 것은, 폴 게티가 유언으로 노블리스 오블리주에 입각해 '입장료 없는 게티 빌라와 게티 미술관'을 우리에게 남겼다는 것이다.

주차비가 좀 비싸긴 하지만….

2018년 4월, 〈彦〉

35
단언컨대,
불의와의 투쟁일 뿐이다

연일 탄핵 반대 투쟁 시위가 거세다.

아직은 촛불시위의 절반에 절반에도 못 미치지만, 불과 한 달 전 돌 밑에 숨어 눈치만 보던 친박 수구골통들이 무대 위에 올라 고함을 치고 있다. 고함을 치려면 처음부터 나설 일이지, 처음에는 박쥐처럼 숨조차 죽이고 안 보이더니 이제야 거짓과 변명으로 차벽을 친 후 하나 둘씩 나서고 있다.

김경재는 자유총연맹에서 10만 명을 동원해 관제데모를 하겠다고 하고, 김문수는 특검 편파수사와 탄핵반대, 박근혜 무죄를 외치고 있다.

이들이 누구인가. 한때 민주화운동에 진보 선두에서 활동하던 자들이 아닌가. 그들이 이제는 변신해 자신의 감투 지키기에 나선 것이다. 게다가 원로법조인 몇몇까지 가세해 일간지의 비싼 광고를 내고 탄핵반대를 주장했다.

단언컨대, 지금의 투쟁은 좌우이념이나 진보, 보수, 여, 야의 대립이 아니다. 지금도 그렇지만 역사적 평가에서도 잘못된 국정농단의 범법 행태로 규정될 것이 분명하다. 지금 촛불과 태극기 시위로 나뉜 대한민국은 고도의 속임수에 춤을 추고 있는 셈이다.

민주주의 국가에서 어떻게 불의에 대해 다른 해석과 주장이 있을 수 있는가. 적어도 정의를 지향하는 국가라면 부정과 불의에 대해서는 온 국민이 한 목소리를 내야 당연하다. 그건 대통령에게도 정당하게 적용되어야 하는 기본이며 법리이다.

하물며 조금의 틈새를 노려 숨어있던 미꾸라지들이 온 강물을 흐린다면 분명 대한민국은 잘못돼 가고 있는 것이다. 정치인, 언론인, 종교인 등이 나뉘어 불의를 호도하며 비호하고, 정의의 단죄를 비난하고 있다.

모든 범죄가 돈으로 귀결되듯이, 이들 국정농단 범죄자들도 돈을 노리고 한탕 치정극을 바탕으로 정치판에 개입했다. 여기에 공무원들은 권력에 맛을 들여 내시가 되어 아부하고 권력과 폭력을 휘둘렀다. 그리고 걸리는 대로 돈을 챙기고, 말랑말랑한 십상시들을 고용해 감투를 주었다.

천박한 박근혜, 최순실 일당과 십상시들은 갖은 추악한 범행을 저지르고도 국격과 국민들을 위해 돌아서는 뒷모습마저 추악하게 남기고 있다. 박근혜는 끝까지 민주주의를 더럽혔고, 국민들에게 절망과 좌절을 남겼다. 영하의 추운 날씨에 거리를 헤매는 사람들의 고충보다는 살아남기 위한, 감옥에 안 가기 위한 더러운 몸부림에 국민들은 치가 떨릴 뿐이다.

잘 알다시피 민주주의와 국민을 위해 닉슨은 더 버틸 수 있었지만 탄핵 전 사퇴했고, 엘 고어는 부시보다 더 많은 표를 얻고도 낙선한 후, 소송전을 할 수 있었지만 승복했다.

모두 민주주의와 국가, 국민을 염두에 둔 소신이었다.

그러나 우리는 그러하지 못하다. 왜 우리 역사서에는 선조가 국민을 속이고 한양에서 평양, 신의주로 왜군을 피해 도주를 했으며, 이승만처럼 국민을 속이고 한강다리를 건넌 후 폭파하는 지도자를 기록으로 남겨야 했는가.

우리에게도 민주주의의 표상이 되고 국민과 국가를 염려하는 지도자가 절대 필요하다. 자세히 들여다보면 악마이며 괴물인 지도자 뒤에는 악을 수호하는 맹렬 지지자들이 숨어있다. 그들이 국가와 국민을 절벽으로 몰아 불행과 파멸에 빠뜨리는 것이다.

많은 국민들은 선조와 이승만, 그리고 또 다른 괴물들을 자세히 알지 못한다. 역사의 냉혹함을 배제한 탓이다. 역사의 냉혹함을 안다면 괴물들의 행적은 조금 더 선에 가까울지 모른다.

이별에도 예의가 있어야 하며 내려갈 때를 아는 자의 뒷모습은 아름답다고 예찬한 시인의 말처럼, 조금의 염치와 수치를 안다면 이렇게 대한민국이 나아가서는 안 된다.

세치 혀로 친 순간의 장막으로 세상을 속일 수 있다고 여기는 자들은 악마가 맞다. 지금까지의 드러난 추악한 짓도 부족해 버티기에 변명, 거짓을 일삼는 자들은 악마, 바로 그 자체다. 역사가 그렇게 기록할 것이며 분명하게 후세들이 기억하게 될 것이다. 다음 후세들은 장희빈이나 연산군 드라마처럼 2017년을 희화戲畵해 즐길 것이 확실하다.

인류 잔혹사가 주는 교훈

히틀러는 1934년, 35살의 나이에 총통 및 수상이 된 후 5년 뒤인 1939년에 제2차 세계대전을 일으켰다. 히틀러 뒤에는 지지하는 열광적인 세력이 있었다. 결국 2차 세계대전은 히틀러가 아닌 일부 광적 지지자들 때문에 발발한 셈이다. 이력이나 집안, 재력 모든 것이 하잘 것 없는 혈혈단신 하사출신 히틀러가 20세기 최대 비극사를 만들어 낸 것은 그를 떠받친 지지자들 때문이다.

세관원의 아들로 태어나 부친을 일찍 여읜 것에 이어 18살에 어머니마저 죽었다. 실업학교, 미술학교를 전전했지만 재능을 인정받지 못하고 쫓겨났다. 그리고 1차 대전 당시 하사로 제대한 히틀러는 패배한 독일을 웅변으로 부추겼고, 그를 따르는 광적 지지자들이 모여 들면서 독재세력은 태동했다.

미술학교에서 쫓겨나지만 않았더라면 2차 대전이 없었을 거라는 사학자들의 우스개도 있긴 하지만, 히틀러 집단의 감춰진 이면에는 야욕과 거짓으로 삐뚤어진 악마가 있었을 뿐이다.

악마는 유태인 600만 학살과 전쟁으로 인한 5천만 명의 사망이라는 인류 최대 잔혹사를 만들어냈다.

46살의 히틀러는 애인 에바 브라운과 결혼식을 올린 다음날인 4월 30

일에 자살했다. 그 다음날, 베를린은 함락되었다.

또, 그 뒤에는 괴벨스가 한 몫을 해냈다. 나치독일의 공보장관. 나치의 상징인 하켄크로이츠와 독특한 제복, 거창한 행사와 웅변 등을 통해 대중을 최면상태로 몰고 가는 기술을 개발한 20세기 최고의 정치 연출가이며 언론매체와 대중연설을 통한 선동기술로 독일국민을 나치즘으로 몰아넣은 희대의 인물이다. 괴벨스의 수법은 값싼 라디오를 보급해 '괴벨스의 입'으로 불리는 프로그램들을 통해 실상을 왜곡하고 역사적 궤변으로 국민을 몰아갔다.

지금도 광고학과 정치학에서는 연구과제이기도 한 괴벨스는 인간의 속성을 파고들어 파멸시킨 악마로서 분명한 자리매김을 하고 있다.

히틀러보다 2살이 많은 괴벨스는 히틀러가 자살한 다음날, 아내와 6명의 자식들과 함께 자살했다. 역사에 그들의 자살이 남긴 것은 무엇인지 다음 주말에도 촛불과 태극기를 들고 거리에 나설 사람들은 생각해보길 바라는 마음이다.

2017년 2월, 〈彦〉

36
문재인의 아름다운 복수

자신의 잘못을 남의 탓으로 돌리는 것처럼 어리석은 것은 없다. 감옥에 간 자들은 모두가 억울하다고 한다. 공동묘지의 주검들도 반드시 이유가 있다고 한다. 억울함과 이유는 당연하기도 하지만 어떻게 받아들일 것인 지는 본인의 몫이다. 본인의 선택으로 삶과 평가가 달라질 뿐이다. 억울함 과 이유를 보복으로 한풀이 할 수도 있지만 복수는 복수를 낳을 뿐이다. 피가 피를 부르듯.

때문에 지적은 겸허히 받아들이고 반성해야 한다.

이명박은 자신의 수사가 끝으로 치닫자 문재인 정부가 노무현의 죽음에 대해 정치보복을 하고 있다고 성명서를 발표했다. 이에 문 대통령은 이미 죽은 사람을, 그것도 이명박 때문에 자살한 사람을 거론한 것에 분노했다 고 전해졌다.

그도 인간인 이상 절친의 억울한 죽음에 보복이나 한풀이를 할 수 있을 것이다. 특히 이미 '아름다운 복수'에 관한 발언이 회자되는 마당이니 더 욱 그렇다.

문재인의 아름다운 복수는 무엇인가.

한 측근은 전하기를, 아름다운 복수란 흔히 말하는 누구에 대한 앙갚 음이 아닌, 우리는 그들과 다르다는 것을 보여주는 것이라고 설명했다. 이 것이 노 대통령의 죽음을 극복하고 뛰어넘는 것이라고 덧붙였다.

측근의 전언이 아니더라도 지난해 12월, 문화계 블랙리스트 사건이 불거 졌을 때 문 대통령은 SNS에 올린 글에서 '대한민국에 다시 그런 일이 없도록 해야 한다. 가장 아름다운 복수는, 우리가 그들과 다르다는 것을 보여주는 것.'이라고 했다.

2016년 7월, 미셸 오바마는 민주당 전당대회 연설에서, "When they go low, we go high"를 외쳤다. 지금까지도 명연설로 남아 있는 미셸의 연설은 '그들이 저급하게 갈 때, 우리는 품위 있게 가자.'라는 의미로 트럼프를 비롯해 사회 전반의 저급한 상황을 지적한 것이다. 한마디로 쓰레기들이 바닥을 기더라도 우리는 높은 이상을 향해 나아가자는 슬로건이기도 하다.

'마틴 루터 킹 데이'를 맞아 올해 33회째 열린 킹 목사를 추모하는 '킹덤 데이 퍼레이드'가 'When they go low, we go high'라는 주제로 LA에서 진행됐다.

김대중 대통령 역시 한풀이에 대한 해석을 여러 차례 남겼다. DJ는 평소 '춘향이의 복수는 사또 변학도를 처단하는 게 아니라 연인 이몽룡을 만나는 것이 곧 한풀이'라고 말했다. 상대를 죽이는 게 아니라 내 꿈을 이루고 다른 방식을 보여주는 것이 곧 한풀이라는 것이다. 독재 권력을 걷어내고 민주주의를 이루는 것이 바로 한풀이라고 설명했다.

DJ는 권력에 의해 소외되었던 호남의 한을 비롯해 여러 죽을 고비와 감옥생활까지 보복과 박해 속에서 평생을 살았다. 독재 권력자들은 그를 위험인물로 내몰았다. 마침내 그가 정권을 잡았을 때 누구보다 한풀이를 할 인물로 여겼지만, 오히려 '춘향이의 한풀이' 연설로 신원(伸寃) 정치에 대한 반대 입장을 표명했다. 그리고 끝까지 손에 피 한방울 묻히지 않았기에 위대한 화해의 정신에 대해 노벨평화상 수상이 주어졌다.

너와는 확실히 다른 모습으로 스스로 고개 숙이고 잘못을 인정하게 하는 게 진정한 승리임을 확인시켜 주었다.

인간의 이상과 꿈은 이래야 한다. 이전투구를 벌이지 않아야 하지만, 인생사는 진흙탕에서 벗어나지 못할 때도 많다. 허나 진흙탕에서도 빛나는 정신을 갖출 때 참인간은 빛날 수밖에 없다. 우리는 참인간을 시대의 표상으로 삼는다. 대거리하기보다는 스스로 인정하고 고개를 숙이게 하는 큰 인간이 그리운 세상이다.

결국 독재나 악과 싸운다는 명분을 지키려면 그들처럼 공격하고 처벌해서는 안 된다. 자기와 다른 자를 종북이나 빨갱이로 몰아 공격하는 자들은 공산주의자들보다 더 악랄한 자이다. 그들은 단지 북한을 야욕을 채우려는 수단으로 이용하고 있을 뿐이다.

가해자들은 스스로를 선량하고 정당하며 평범하다고 가장하는 경향이 있어 치유가 쉽지 않다. 그들은 남이 죽을 만큼 공격하면서 정의라고 주장하고 "네가 내편이 아니어서 그런 대접 받는 것"이라고 설명한다.

이명박의 구속이 다가오고 있다. 이명박 일가가 10억 원에 이르는 국정원 특활비를 받아 쓴 정황이 드러났다. 자신을 비롯해 김윤옥 명품구매 비용 1억, 형인 이상은 1억, 김백준 총무기획관 4억, 김진모 비서관 5천만 원 등이 밝혀졌다.

또, 최경환(구속) 1억 이외에도, 원세훈(구속) 역시 특활비 40억 원을 부인이 강남에서 사교모임을 할 공간의 리모델링 공사나(10억), 국정원장 퇴임 후 머물 스탠퍼드대에 기부하거나(21억), 자녀 아파트 구입자금(10억) 등으로 사용하는 등 눈덩이처럼 불어나고 있다. 불법 민간인 사찰을 폭로한 장진수 주무관을 매수할 자금 역시 청와대 지시에 따라 국정원 특활비에서 지불되었다.

대공 테러 수사에 쓰여야 할 특활비가 한마디로 보는 놈이 임자, 먼저 챙긴 놈이 임자인 셈이 되었다.

낡은 것들이 사라져야 원하는 새 날이 온다. 새로운 날이 오려면 적폐청산이 먼저 끝나야 한다. 사라진 빛을 찾기 위해 어둠을 몰아내야 한다. 안 보인다고 해와 달이 없는 것이 아니다. 어둠이 걷히고 구름이 사라지면 가장 밝게 드러난다.

'지옥으로 가는 길은 선의(善意)로 포장돼 있다.'

유럽의 속담이다.

2018년 1월, 〈彦〉

37
귀족검사, 거지검사
〈그들만의 왕국〉

박근혜 정권의 최대권력 행세를 한 우병우를 생각하면, 먼저 여기자를 째려보던 레이저 눈빛 광선을 떠올리게 될 것이다. 이후에도 청문회장 등 몇 차례 레이저 광선은 발사됐지만 그 눈빛은 상대를 가소롭다는 의미였기에 논란이 되었다.

그 레이저는 따지고 보면 소년등과로 인한 권력에 취한 태도로 볼 수 있다. 머리 좋고 공부 잘해 고시 합격해서 달라진 위상은 '영감님'이란 호칭에서부터다. 대접을 받기만 하다 보니 어느덧 권력에 취해 주는 건 모르고 배려도 모른다. 그저 안하무인으로 방자한 태도는 정치적, 사회적 태동에서 기인한다. 세계에 유례가 없다는 '기소독점주의', 수사권과 기소권을 휘두르며 무소불위의 칼을 휘두른 결과다. 그들은, 아래는 그저 밟는 것이고 오직 출세를 위해 위만 바라보고 산다.

그렇다고 검사들의 삶이 평탄한 것만은 아니다. 그들의 왕국 내에도 서열과 등급이 엄연히 존재한다. 서열과 등급은 그들 자신이 만든 규율이다. 그들은 먼저 귀족검사와 거지검사로 분류한다.

흙수저가 머리와 공부만으로 개천을 통과하더라도 용이 되기 위해서는 〈등용문〉 통과해야 할 문들이 있다는 의미다. 검사라고 다 같은 검사가 아니다. 귀족검사도 등급이 나뉘는데, 신라 골품제도를 도입해 성골은 적어도 검사장급 이상이나 장관급 자제일 것. 진골은 서울대 법대에 고교도 일류고 출신에 고향까지 가려 적용한다. 신분 등급에 고등학교까지 따져 구분한 것이다. 서울의 3~4개 고교와 각 도별 최우수 고교를 선별했다. 연대, 고대, 지방대는 차순위 등급이지만, 그 벽을 뛰어 넘기란 거의 불가능하다. 달라진 요즘 세상에서도 현 검사장 43명 중 지방대 출신이 2명뿐인 것이 바로 그 반증이다.

그들끼리 대안도 있다. 이른바 '불알장사'다. 연수원 시절 마담뚜를 통해 귀족가문의 처가를 얻어 귀족에 편입하는 방법이다. 재벌급이나 장관의 사위가 된다면 진골에 진입할 수 있다.

노태우 시절에는 '광어검사'가 법조계를 흔들었다. 지들끼리 붙인 호칭이지만, 경북고 출신들이 등극하면서 붙인 '갑중의 갑'이라는 의미였다. 당시 실세였던 노태우, 박철언이 경북고 출신이어서 이 줄을 탄 검사들이 요직을 독차지한 탓에 생긴 말이었다.

그런 왕국에서 그들이 한 일은 무엇일까.

작금의 법조 사태를 보며 대한민국의 부패가 그들로부터 비롯되었다는데 이의를 제기하는 사람은 없을 것이다. 검사와 판사들의 성추행도 연일 폭로되고 있다. 서지현 검사 성추행에 이어 임은정 검사의 성폭력 사건 폭로가 세상을 뒤흔들고 있다. 검사 신분에 10년, 8년을 침묵하고 또 다른 멸시와 눈총을 받아가며 견뎌야 할 만큼 왕국의 장벽은 높았다.

10년 전 당한 성추행이 뒤늦게 불거지고, 강원랜드 수사의 외압 폭로가 보여주듯 엄청난 비리가 그 뿐만은 아닐 것이다. 단지 달라진 세상을 믿고 뒤늦게 용기를 내 양심 선언한 것에 불과하다. 어쩌면 이제부터 시작일지 모른다. 숨겨진 수사 외압, 그리고 반대로 청부수사도 엄청날 것이지만 수면 밑에 존재할 뿐이다. 수면 밑에서는 왕가의 보도(寶刀)인 전관예우와 합법적 브로커인 변호사가 그 역할을 담당한다.

18년 전, 공주시장이 서울에서 구속되었다. 눈길을 끄는 대목은 왜 공주지청이 아닌 서울에서 수사하고 구속되었는지이다. 시장과 지청장은 지역 기관장으로 정기적 회합과 술자리가 잦다. 그 때문이라고 치부하기엔 간극이 있지만 지역 부패를 감시할 검사가 시장과 회식하는 동안 시장이 서울에서 비리로 구속되었다. 사실만으로 책임은 무겁다. 당시 지청장은 강경필이었다. 지금은 한나라당 지역구 후보로 활동 중이다.

특히, 지방에서 검사들의 방자함은 극에 달한다. '범방' 등 지역토호들을 내세운 위원회 활동을 통해 유지들과 안면을 트는 것으로 거지검사 행태는 본격적으로 시작된다. 각 지역이 비슷하지만 과거 의정부, 대전에 이어 진주지청의 실태는 막장 검사의 바닥을 보여준다.

8년 전, 참여연대는 진주지청을 거쳐 간 검사 57명을 고발했다. 무려 25년간 지역 건축업자에게 수십억 대의 빨대짓을 한 거지검사들은 지역의 눈을 피해 부산 룸싸롱까지 전전하며 성 접대를 받았다. 언론은 '똥파리', '스폰서 검사'로 불렀고 세상은 경천동지했지만 검찰은 곧 잠잠해졌고 모두 무사했다.

비리의 핵심인 김기준 부산지검장은 당시 개망신을 당했으나 지금은 한나라당 국회의원 후보로 건재하다. 왜 한결같이 이 같은 거지검사들이 가는 길은 검사 다음에 정치인의 길이고, 한나라당에서 공천을 받고 국회의원 후보로 나서는 것일까.

적어도 검사동일체, 상명하복, 검사서열이 엄격한 검찰에서 이런 사건이 터진 예는 드물지만 이젠 시대가 달라졌다. 현직 검사가 상사의 수사 외압을 폭로하고 나선 것이다. 강원랜드 채용비리를 수사하던 안미현 검사에게 최종원 지검장이 수사종결을 지시하고 증거를 삭제하라고 명령했다는 폭로다. 가히 핵폭탄급이다. 또 관련된 권성동(한국당, 국회법사위원장)과 염동열(한국당) 의원의 증거 자체를 삭제해달라고 주문했다는 것이다. 검찰총장, 고검장, 지검장 등이 연루된 게이트급 비리가 아닐 수 없다.

반박도 거세다. 서울 발령을 못 받은 불만이며 수사 중에 갑자기 검사가 교체된 것도 경험이 더 풍부한 검사로 교체된 것뿐이라는 주장이다. 이른바 물타기 수법이다.

영화 「더 킹」은 그런 검사들의 왕국을 회화한 영화다. 현실감 때문인지 대박을 친 「더 킹」은 흙수저 검사가 진골검사가 되기 위해 안간힘을 쓰다 몰락하는 내용이다. 그들이 하는 말로 '검사가 다 같은 검사인줄 아느냐.'의 의미는 검사 내의 신분을 묻는 말이다. 귀족검사들은 거지검사들을 거들떠도 안 본다. 귀족은 귀족끼리 논다는 식이다. 통제되지 않은 권력은 썩을 수밖에 없다. 곳곳에서 봇물 터지듯 비리가 쏟아지고 있다.

검찰의 부패는 폭탄주에서 시작되었다는 말이 있다. 폭탄주는 예부터 주로 룸싸롱에서 마셨다. 요즘은 점심에도 낮술로 폭탄주 서너 잔은 기본이라는 검찰 문화를 이제는 바꿔야 하지 않을까. 따지고 보면 서 검사나 임 검사의 성폭력 사건은 회식 뒷자리에서 비롯됐다. 앞에 예를 든 강경필도 술자리에서 가수 조영남과 시비가 붙어 사회면에 보도된 적 있다. 술집에서 20년이나 윗사람 이름을 함부로 불러 일행과 시비가 붙은 것인데, 여지없이 검사 행패를 부려 논란이 되었다. 또 당시에는 야간유흥업소 심야 영업제한이 있었는데 지방에서는 주로 무소불위 권한을 행사하며 셔터를 내리고 심야에 술을 마시다 단속에 걸려 말썽이 되기도 했다.

우병우 귀족검사의 레이저 눈총, 청문회장에서의 '기억나지 않는다.'는 안태근 검찰국장의 답변, 그리고 거짓말 뒤에 추악한 행각이 결국 드러나면 일단 도주하는 등 검사들의 모습도 공교롭다. 현재 안태근은 잠적 중이다. 한때 우병우도 몇 달 동안 종적을 감춰 국민들의 현상수배를 받은 바 있다.

윤석열 중앙지검장 발탁이후 검찰 내부에서 지들끼리의 투쟁도 한창이다. 조직을 우선하고 명령하복만을 출세를 위한 발판으로 삼던 검찰이 자중지란에 빠졌다. 일부에서는 공수처가 답이라고 하지만, 모두 사람이 하는 일이라면 제도보다는 사람이 먼저 달라져야 하지 않을까.

용기 있는 세상을 기다린다.

2018년 2월, 〈彦〉

38
섭정攝政의 고찰

섭정이란 군주가 직접 통치할 수 없을 때 대신하여 통치하는 것을 말한다. 바꾸어 말하면 집행자가 대리 권한을 행사하도록 하는 것을 말할 수 있겠다.

역사속의 섭정은 비극사의 기록이다. 모범적 섭정이 없었던 것은 아니지만 부자, 형제도 나눌 수 없는 것이 권력이기에 전부 아니면 죽음이 있을 뿐이었다.

조선시대 가장 안타까운 섭정을 꼽으라면, 서슴없이 순조의 정순왕후를 첫손에 꼽겠다. 공교롭게도 단종의 비 정순왕후도 세조의 섭정으로 비극을 맞은 것은 동명의 우연일 뿐이다.

순조는 정조대왕의 두 번째 아들로, 1800년 23대 왕으로 즉위했다. 즉위 당시 10살이었으므로 궁궐 내 가장 어른인 영조의 비 정순왕후가 수렴청정을 시작했다.

조선의 르네상스로 불리는 영조, 정조 대왕 시대. 문화와 정치, 경제를 부흥시켰으나 결국 조선은 1800년부터 급격히 쇠락한다. 친정 쪽 안동김씨의 세도정치가 나라를 좀먹고, 천주교와 민란을 이유로 학살까지 자행된다.

결국 100년 뒤 조선은 막을 내린다. 역사의 교훈은 얼마나 엄중한가. 가장 화려하게 부활한 조선이 정점에서 망국으로의 내리막을 걷기 시작했다니 말이다. 현군 정조도 죽으면서 어린 세자 걱정에 세도정치의 힘을 바랐다. 세자의 안위 걱정에 안동김씨의 아가리에 나라를 넘긴 꼴이 되고 말았다. 더 따져보면 정조가 견제를 한답시고 정순왕후를 궁궐 뒷방에 처박아 둔 것이 패착이었다. 조선을 위해서는 척결했어야 마땅했다.

이후 이어진 섭정은 고종의 부친 홍선대원군이다.

섭정에는 언제나 비극이 뒤따랐지만 꼭 그런 것만은 아니다. 반대의 섭정도 있다. 세종대왕이 집권 말기 병마에 시달릴 때, 세자(문종)가 세종을 대신해 8년 동안 섭정했다. 세종의 업적에 문종도 벽돌 몇 장쯤은 보탠 것으로 역사는 평가하고 있다. 그러나 즉위 2년 만에 문종도 종기 때문에 세상을 떠난다. 그리고 단종의 애사는 이어진 세조의 섭정 때문이다. 조선의 현군 정조와 세종이 섭정의 비극을 겪은 것은 역사의 아이러니가 아닐 수 없다.

세계사 속에서는 콘스탄티누스 6세를 비롯해 오를레앙 공, 서태후, 여태후 등 섭정의 기록은 수도 없이 많다.

현대사에 추악한 섭정이라면 크렘린의 흉계를 꼽아야 한다. 푸틴은 규정 때문에 연임이 불가능해지자 일단 총리로 내려오고 직속 수하인 메드베네프 총리를 대통령으로 밀어 당선시킨다. 그리고 4년 후, 다시 푸틴이 연임 규정을 풀고 직접 대통령이 된다. 그리고 메드베데프는 다시 수하인 총리직을 맡고 있다. 누가 봐도 짜고 친 고스톱이고 국민 기만행위가 분명하다.

세계의 조롱에도 불구하고 러시아는 아직도 철면피 정치를 하고 있다.

우리 근대사 섭정이라고 한다면 일제강점기의 섭정을 들 수 있다. 그리고 우리 현대사 섭정의 백미는 누가 뭐래도 전두환의 일해재단이다. 1983년 아웅산 폭파사건 이후, 국민성금과 기업에서 뜯어낸 돈을 모아 일해재단을 설립하고 영빈관(아방궁)을 건립했다. 헌법상 단임제임에도 국가원로자문회의를 설립해 섭정을 준비하고 상왕 행세를 하려다가 비난이 거세지자 폐쇄했다.

허울 좋은 일해재단이며 듣기 좋은 국가원로자문회의인 셈이다. 국가원로자문회의에서 노태우 대통령을 제치고 국정을 운영한다는 계획이었다. 물론 하잘 것 없는 국사는 노태우에 던져주고 중대사만 결정한다는 것인데, 숫제 영양가 있는 것은 다 챙기겠다는 구도였다. 권력은 당연 전두환에 쏠릴 것이었다. 결국 유례없는 일해재단은 단 한번 문을 연 뒤 판은 뒤집어지고, 전두환은 아방궁 대신 감방으로 갔다(1988년). 불과 30년 전 역사의 한 대목이다.

지금 LA에서도 유례없는 섭정 한인회가 태동해 논란이 되고 있다. 망둥이가 뛰니 꼴뚜기도 꼴값을 한다던가. 세상의 눈과 역사의 준엄함을 뒤로 하고 파렴치한 수작을 벌이고 있다. 그게 무슨 권력이고 감투라고 한인회장 자리를 탐내 벌이는 이전투구 추태이다. 추악한 회장은 완장을 위해 그렇다 치고, 그 옆에서 공범 역할을 하고 박수치며 인간거수기 역할을 하는 자들은 누구인가.

한인회의 역사나 이민역사에 영구히 기록된다는 사실을 잊었단 말인가. 두렵지 않단 말인가.

누가 그들에게 그런 권한을 주었는가.

50년이 넘은 한인대표 기구인 한인회를 서너 사람이 주물럭거리고, 그 추악한 작태를 지켜봐야 하는 지경은 무엇 때문인가.

10년째 한인회장이 선거 없이 서너 명의 뒷거래로 뽑히고 있다. 알 만한 사람은 다 아는 짜고 치는 고스톱 판. 그러나 말리는 사람도, 지적하는 사람도 없다. 오히려 콩고물 줍기에 여념이 없고 모여서 사진 찍기에 바쁘다. 특히 신문 방송사 높은 사람들이 더욱 그렇다.

33대 한인회는 출발부터 바지회장, 섭정, 5인 원로위원회, 상왕 등 온갖 추악한 소문이 나돌았다. 최근에는 10만 불 선거자금 수표를 둘러싼 루머가 퍼져나가고 있다. 자금출처와 캐시어스체크 발행에 관한 루머 또한 당사자들이 규명해야 할 것으로 보인다.

제임스 안은 새 이사진에 참여하려면 현재 자신과 관련된 재판과 루머를 소명해야 한다. 또 LA 한인회 신·구 회장 섭정, 상왕 5인위원회 등의 추악한 판을 당장 걷어치워야 한다. 어떤 이유로도 백만 LA 한인들을 수치스럽게 해서는 안 된다.

연 35만 불의 부족한 예산 타령보다는 봉사를 위한 비영리단체로써 걸맞은 운영진을 구성해 비용 지출을 줄이도록 새판을 짜야 한다. 쓴소리, 싫은 소리도 겸허히 소화하고 바위와 모래를 안을 수 있을 때 태산이 되듯 진정한 한인을 위한 한인회로 자리매김 할 수 있을 것이다.

부디 정정당당하고 올바른 한인회, 한인의 신뢰와 지지를 받는 한인회로 거듭나기를 부디 기원한다. 신동엽의 시처럼….

껍데기는 가라

한라에서 백두까지

향그러운 흙가슴만 남고

2016년 7월, 〈彦〉

39
유산이 이 정도는 돼야지!

로이 랭보드(Lanbord)는 2003년 집안의 오래된 금고에서 종이에 싸인 금화 10개를 우연히 발견한다.

한 쪽엔 자유의 여신상이, 다른 쪽엔 독수리가 그려진 이 주화는 1933년에 만들어진 액면가 20달러짜리 금화였다.

여기저기 알아본 결과 대단한 가치의 동전인 것을 안 랭보드는 미 조폐창의 수석자문관인 대니얼 세이버에게 가져가 감정을 의뢰하면서 금화를 경매해 수익금을 정부와 나눠 갖겠다는 뜻을 밝혔다.

그러나 미 조폐청은 "보석상이었던 랭보드의 할아버지가 1930년대 금화를 훔쳐간 것이며, 금화는 본래 연방정부 소유"라며 압수해 버렸다.

사실 이 금화는 1933년에 50만개 가까이 주조됐으나, 프랭클린 루스벨트 대통령 (1933~1945년 재임)이 대공황 탈출을 위해 금본위제를 폐기하면서 전량 폐기를 지시해 2개만이 스미스소니언 박물관에 기증되고 나머지는 녹여졌던 것이다. 그러나 각종 경로를 통해 유출된 금화가 간헐적으로 경매에 나와, 2002년 경매에서는 760만 달러에 팔리기도 했다.

결국 랭보드 측 변호사 배리 버크는 이 금화가 합법적으로 조폐창의 손을 떠났을 가능성이 여러 가지 있으며, 할아버지인 스위트가 조폐창 필라델피아 사무소와 정당한 거래를 했을 가능성도 있다고 주장했다.

긴 소송 끝에 데이비스 판사는 이 금화가 연방정부 소유물로서 도난당한 것이라는 주장을 정부가 입증해야 한다면서 정부의 압수는 불법이라고 판결했다. 재판 5년만의 판결이었다.

760만 달러짜리 동전 10개. 7600만 불. 거의 1천억 원에 가까운 유산인 셈이다.

후손에게 물려줄 할아버지의 생각은 과연 무엇이었을까.

지금까지 보석상이었던 할아버지 이즈라엘 스위트 씨의 유품으로만 알려진 이 동전들은 유통경위는 밝혀지지 않은 상태라고 한다.

스위트 씨는 정부에서 폐기한 동전을 어떤 경로로 빼돌렸으며, 왜 후손에게 그런 방식으로 물려주었을까? 어쩌면 할아버지 자신도 생전에 그런 행운을 그리다가 후손에게 자신이 원하던 방식으로 행운을 전달할 의도는 아니었을까.

할아버지 숨겨진 유산이 이 정도는 돼야지.

그런데 할아버지 얼굴도 모르는 사람은 어떻게 하나?

파리 북서부 노르망디 해변의 작은 항구도시 디에프(Dieppe).

이곳에서 시각 장애 할머니가 86세의 나이로 세상을 떠났다.

나이 든 할머니가 돌아가셨다는, 흔히 있는 일일 뿐이다.

그러나 이 도시에서 시내버스 운전을 하는 2백 명은 각각 270만 원씩을 받는다는 유언장을 전달받는다.

할머니의 유산은 총 28만 유로(5억 원 정도)였는데, 죽기 전에 할머니는 평소에 고마웠던 사람들을 기억해내고 그들에게 어떤 방법으로 고마움을 표해야 할 지 많은 고민을 했다는 것이다.

평생 동안 시각 장애인으로 살면서 크고 작은 주위 도움을 받아왔던 할머니. 또 도움을 주었던 도시의 많은 아름다운 사람들.

한 버스기사는 할머니가 생전에 "사랑하는 기사님, 내가 세상에서 사라지면 당신에게 깜짝 놀랄 일이 생길 거예요."라고 말했다고 전하기도 했다.

평생 독신이었던 잔 브로망(Vromant) 할머니.

그녀는 기억나는 운전기사들을 한 사람 한 사람, 일일이 유서에 기록했다.

"정거장을 무시하고 나만 보면 길가에 버스를 세우고 태워준 인도인 운전기사. 늘 나를 부축해 차에서 내려주던 청년 기사…"

할머니는 버스기사 외에도 간병을 위해 고생한 간호사와 자신이 가면 늘 뒷사람에게 양해를 구하고 제일 먼저 민원을 처리해주던 시청 공무원도 상속인으로 지정했다.

심지어는 50년 전 사소한 일을 도와준 이웃을 지명하기도 해 유산을 나누어 주도록 했다는 것이다.

생각지도 않은 횡재를 하게 된 주민들은 그 후 어떻게 됐을까?

아마도 그 이후 오랫동안 동네 분위기는 친절 모드에 서로 돕는 이웃들, 뭐 그런 확실한 동네가 되지 않았을까?

한 할머니의 보은이 분명 사회를 바꾸는데 바람을 불러일으키고도 남았으리라 생각한다. 그리고 우리는 그것들을 기억하고 역사로 기록하고 있지 않은가?

참 생각만으로도 흐뭇해지는 미담이 아닐 수 없다.

모름지기 돈은 그렇게 써야 하지 않을까.

2015년 5월, 〈彦〉

40
기차는 몇 시에 떠나는가

2017년 해야 할 일이란….

'빨리 주는 게 두 번 주는 것보다 낫다.'는 말이 있다. 줄 것이나 해주어야 할 것이 있다면 빨리 해결해야 한다는 의미다.

늦을수록 처리기간이나 물량이 수학적 계산을 넘어서는 논리이기 때문이다. 새해가 되어서도 우리에겐 해결할 문제가 산적해 있다. 천만 명이 추운 길거리에서 촛불시위를 하고 있지만 아직 아무것도 해결되지 않았다. 당사자인 피의자 박근혜는 기자간담회라는 미명 하에 헛된 소리만 비루하게 주절거리고 기자들 질문에 답하지 않고 도망치듯 자리를 떠났다.

국민을 벼랑 끝에 내몰고 겨우내 피로하게 만들더니 결국엔 절망 속으로 빠뜨리고 있다. 이런 국가를 가진 국민들은, 이런 대통령을 가진 국민들은 슬프다.

춥다. 기댈 곳이 없는 국민이란 변방을 떠도는 유랑민 신세다.

요즘은 진보가 득세하는 세상으로 변했다. 박근혜 탓이다. 그렇더라도 진보만 옳은 것은 분명 아니다. 지금의 촛불시위는 좌우나 진보, 보수의 다툼이 아니다. 불의와 정의, 도적과 불법의 투쟁인 것이다. 보수도 살펴보면 전통이나 바른 이론도 있다.

문제는 국민이다. 국민은 싸가지 없는 그 어떤 것도 편들 생각이 없을 것이 분명하다.

벼랑에 서 있는 국민들을 위한 마지막 기회마저 오욕으로 팽개치고 있다. 헌재, 국회, 검찰 출석마저 거부한 채 어둠속에서 변명과 궤변으로 법을 농락하고 국민을 무시하고 있다.

한국은 탄핵정국에 혁명적 위기 상황이 분명하다. 최순실과 정유라의 뉴스가 오늘도 덴마크와 독일 등 유럽과 세계 곳곳에서 보도되면서 해외 동포들의 얼굴을 뜨겁게 하고 있다.

촛불시위 현장에서 고함치는 '이게 국가냐!', '이게 대통령이냐!' 소리를 세계 190개 국가들에 흩어져 살고 있는 동포들도 외치고 있다.

무능하고 수준 이하의 대통령, 그녀를 대통령에 올려놓고 이익을 누린 집단, 호가호위한 세력들이 척결되어야 할 시점이다. 그것도 빠르게. 부역자들이 척결되어야 할 때가 되었는데도 시간을 끄는 것은 국민들에게 명예혁명이 아닌 유혈혁명을 요구하는 것이 된다. 퇴행이 지속되면 극단적인 쿠데타나 전쟁 상황으로 돌변할 수도 있다.

어쩌면 더 격렬한 저항을 기다릴지도, 그렇더라도 아랑곳하지 않을지도 모른다. 그게 기득권 보수다. 이미 광장에서의 흥분만으로, 숫자만으로 변하지 않는 세상으로 변했다는 증거다.

거리로 쏟아져 나온 국민의 분노만으로 바꿀 수 있는 것은 한계가 있다.

이전에 현명한 국민들의 선택과 제도마련이 있어야 했지만 늦었다. 빠른 해결이 중요한 대목이다.

기득권 보수 세력은 김구 세력을 무너뜨리고 이승만을 올렸고, 이후 박정희, 전두환으로 이어졌다. 유신독재, 군사독재가 지나갔으나 견고한 보수 세력은 철옹성 속에 숨어 콘크리트 지지층을 유지해왔다. 그 지지층에 빌붙어, 끝내 무능한 박근혜가 권좌에 오를 수 있었다.

세대가 변해도 굳건한 지지층 때문에 이제 대한민국은 붕괴직전에 놓였다. 천만 시위 한편에서는 쿠데타 촉구 플레카드를 든 보수집회도 있었다.

쿠데타라니. 2017년에 그런 단어가 거리를 휩쓸고 있다.

분노해도 어쩔 수 없는 제도와 세력 속에 시간을 끌고 있다. 그리고 아메바의 진화처럼 적당히 변신하고 결합해 또 다른 모습의 보수로 위장해 나타날 것이 분명하다. 이미 드러난 그림자는 개헌이다. 개헌을 빌미로 진화할 준비를 하고 있다.

2017년에는 그 누구도 정권이 바뀔 것을 의심하지 않는다. 보수도 수긍하고 적절한 진화를 준비하고 있다. 천만 명이 거리에서 분노해도 그들은 준비하고 있다.

한국 민주주의는 그렇게 진화해 버린 것이다. 이미 고치기엔 늦어버린 기차는 그만큼의 부실을 안고 달리고 있다. 필요한 것은 국정농단 뒤에 숨어 이익만을 챙긴 세력과 야합한 재벌, 방치한 정권, 출세를 위해 눈감은 법조와 관료들, 그리고 양아치 졸개들의 척결이다.

하지만 쉽지 않은 문제다. 늦은 만큼 그들은 진화했고 철옹성은 더욱 단단해졌다.

김기춘, 우병우가 저지른 낯 두꺼운 짓은 청문회장에서도 분명하게 그것을 반증한다. 많이 배운 도적들은 더 큰 도적질을 할뿐이다. 대한민국을 망친 것은 서울대요, 그중에서 조사수위 1위 김기춘, 2위 우병우, 3위 조윤선, 김진태 등등이 올랐다.

반대 세력 제압을 위해 어버이연합을 출동시키고, 블랙리스트를 만들어 고립과 차단을 주도 하고, 해외인사들까지 리스트를 만들어 사찰하는 더러운 정권이 되었다. 모두 도적들이 더 많은 것들을 쉽게 훔치기 위해 저지른 짓이다. 편하게, 멋대로 훔치기 위해 걸림돌들을 제거하려 한 것이다. 검찰이 돕고 언론은 모른 체했으며 관료들은 쪼개 나누어 먹었다.

고위공직자 재산을 보라. 그들이 20년, 30년 동안 받은 월급을 한 푼도 안 쓰고 예금한다 하더라도 그렇게까지 재산이 불어날 수 없다. 흙수저 출신에 관료로 30년을 지낸 공직자라면 5억, 10억도 모으기 어렵다. 하루하루 생활하고 자식 교육에 결혼, 집장만 하려면 모인 돈이 없어야 맞다.

현실은 수십억, 수백억 재산을 가진 부자로 둔갑해 있다. 모두 로또라도 당선된 것인가.

미국처럼 자금출처를 밝히지 못한다면 과세 대상이고, 몰수대상의 불법재산 혹은 자금 세탁된 장물일 뿐이다. 부역자들이 나눈 장물이 분명하다. 일반인은 집 한 채, 수억 모으기도 힘든데 이들은 어떤 노하우로 부자가 되었단 말인가.

국정농단에서 드러난 것처럼, 이들의 돈은 재벌로부터 나왔다. 껌 값 정도는 서민에게도 삥 뜯었지만, 큰돈은 기업에서 나왔다. 그리고 기업은 삥 뜯긴 돈의 열 배, 백 배를 서민들에게서 뜯어갔다. 서민들에게 돌아갈 몫을 뜯어간 것이다. 알게 모르게.

삼성이 국민연금에서 5천억을 뜯어 최순실에게 3백억을 나누어 주었다. 이런 식의 간단한 흐름이 최순실 게이트다. 이영복 엘시티 특혜로 몇 조를 벌어 현기환 정무수석과 국회의원 배덕광, 부산시장, 관료들에게 몇 십억 껌 값을 뿌렸다.

박근혜조차 재벌총수들을 만나 직접 이권을 청탁하고 압력을 행사하고도 수치심을 모른다. 수십 년을 그렇게 살아온 탓인지, 박정희가 그렇게 한 것을 보고 배운 탓인지, 정신병적 문제로 수치와 염치를 알지 못하는 것인지 의문이다. 하긴 친척인 김종필조차 '팔푼이', '머저리'라 칭하지 않았던가.

분노하는 국민 천만 명이 가두시위를 해도 어쩔 수 없는 대한민국, 절망의 나라가 분명하다.

다만 더 늦지 않기를 바랄뿐이다. 늦으면 두 배의 고통에도 이루기 힘들다. 눈 부릅뜬 시민혁명이 필요한 시점이다.

기차는 정시에 출발해야 한다. 기다리는 사람을 위해.

2017년 1월, 〈彦〉

41
젊은 날의 기억 '미루나무 황톳길'

유신독재가 절정인, 뿌연 최루탄 연기만큼이나 앞날이 보이지 않던 젊은 시절이야기다.

어느 날, 사법시험이 올해는 실시되지 않는다는 소식과 군 입대영장이 같은 시기에 날아왔다. 절망의 시대를 벗어나기 위해서, 나를 떠나보내기 위해서, 군대를 선택해야했다.

논산행 입영열차에 몸을 실었다. 공교롭게도 1975년 무렵의 회상이다. 배웅 나온 가족을 뒤로하고 열차에 오르자마자 살벌한 교관들의 군화소리와 악다구니는 지금도 귀에 울리는 듯하다. 한밤중에 도착해 논산신병훈련소까지 줄맞춰 입소한 후 막사에서 보낸 첫 밤과 다음 날, 그리고 이어진 날들의 긴장과 행적들은 여전히 생생하다.

그러나 신병교육은 계속될 수 없었다. 입소 후 치른 신검에서 결핵판정을 받았기 때문이다. 검정 X-레이 필름을 들고 귀향조치를 당했다. 산사에서 법전과 싸우며 부실한 식사 탓이었는지 뜻하지 않는 병을 얻은 것이다. 동기 장병들을 뒤로 하고 훈련소를 빠져 나와 혼자 터덜터덜 걸어 논산 직행버스 터미널로 갔다. 달리는 버스 차창에는 황톳길에 미루나무가 나타났다가 뒤로 사라졌다. 들녘도 온통 황토색 먼지로 덮여 있었고 버스 뒤로는 더욱 황토 먼지가 자욱했다. 황톳길의 먼지처럼 암담했던 젊은 날의 기억은 지금도 아스라하다. 논산 황톳길의 드문드문 나타났다가 사라졌던 미루나무처럼 그런 회상들이 떠오르곤 한다.

유신정국의 불투명한 미래, 거기에 병마까지 얻어 귀향하는 버스에서의 젊은 날의 상념은 깊고 우울했다. 그 우울은 어디까지 머물렀을까.

먼지 자욱한 황톳길의 미루나무. 황량한 논산훈련소.

이완구 총리 청문회장에서 그 젊은 날의 한 자락이 되살아났다. 사람에 따라 기억력에 차이는 있겠지만, 젊은 날에 군대문제란 최대의 이슈다. 그보다 큰 두려움과 관심사는 없다. 그러기에 군대문제를 기억 하지 못하는 사람은 거의 없을 것이다. 한국 남자들이 가장 많이 하는 이야기가 군대 이야기인 까닭도 그런 이유다.

그런데 어찌된 일인지 이완구는 그런 기억들이 생각이 안 난다고 말한다. 과연 그럴까?

거짓말을 해본 사람은 잘 알 것이다. 거짓말은 거짓말을 낳을 뿐만 아니라 나중에는 자신도 헷갈리게 된다는 사실 말이다. 서울수도병원의 신검과 홍성 초등학교에서의 임시 신검장을 헷갈린 대목에서 알 만한 사람들은 눈치 챘을 것이다. 이완구가 거짓말을 하고 있다는 사실을. 하필 1975년 무렵의 거짓말들이다.

이미 국민들은 5공 잔재들의 '모르쇠'에 신물이 난다. 어떻게 본인에게 유리한 증거자료는 50년간 소지하고 다니면서, 불리한 증거는 기억조차 안 난다고 할 수 있는가?

기회 있을 때마다 양지를 찾아, 정권마다 입맛을 맞추어 가며 출세가도를 지향했던 기록 보유자이다. 입신양면을 위해서는 어떤 일도 마다하지 않았고, 재산증식을 위해 공직자는 상상도 못할 일개 부동산 투기꾼들이나 할 짓도 가리지 않았다. 차명 명의사용에 동원된 사람이나 그가 살았던 동네가 투기로 유명한 지역들이니 변명조차 안 된다.

중학교 때부터 '부주상골' 증상으로 군 면제를 받은 사람이 행정고시에 말석으로 합격해 군청에서 근무하다가 갑자기 전두환 정권이 들고 일어나자 경찰에 지원해 험난한 훈련을 마치고 간부생활을 했단 말인가. 이후 이완구는 경찰청장까지 승승장구했다. 군 훈련은 부적격자인 자가 어떻게 더 험난한 경찰훈련을 거뜬하게 마칠 수 있었는지는 불가사의하기만 하다.

과거나 지금이나 '신의 자식'이라 불리는 사람들이 있다. 사지 멀쩡한데 군대를 안간 자들을 비꼬아 부르는 말이다. 갖은 이유와 조작으로 신성한 국민의 4대 의무 중 하나인 병역의무를 면제받거나 축소 받은 자들이다. 특히 고위직, 부잣집 자식들이 많다. 조사결과에 따르면 검·판사, 고위 공무원, 국회의원, 재벌집 자식들이 압도적 비율을 자랑한다. 동네 골목에서는 좀처럼 면제자 구경도 힘들지만 검·판사 경력란에서는 수두룩하고, 국회의원 당선자 경력에서도 면제자들은 압도적으로 많다. 그걸 우연이라고 믿는 국민들은 없을 터이다.

MB정권 때는 대통령을 포함해 국무위원 80%가 병역면제자들이었다. 한 정권의 권력집단이라기에는 놀랍지 않은가?

출세의 욕망에 사로잡힌 인생을 탓할 수는 없다. 각자의 지향목표가 다르기 때문이다. 그렇게 해서 떳떳하지 않게 돈도 벌고 출세도 했으면, 남은 인생은 고개 숙이고 살아야 마땅하다. 마지막까지 출세 지향적으로 나서서 전 인생을 까발렸더니 치욕의 삶이 만천하에 드러났다면 이젠 어떤 길을 선택해야 할까?

박근혜 정권 출범이후 3명의 총리후보자가 낙마했지만, 이들 모두를 합한 비리보다 더 많은 '완구 종합 비리세트'란 단어까지 등장했다. 행적도 비열했지만 물러설 때를 모르는 추악한 노추의 단면을 보는 것 같아 더 씁쓸하기만 하다. 청문회를 통과 못한 3명의 후보자들은 그래도 물러설 때는 알았으니 성찰의 자세가 조금은 있었다고 해야 할까?

이젠 '총리가카'(각하) 이후의 국정도 걱정이 아닐 수 없다. 산적한 국정이 그렇고 여·야 대치 국면도 그러하다. 또 국민이 입은 내상은 어찌 할 것인가.

이왕 파헤쳤으니 몇 가지는 꼭 밝혀내야 한다. '총리가카'까지 되었으니 더욱 그렇다. 군청 직원에서 경찰을 지원하게 된 사유와 체력검사 통과도 알아야 한다. 특히 전두환 군사독재 창궐시절 국보위에서의 행적도 꼭 밝혀내야만 한다. 그리고 경찰로써 승승장구한 내력도 밝혀야 한다(지방청장 역임). 또 도지사 시절 동생(구속됨)의 건설회사가 관련된 관공사 수주 사건도 명백히 조사해야 한다.

사람의 됨됨이를 단면만 보고 평가하기는 쉽지 않다. 그러나 단면만으로 능히 짐작되는 부분도 있다. 기자들이 촬영하는 청와대에서 박근혜에게 '가카'를 연발하는 이완구의 아부 모습에 국민들은 벌써 눈치 챘을 것이다. 오랜 공직생활을 했음에도 그의 언론관이나 말투는 5공 시절 똥별들이 저지르던 행태와 다르지 않다.

과거 독재시절에는 그런 공직자들이 많았다. 곳곳에 '워커부대'(군 출신 낙하산 공직자들의 칭호)들이 낙하산으로 재직하면서 돌머리에 권력을 휘두르는 비화는 비일비재했다. 특히 똥별들의 비화가 9시 뉴스를 장식하고 세상의 비웃음이 되기도 했다. 이번 청문회장에서도 여실히 보여준 똥별의 작태가 있었다.

"야, 우선 저 패널부터 막아 인마! 빨리! 시간 없어!"

"어이, 이 국장 걔 안 돼. 김 부장 지가 죽는 것도 몰라. 어떻게 죽는지도 몰라."

이완구는 이런 말을 자식 같은 기자들을 앞에 두고 떠벌렸다. 동네 부랑배나 떠벌릴 말들을 총리될 사람이 했다. 더욱 중요한 것은 이 같은 치부가 명명백백히 드러났다면 국민에게 사과하고 물러날 줄 알아야 함에도 물러나지 않았다는 것이다.

부끄러움을 잃은 총리가 펼칠 국정이 우려되기만 한다. 존경받지 못한 지도자를 둔 국민들 은 불행한 시대를 살 수밖에 없다.

우리는 행복해 지고 싶다.

〈이후 이완구는 총리 임명 후 70일 만에 성완종리스트 파문으로 물러났다: 저자 주〉

2015년 2월, 〈彦〉

42
한인사회를 당신들이 망쳤다

지구의 가장 오래된 나무는 무엇일까.

일본 야쿠시마 섬에는 7천 년 된(일본 측 주장) 일본 삼나무(즈몬스키)가 최고의 역사를 자랑하고 있다. 비가 많고 험한 산세와 인적이 드물어 보존이 가능했던 '즈몬스키'는 신령으로 우대받고 있다.

샌프란시스코 인근 레드우드 국립공원 숲에는 3천 년 된 세쿼이아 나무가 3백 피트의 위용을 자랑하고 있다. 레드우드는 미국 삼나무를 뜻한다. 키가 너무 큰 이 나무들은 뿌리에서 수분을 보충하지 못해 이 지역의 잦은 안개에서 잎을 통해 수분을 보충해 자생하고 있다.

식물 진화과정에서 밝혀진 놀라운 사실은, 유독 키 큰 세쿼이아들은 밑에 있는 나무들이 햇빛을 못 받을까봐 위로 치솟은 결과이며, 줄기도 각기 다른 방향으로 뻗으면서 아래 나무들을 배려한다고 한다.

따지고 보면 한낱 나무보다 못한 인간들이 많은 세상이다. 높은 산만큼의 당신의 허상, 당신의 감투, 명함 뒤의 허상, '노블리스 오블리제'는 알고나 있는지, 혹 당신의 행복이 요행은 아닌지 뒤돌아보며 살아야 한다.

삶은 사는 게 아니라 사라지는 것이라고 한다.

지금 LA 한인사회는 불볕아래 가마솥처럼 끓고 있다. 25일, 한인회 강당에서 열린 '한인사회 간담회'는 차분하지 않았다. 방글라데시 지역분할은 한인들의 단결된 힘으로 무사히 넘겼지만, 결정을 목전에 둔 노숙자 임시셀터 건립안을 두고 최종 공청회 자리를 마련한 것이다. 여러 단체장이나 간부들이 죄인처럼 맨 앞줄에 줄지어 앉아있고, 주로 뒷좌석에 참석한 시민들이 열기 띤 격론을 벌였다.

당연 노숙자는 그 지역이 풀어내야 할 힘없는 사람들에 대한 배려고 사회의 책임이다. 오직 한인타운만 안 된다는 식의 반대논리는 타당하지 않고 논거도 미약하다. 행정에는 절차법이 중요하고 공정한 법집행이 의무이다. 그러나 시장과 시의회는 그런 것을 무시했다. 따라서 한인사회와 한인들의 자존심과 위상이 뭉개진 것이다.

특히 지방의회는 지역민의 의견과 소통이 무엇보다 우선이다. 아무런 의견 청취나 소통 없이 밀어붙이기식, 일방통보식 행정은 있을 수 없다. 그것도 지역주민과 예민한 사업자의 생계나 주민 치안보호, 복지에 관한 사항이라면 더욱 그러하다.

한인들이 낸 세금으로 급여를 받고 행정을 집행하는 기관에서 역발상적 행정을 집행하려는 시와 시의회에 촛불혁명이 보여준 시민혁명을 보여줄 필요가 있다.

왜 작금의 문제들이 발생했을까.

모든 게 그들이 한인사회를 망쳤기 때문이다. 한인 권위나 자존심, 위상을 바라는 지도자가 한인커뮤니티 대표였다면 작금의 현안 2제는 발생하지 않았을지도 모른다.

당치도 않은 사람이 감투를 욕심내고 자리를 차지해 허송세월을 보내면서 갖가지 이권을 챙기고 한국 정치판이나 기웃거릴 때 LA 한인사회의 운동장은 기울었다.

현안 2제를 비롯해 당분간 우리는 기울어진 운동장에서 피터지게 싸워야 한다. 그들이 한인사회를 망쳤기 때문이다. 그럼에도 누구도 사과하고 용서를 구하지 않는다.

2백 명이 모인 한인회 강당에서도 버젓이 마이크를 잡고 감투행세만을 계속했다. 오히려 뒤쪽에 모인 시민들의 목소리가 더 예리하고 이론에 밝고 정의로워 보이는 건 왜일까.

가세티 시장과 허브 웨슨 시의장이 마련한 임시셸터 건립 발표장에 참석해 물색없이 환호작약한 로라 전의 행태에 한인들은 분노하고 있다. 누구도 그들에게 감투를 억지로 맡기지 않았다. 적어도 그 감투를 선택하고 거머쥐었다면 기본은 해야 하지 않았을까.

한인사회의 중대사안을 협의나 한인 반응도 모른 채 멋대로 결정하고 찬성하고 지지현장에서 환호하는 모습은 권력에 취한 모습일 뿐이다. 그것은 조직이나 협의기구가 존재하지 않다는 반증이기도 하다. 회장이 모든 사안을 혼자 결정하고 집행하는 방식이 그렇다. 상공회의 역시 들여다보면 마찬가지다. 감히 회장에게 반박이나 의견을 쉽게 제시하기가 어렵다면 문제 단체일 뿐이다.

LA 시장, 시의장과 동석한 자리쯤이면 자신도 그 정도 되는 인물로 착각해 불러주기만 하면 나가고, 갖은 이유로 정치자금 모아 갖다 바치고….

그러는 자리가 한인 단체장이 아니다. 당신들이 한인사회를 망치고 있는 중이다.

따지고 보면, 한인단체장들은 정치자금 모금에 자유롭지 못하다. 여러 정치인들 선거 때마다 성공한 한인들은 돈을 모아 갖다 바쳤다. 그로인해 배무한 전 한인회장은 자신의 집에서 선거자금 모금 파티를 열어 한도를 넘는 선거자금을 불법 모금해 바치기도 했다. 결국 내부 고발당해 엄청난 처벌을 받는 전력까지 생겼다. 그럼에도 사회봉사랍시고 아직도 축제재단에서 갖가지 잡음을 만들어 내고 있다. 허기야 자택에서 모금파티를 한 단체장이나 형사처벌 받은 자가 그 뿐만은 아니다.

한인회나 상공회의소 회장은 앞다투어 자택에서 선거모금을 하고는 자랑삼아 공개하고 있다. 저택 자랑을 겸한 일종의 과시다. 물론 순기능도 있지만, 따지고 보면 정치인 교류를 통해 자신의 사업체 보호나 안면트기를 위한 것이라는 비난에도 귀 기울여야 한다.

그 결과가 바로 작금의 사태를 설명하고 있다. 한마디로 갖은 편법으로 선거기금이나 모아 주고, 더 잘 보이기 위해 아부나 한 단체장 때문에 한인사회 위상이나 목소리가 줄어들었다는 지적이다. 한인타운 시위현장에서는 '우리가 ATM 기계냐!'라는 외침이 높았다. 돈이나 뜯어 갔지, 정작 한인사회를 너무 무시했다는 분기탱천한 고함이었다.

성공한 한인들이 2세를 변호사나 의사 만들기에 급급한 만큼 주류 사회의 정치적, 행정적 공간과 위치는 줄었다. 내 자식이 잘 먹고 잘 살기만을 기원한 만큼, 한인의 목소리는 작아진 셈이다.

대단한 성공을 거둔 한 이민자는 '이민생활이 쉽지 않았다. 고초가 많았다.'고 말한다. 그랬을 것이다. 쉬운 삶이 어디 있겠는가. 대성공을 거둔 자도 그러할진대 평범한 사람들의 이민생활이 고달픈 건 너무도 당연해 보인다. 고달픈 길을 개선하기 위해서는, 어쩌면 첫 눈길을 걸은 자가 제대로 걸어야 한다.

같이 가는 사람, 다음에 올 사람에 대한 배려가 있다면 좀 더 나은 길을 후대에 물려줄 수 있을 터이다.

2018년 6월, 〈彦〉

43

너만 아니면 돼! 멍청아!
〈4.29폭동 25주년에 부쳐〉

25년 전, 한인이민사에 가장 참혹한 4.29폭동사태가 벌어졌고 온 세계에서 성금이 답지했다. 당시 모금된 금액은, 이해할 수 없지만, 정확하지 않은 액수로 1240만 불 정도로만 알려지고 있다. 성금은 이런 저런 이유로 지출되고 마지막 남은 성금으로 박물관을 구입키로 결정한다. 4.29 박물관의 용도로 LA한인타운 6가와 카탈리나 현 MBC 아메리카 사옥을(3400 W. 6th St. LA, Ca 90020) 135만 달러에 매입했다.

성금 1,240만 달러를 분배하고 기증하는 과정에서 여러 논란이 제기된 후, 남은 기금으로 한미구호기금 재단관계자들이 "남은 기금 보전을 위해 '폭동기념관'이라도 세우자."라는 결론에 따라 마련한 건물이었다. 당시 재단에는 분배를 마치고 170만 달러가 남아 있었는데, 1993년 말 정기회에서 커뮤니티센터 건물 매입을 결의했다. 당시 이사회는 21명이었고 이사장은 이민휘였다.

하지만 이 건물은 운영부실로 인해 결국 유지하지 못하고 매각했고, 남은 폭동 성금도 투자 손실과 사기로 모두 날리게 된다. 당시에 감투를 쓰고 행세한 사람들은 전적으로 책임을 면할 수 없다. 혹, 돈을 빼돌리지는 않았다 하더라도 LA 한인들의 피와 바꾼 성금을 탕진한 죗값은 분명히 남는다.

그 증거가 지금의 MBC 사옥이다.

친불친의 파벌과 이권을 위한 투쟁이 계속되면서 성금의 행방은 날이 갈수록 모호해졌고 마지막 구매한 지금의 MBC 사옥마저 증권투자를 위한답시고 헐값에 팔아치웠던 것이다.

이 과정에서 많은 의혹과 떡고물 논란이 있었다. 부동산 업자와 짜고(일명 킥백, 혹은 언더머니) 뒷돈을 챙겼다는 루머와, 부동산 수수료로 챙긴 돈도 엄청나다는 것이다.

이후 건물은 관리부실을 이유로 서둘러 매매하고 만다. 그리고 헐값에 매매한 자금마저 투자를 빙자해 허투로 사라지고 말았다. 당시 투자 라인에 있었던 모 인사는 "당시 거액 투자 뒤에는 반드시 이권과 갖은 혜택을 챙겼을 것"이라고 증언했다.

건물을 매각하고 난 후 남은 기금이 불과 22만 달러였다고 재단 측은 밝혔다. 그러나 22만 불조차 사기꾼들에게 모두 날렸다는 것이다. 결국 커뮤니티 센터 건물이 통째로 날아간 꼴이다. 당시 22만 불은 한미은행에 예치됐다가 4.29장학재단에 기증하는 것이 바람직해 이사회의 의결을 거쳐 기증했으나, 4.29장학재단 측은 다음날 되돌려 보냈다. 성금 시비에 몰리지 않겠다는 입장이었다.

이후 구호기금재단은 10만 달러는 미래은행에 투자했고, 나머지 12만 달러는 임경자 전 여성경제인협회장이 관계한 'ABC(Alternative Business Capital) 투자회사'에 투자했다. 그러나 임 씨에게 투자한 기금은 전액 사기를 당했고, 미래은행에 투자한 돈도 미래은행의 파산으로 날리게 된다.

이렇게 커뮤니티 센터와 4.29 박물관은 사라졌다.

당시 성금 운용에 관계했던 사람들은 25년이 지난 지금도 여전히 각 단체에서 감투를 쓰고 활동하고 있다. 그 중 한 사람이 이민휘다. 한인타운에서는 이 사람이 관여하면 말썽이 안 난 경우가 없다고 말들 한다. 물론 주위에는 콩고물이 있다.

현재 관여중인 단체는 미주총연, 한미동포재단, 장학재단 등인데 두 단체는 수년째 소송과 투쟁을 계속하는 한인사회의 고질적인 단체이다. 문제가 불거질 때마다 배후에는 검은손이 작용하고 있다. 이권과 파당과 조직을 위해, 그러나 밖으로는 한인사회를 위하고 갖은 미사여구를 구사해 위장하고 있지만 물론 내심은 다른 곳에 있다.

결국 배후에 누가 있는가에 따라 단체의 성격과 향방, 그리고 성공 여부가 결정된다는 의미다. 옛말에 '미꾸라지 한 마리가 온 강을 흐린다.'는 말처럼 한 사람 혹은 몇몇 아류가 단체를 망치고 한인사회 전체에 먹칠을 하고 있다.

결국 마지막 처단은 4.29 역사의 교훈처럼, 부디 역사로 이자들의 행적을 꼼꼼히 남겨 후세들에게 길이 알려 단죄해야 한다. 친일의 죄나 6.25 당시 공산당 부역의 죄, 현대의 반독재 앞잡이의 죄처럼 말이다. 그걸 위해 이번 주 각 한인 언론들은 역사를 새기며 당시 활약했던(?) 사람들의 이름을 낱낱이 공개하고 있는 것이다(각 언론의 25주년보도참조).

그래도 마지막으로 건져낸 것이라면, LA총영사가 관련해 추진한 123만 달러로 조성된 4.29 폭동 이재성 추모장학회만이 현재까지 남아 맥을 이어가고 있다.

당시 구호성금 1,240만 불을 현 시가로 환산한다면 얼마나 될까. 예를 든다면, 비슷한 시기에 LA 총영사관 맞은 편 윌셔 갤러리아 빌딩을 하기 환 측이 4백만 불에 매입해 지난해 미 부동산 개발회사에 5천만 불에 매매했다. 무려 12배가 넘는 가치였다. 피해자를 비롯해 한인 전체에 돌아가야 할 그만한 가치가 몇몇 사람의 농간으로 원금 가치는 고사하고 모두 사라진 현실에서 아쉬움이 남을 수밖에 없다.

잘 투자했거나, 적어도 부동산이라도 남겨 잘 관리했더라면(커뮤니티 센터) 4.29 폭동 25주년을 맞는 아픔이 조금은 덜 할 수도 있었을 것이다.

이제 4.29 폭동의 아픔은 다른 아픔까지 더해져 LA한인들의 치욕으로 남아 후대에 전해진다. 눈물어린 국민들의 성금마저 사기꾼들이 갈취한 LA 한인사회라는 오명이 그것이다.

그러나 한인사회 하이에나들의 사기행각이 멈춘 것은 아니다. 이제 한인사회 공동체 자산으로 마지막 남은 한미동포재단 건물마저 몇몇 사기꾼들이 통째로 먹어치우려 수년째 호시탐탐 노리고 있다. 그 마각은 소문으로 떠돌다가 2013년 부동산 명의 등기를 몰래 불법으로 갈아치우는 놀

195

라운 불법까지 저질렀다.

아직까지 범인들은 오리무중이고 미 수사당국마저 나 몰라라 하고 있지만, 이 또한 밝혀내야 할 대목이다. 문제는 현재도 건물 소유권과 관리를 놓고 피 터지는 싸움이 적폐들에 의해 계속되고 있다는 것이다. 소송은 물론 흉악한 몸싸움까지 마다하지 않고 있다. 이런 수치스런 광경은 한인언론과 주류언론의 신문, TV방송까지 보도되었다.

이후에도 적폐들은 현안 해결보다는 자신의 권위나 이권에 급급해 논쟁과 소송 등 쟁투를 계속했다. 당연 합리적인 해결의 길은 찾기 어려웠고 결국 판사에 의해 제3자 위탁관리라는 불명예를 안겼다. 주류사회에서 보는 한인사회에 대한 평가는, 하나 남은 공동자산마저 한인들 스스로 관리할 능력이 부족해 제3자에 맡겨야 한다는 불명예였다. 치욕이 아닐 수 없다.

미국은 이민사회다. 인근 유대인, 흑인 커뮤니티 등 모범적 단체가 많다. 물론 그들도 크고 작은 문제는 있다. 그러나 자체 내에서 해결해내지 못하고 치욕적 결과를 도출해내지는 않을 것이다.

결론은, 분명 누군가 책임질 일이고 대책도 필요한 일이란 점이다. 당장 해결할 일도 문제지만, 앞으로는 어떻게 할 것인가? 한인사회에 이 같은 일이 또 안 일어난다는 보장이 없는 한 무엇보다 대책과 체계가 필요하지 않겠는가.

멍청아! 문제는 너야! 너만 사라지면 돼!

2017년 5월, 〈彦〉

44
국가의 수치 혹은 국격

연기파 배우이며 존경받는 로버트 드니로가 도널드 트럼프 후보의 얼굴에 주먹을 날리고 싶다고 말했다.

'내일을 위해 투표하라.'는 동영상에서 드니로는 "트럼프는 숙제도 안 하는 얼간이로, 세금도 내지 않는다."면서 "트럼프가 사람들 얼굴에 주먹을 날리고 싶다고 말하는데, 나야말로 주먹으로 그의 얼굴을 치고 싶다."고 말했다. 드니로는 트럼프를 '국가의 수치'라고 비판한 콜린 파월 전 미국 국무장관처럼 "트럼프는 나라의 창피함 그 자체."라고 정의했다.

오늘도 트럼프는 갖가지 악취 나는 쓰레기들을 쏟아내고 있다. 아마도 미국 정치를 백년쯤은 후퇴시켰다는 중론 속에 행여나 대통령에 당선된다면 세계를 백년 뒤로 돌려놓고 말 것이라는 여론이다.

역사는 어떻게 흘러가는가.

과연 신은 존재하는가의 물음을 이 순간에도 인간들에게 던지지만, 세상은 언제나 한쪽으로 평평하게 흘러가지는 않는다.

미국 정치판의 악취도 심각하지만, 한국 정치판의 악취도 날이 갈수록 진동하고 있다.

정권 말기현상으로 짓눌린 풍선은 끝내 터지게 마련이다. 다만 자신들만 모르거나 모른 채 할뿐이다. 한국 서열 1위가 최순실이며, 현장에서 갖가지 파워를 자랑한 무서운 실세는 문화계 황태자 차은택 CF 감독이라고 들썩이고 있다. '듣보잡'(듣지도 보지도 못한 잡놈) 미르재단에 8백억을 모아 바친 대가로 특별사면을 받고, 교도소에서 풀려나고, 건축 인허가에 갖은 이권을 챙기는 대한민국이 되었다.

이제 모든 것을 최순실과 차은택이 밝혀야 할 차례다. 물론 이면에는 전경련이 있다. 일제강점기에는 일본앞잡이가 설쳤듯이, 지금은 전경련이 설치고 있는 것이다.

그리고 드러난 '박근혜 삥 뜯기 재단'은 하나둘이 아니다. 지능정보연구원부터 박정희기념재단까지, 곳곳에서 삥 뜯기를 했다. 재벌들은 울며 겨자 먹기로 수십억, 수백억을 바쳤다. 이것이 박근혜식이다. 권력에 돈을 갖다 바치고 이권을 나누어 챙긴 전형적인 독재정권의 수법. 바로 그것이다.

그렇게 추악한 삥 뜯기를 배워 청와대에 입성하면서 은밀히 자행했다. 세월이 바뀐 만큼 적절히 진화된 그럴듯한 수법으로 말이다.

최순실의 부친 최태민 목사와 결탁해 붙어 다니면서 문제는 시작됐다. 최태민은 중앙정보부가 사찰할 정도로 각지에서 수백 건의 비리를 당시에 저질렀던 작자다. 박정희도 수많은 재단을 만들었다. 그리고 다음은 자신을 박해했다는 전두환이다. 그럼에도 묻지도 못하고 국정감사에 불러 따지지도 못하는 세상이다.

수치를 잃은 정권의 종말은 어디일까. 손으로 태양을 가릴 수는 없다. 그저 자신만 가려진 태양을 못보고 있을 뿐이다.

지난 4년을 대변하는 것은 우병우, 홍만표, 김형준 검사, 그리고 부장판사들의 행태다. 그들의 모습이 그 속내를 내보이고 있다.

그리고 검·판사로 부족했는지 김진태 국회의원(새누리당)은 한쪽 눈이 불구인 박지원 의원(국민의당)에게 '눈이 삐뚤어졌는데 뭔들 제대로 보이겠냐.'고 장애인 비하 발언을 해 온 나라가 들썩이고 있다.

쓰레기들이 퍼붓는 막말은 모두를 벼랑으로 떨어뜨린다. 그 책임이 쓰레기들에게 있음은 말할 것도 없다. 쓰레기들의 천박함이 주위를 어둡게 하고 끝내는 국격國格까지 추락시킨다.

2012년 중국을 방문한 이명박이 한국의 국격을 강조했다는 것은 아이러니하기만 하다.

그는 "한국의 국격이 높아진 걸 세계가 다 아는데 한국 사람만 모른다."고 말했다.

호된 비판이 쏟아진 이명박의 국격 발언은 발언자체가 국격을 훼손했다는 지적을 받았다.

원래 국격이란 국제사회에서 인정받고 대우받는 품격을 말한다. 그것은 경제력이나 사회적 지위로만 평가받는 것이 아니다.

국격 역시 경제력이나 국제사회 위상만으로 결정되는 것이 아니다.

결론적으로 국격은 국내의 정치적, 사회적, 문화적 품격으로 고려되는 개념이다. 국제평화, 환경보존, 인권문제 등의 국제적 이슈와 지식, 기술, 문화발전 등에 기여하는 정도, 그리고 국민의 교육적, 문화적, 도덕적 수준과 시민의식 등으로 국민의 삶과 생각의 품격이 국격이라고 정의한다.

세계사적으로 최악의 한국 내전은 이후 분단국가와 이념전쟁을 유산으로 남겼다.

우리는 한강의 기적을 내세우며 앞만 보고 달려왔다. 그 과정에는 쿠테타와 군사독재, 유신독재를 거쳐 여기까지 왔다. 지금 우리가 서 있는 이곳은 어디인가.

'무궁화대훈장'은 국가원수만이 받을 수 있는, 우리나라 훈장 중에서도 가장 명예롭고 귀한 훈장이다. 금, 은, 루비 등 귀한 재료가 사용되기에 제작비만 5천만 원 정도 든다.

2013년 2월 27일. 닷새 사이에 박근혜와 이명박은 스스로에게 이 훈장을 수여했다.

블랙코미디 같은 어이없는 일이지만 진실이며, 지금부터라도 걷어치워야 할 낯 뜨거운 판이 분명하다.

또 다른 판으로 가보자.

"유엔 사무총장은 각국 정부의 비밀 상담역을 해야 하기 때문에 퇴임 직후에는 어떤 정부 자리도 사무총장에게 제안해서는 안 되고, 본인도 승낙해서는 안 된다는 규정이 있다."며 출마해서도 안 되고, 출마한다면 나라의 국격을 떨어뜨리는 것이라고 엄중히 경고하고 있다.

권력을 탐하기보다 원로로서, 세계적 중재자로서 자리를 지키면 더 빛나지 않을까.

열정은 때로 악행에도 성공을 안기고, 끝내 더 깊은 지옥으로 안내한다. 열정이 다 좋은 것만은 아니어서 거악은 밝은 사회를 어둠에 빠뜨린다.

거악은 게을러야 더 좋다. 거악이 열정 속에 바쁠 때 세상은 어지럽고 도탄에 빠진다.

하퍼 목사는 버스운전사가 미쳤으면 누군가가 버스운전을 해야 한다고 했다. 우리에게 그럴 힘과 의지는 있는가.

릴케는 '삶은 아직 오지 않은 죽음일 뿐.'이라고 했다.

죽음 앞에서 사람에게, 세상을 향해, 악을 행하는 자여!

제발 자신의 간교한 변명에 속지 말라.

악행은 반드시 변명 속에 자행되는 것이므로….

2016년 10월, 〈彦〉

45
포스트 트루스
(post-truth)

타임지는 올해 선정한 인물을 '침묵을 깬 사람들'로 발표했다. '미 투(Me Too)' 운동은 침묵하던 사람들이 입을 열기 시작한 시민운동의 하나로 결국 성폭력 고발 운동은 전 세계 곳곳을 강타했다.

어쩌면 우리의 촛불운동과 탄핵의 결과가 궤를 같이 한다. 침묵을 깬 사람들이 든 촛불의 힘이 만들어낸 결과이기 때문이다. 그 결과가 어떤 곳으로 침묵을 깬 사람들을 인도할지는 역시 그들의 몫이다.

목표는 바르고 더 나은 세상을 향한다. 그릇된 자들도 역시 목표는 더 나은 세상을 향한다고 말로는 할 수 있겠지만, 그들이 불의라는 것을 입증할 책임도 사람들의 몫이다.

지난해, 옥스퍼드 사전은 올해의 단어로 '포스트 트루스(post-truth)'를 뽑았다. 이 신조어는 '탈진실', '비진실' 또는 '진실은 중요하지 않은'이라는 뜻을 의미한다. 한편으로는, "객관적 사실보다는 감정이나 개인의 신념이 여론형성에 영향을 미치는 현상"을 뜻한다.

그리고 탈진실 현상의 가장 대표적인 사례로, 영국의 유럽연합 탈퇴(브렉시트, Brexit)와 도널드 트럼프의 미국 대통령 당선을 지적했다.

두 사례의 배후에는 선동자들과 가짜 뉴스가 도사리고 있다.

넘치는 뉴스 속에 대중들은 뉴스의 진실을 따지기보다는 자신들이 듣고 싶은 것만 들었고, 기성 거대 언론보다 자신이 선택한 뉴스를 더 신뢰한다. 그 결과, 충격적이고 예상치 못 한 결과가 나타난다.

탈진실 현상은 한국에서도 촛불시위와 그에 대응한 시위의 과정에서 도드라지게 나타났다.

박근혜의 탄핵을 반대하는 사람들은 끊임없이 거짓 정보를 생산해 '태극기부대'를 선동했다. 세월호 특별조사위원회에 따르면, '세금도둑'과 같은 가짜뉴스가 만들어졌고 유족들에게 터무니없는 금액이 지급된다는 거짓 뉴스가 판을 쳤다.

정치판에서의 가짜뉴스도 엄청나다. 최순실 태블릿이 가짜고, 한국당 여직원의 것이라고 양심선언까지 하는 등 가짜가 판친다. 신념과 거짓 정보가 뒤엉켜 진실은 중요하지 않은 상태에 이른 이들에게 언론은 오히려 거짓 정보를 생산하는 도구로 변한다. MBC, KBS 등 방송이 제 역할을 못하고 거짓 정보에 가담해 뉴스를 제공해 온 탓도 크다. 또 그들을 크게 꾸짖지 못한 침묵한 사람들도 떳떳하지 못하다.

진짜뉴스가 가짜뉴스에 의해 물 타기 수법으로 호도되기 일쑤다. 이른바 '악화가 양화를 구축한다'는 그레샴 법칙이 사회도처에 적용되는 것이다.

본보 송년호(12월 20일자)에 보도된 LA 한인사회 세태를 보면 참으로 암담하기만 하다.

그동안 침묵하지 않고 계속된 보도에도 2017년을 마감하며 더 나아지지 않은 현실을 직시한다.

먼저, 아직까지 한인사회 논란이 계속되고 있는 지난 13일, 오후에 열린 만찬 모임이다.

5시 30분에는 타운 내 호텔에서 이기철 총영사 송별만찬이 열렸고, 이어 7시에는 정세균 국회의장 동포간담회가 다운타운의 빌트모아호텔에서 열렸다. 정 의장의 동포간담회는 당초 18일 예정이었다.

예정에 없던 정 의장의 동포간담회가 갑자기 13일로 당겨지면서 한인사회 단체장과 초청된 인사들은 혼란에 빠졌다. 두 만찬장 중 하나를 선택하거나 도중에 빠져나와 양쪽 행사에 얼굴만 보여야 하는 촌극이 바로 그것이다. 대부분 단체장들은 어쩔 수 없이 두 행사에 얼굴을 보였지만, 일반인들의 식탁에는 팻말만 썰렁하니 빈 좌석으로 남았다.

먼저 열린 송별만찬은 중간에 빠져나간 사람들로 어수선했고, 정작 주인공인 이기철 총영사도 정 의장의 호스트 자격으로 빌트모아호텔에 사전에 도착해 행사장을 살펴야 했다. 동포간담회장 참석자들은 하나같이 투덜거렸고, 심지어 환영축사를 하던 단체장도 뭔가 잘못된 행사라며 볼멘 발언으로 불만을 털어놓기도 했다.

행사장을 빠져나온 사람들은 즐겁고 보람된 자리가 아닌 뭔가 무시당한 것 같은 일방적인 행사에 'LA 한인사회 망신'이라며 심기를 드러냈다. 주말까지 논란은 이어졌고 '꼭 그래야만 했나', '여자의 서릿발이 무섭다' 등의 농담들이 나왔다. 마지막 석별의 정을 나누는 자리가 제대로 진행되지 못한 채 끝난 점도 그렇지만, 그 배후에 모종의 음모가 있었다는 말들이 나오면서 몇 사람의 농간에 LA 한인사회 전체가 놀아난 것이라며 비난하는 목소리도 많았다.

이 분란이 어떻게 끝날지는 '포스트 트루스(post-truth)'라는 신조어의 의미처럼 지켜볼 일이다. 과연 새해에는 모두 나서서 침묵을 깰 수 있을까.

한해를 보내며 우리 사회의 또 다른 장면을 들여다보자.

공교롭게도 본보 송년호에는 두 단체의 사건이 보도되었다. 한미동포재단과 LA한인축제재단의 파행은 한인이라면 고개를 저을 파렴치한 이전투구 단체로 낙인찍힌 지 오래다. 해묵은 갈등과 소송, 제명, 쌈박질도 문제지만, 횡령, 탈세, 독선, 전횡, 사유화, 부당인사 등의 불법소굴로 변했다. 결국 서로 잘났다고 고함치던 자들은 모두 영구제명처분이라는 사상 초유의 불명예를 안고 영원히 단체에서 사라지게 되었다. 올해 쾌거 중의 하나가 분명하다.

이제 주 검찰 수사결과에 따라 형벌이나 책임져야 할 벌금이 그들에게 남아 있을 뿐이다. 그들이 멋대로 지불한 엄청난 비용도 문제지만, 그들 때문에 한인사회에 쓰여야 할 자산이 50만 불 넘게 변호사 비용으로 지불되었다. 소송 옵션대로 패소 쪽은 절대로 이 비용을 책임져야 한다. 이것을 지켜내는데도 '침묵을 깬 사람들'의 힘이 필요한 건 분명하다.

이어, 축제재단 역시 이사들끼리 해묵은 갈등으로 오랜 쌈박질이 계속되고 있다. 감투와 금전이 깔려 있고 파벌과 전횡이 문제였다. 계속된 제명은 서로 짜고 치는 고스톱 판처럼 2~3명의 이사가 몰래 숨어 밀실야합으로 모의한 뒤에 실행된다. 그리고 서로 내가 잘났다고 주장한다. 나 아니면 안 된다는 식이다. 그러나 이를 지켜보는 한인들은 '너만 아니면 조용하고 더 나은 단체가 될 것'이라고 조롱한다.

옛말에 '미꾸라지 한 마리', '도둑고양이에 맡긴 생선'이라는 말이 이들에게 적용되는 말이다. 법은 멀고 주먹은 가깝다는 식으로, 이들의 죄악이 낱낱이 밝혀지긴 힘들지만 이들이 가는 곳마다 소란스럽고 비영리재단의 횡령 등 불법이 횡행하는 걸 보면 도둑고양이의 낙인은 쉽게 지워지지 않는다.

더욱 절묘한 것은, 문제의 이사들을 거론하다보니(사진게재) 그 얼굴이 그 얼굴들이라는 점이다. 그렇게 LA 한인사회에 인물이 없는 것인가. 장탄식이 틀린 말이 아닌 셈이다.

그자들은 왜 그토록 감투와 자리를 탐내고 여기저기서 말썽을 일으키는가. 개천의 미꾸라지처럼.

두 단체는 횡령에 관한 소송이 진행 중이고, IRS와 주 검찰에 수사가 진행 중이다. 또 민사소송도 여러 개 진행 중이다. 수개월동안 조사 후 법원이 내린 이사 전원 영구제명처분의 의미는 깊다. 이들의 죄를 인정하는 것이고, 한마디로 '위리안치圍籬安置' 시킨 셈이다.

이후에도 한인단체에 관여하거나 또다시 감투를 차지한다면 이때에도 '침묵을 깰 사람'이 일어서야 한다. 한인단체의 근간이 될 한인회가 제대로 역할을 못하니 여타 단체들의 구겨진 모습이 바로 잡히지 않는다는 말도 귀담아 들어야 한다. LA한인회 역시 지적사항은 차고 넘친다.

새해엔 다시 한인회장 선거가 시작된다. 그럼에도 이에 관심을 보이는 사람이 아직 없다. 관심은 사랑에서 시작되기에, 한인회가 사랑받지 못하다는 의미다.

이웃인 OC한인회와 함께 커뮤니티센터 건립을 선거공약으로 내세우고 전직 회장이 20만 불 기금을 입금했다는 공언과 보도가 있었지만 지금까지 오리무중이다.

반면 OC한인회에서는 얼마 전 160만 불의 기금이 모였다는 발표가 있었다. 회장이 얼마큼 진실된 자세로 임하는가의 차이가 바로 두 한인회의 2년간의 결과로 나타났다.

이미 항간에는 차기 회장출마에 로라 전이 나섰다는 말이 돌았다. 아마 올해도 선거 없이 얼렁뚱땅 넘어갈 것이기에 언론도, 한인들도 내년 3월이면 시작될 한인회장 선거가 조용하다는 말이다.

LA 한인회장 선거는 12년째 치러지지 않는 셈이다. 가장 심각한 한인사회의 적폐가 분명하다. 밀실에서 몇 사람이 작당해 적당히 넘어가는 선거판을 이번에도 바로 세우지 않는다면 포스트 트루스(post-truth)가 판을 치고 '침묵을 깨는 사람들'은 적어도 LA 한인사회에는 없는 셈이 된다.

세상은 바뀐다. 정치판이 바뀌고, 정권이 바뀌는 촛불운동을 지켜보고, 탄핵의 현장을 보며 가슴에 요동이 없는 사람이라면 그들 자손은 더 험한 세상에서 살게 될 것이 분명하다.

우리가 더 나은 세상을 향해 몸부림치는 것은 다음 세대에 더 나은 세상을 남겨주기 위함이다. 이민역사나 한인사에 길이 남을 만행을 저지르고도 자랑스레 고개를 빳빳이 들고 오늘도 거리를 활보하는 자들이 후에 자신의 평가를 두려워하지 않기를 바랄 뿐이다.

한해 동안 칼럼을 쓰면서 가장 많이 거론한 것도 정의와 불의였고, 악행에 대한 역사의 기록이었다.

악인은 악행을 저지르면서 악으로 여기지 않는다는 게 공통된 심리다. 변명과 논리로 자기합리화해 악을 선으로 둔갑시키는 것이다. 특히 반성하지 않는 악은 역사 속에 '추악한 패배자로 규정된다. 실패했지만 거듭날 수 있고, 악행을 저질렀지만 부활하는 역사를 우리는 역사에서, 그리고 수많은 인간사, 문학 등의 예술에서 배울 수 있다.

지난번 칼럼에서 '추악한 패배자'의 이모저모를 게재했다. 인간이기에 잘 못하고 또 패배한다. 그리고 일어선다. '패배는 인간의 것이고 승리는 '신의 것이다.'라는 말을 귀담아 잘못을 인정하고 다시 일어서면 더 나은 사람, 더 나은 세상으로 나아갈 수 있다.

새해에는 동포재단 이사진도 새롭게 구성될 것이다. 이어 사유화와 분규의 원천인 정관개정도 올바르고 정당한 절차에 의해 진행해야 한다. 그리고 불법 명의이전 등을 호시탐탐 노리는 이들로부터 하나뿐인 한인의 공동자산을 끝까지 지켜내야 한다.

이어 축제재단 역시 새롭게 태어나야 한다. 물어야할 횡령 등 형사책임은 끝까지 추적하고, 동포재단처럼 관련된 부정한 이사 전원을 강제탈퇴 시키고 중립적 인사들이 새로이 재단을 구성해야 한다. 이어 역시 분규의 원천인 정관개정으로 이사 숫자를 확대해 사유화를 막고 공정한 재단으로 만들어야 한다. 따지고 보면 두 재단은 그들의 것이 아닌 한인 전체의 것이다.

축제재단의 축제는 한인 전체의 이름으로 열리는 축제이고, 얻어지는 이익금도 당연히 한인사회에 고루 쓰여야 마땅하다. 그들이 얻어낸 이익금으로 착각해서는 안 되는 것이다.

자세히 들여다보면 문제가 된 이사들은 이곳저곳을 다니면서 파당과 사유화를 일삼고 횡령과 전횡을 일삼는 자들이다. 이들을 물리치고 새롭게 태어나야 앞으로 나아갈 수 있다.

새해에 동포재단 적폐청산을 계기로 LA 한인사회 전체로 적폐청산 운동이 펼쳐질지는 전적으로 침묵을 깰 사람들에게 달렸지만 사실상 불가능해 보인다. 적폐청산은 좁은 범위에서 관행에 젖어 침묵한 권력집단의 악을 처벌하는 것이고, 넓은 의미에서는 우리 사회의 구조적인 모순을 바로 잡는 일이다. 적폐청산은 악을 걷어내고 진실을 밝히는 과정이다.

이미 한인사회는 부패가 만연하고 한인들은 좌절과 침묵에 젖어 있다. 민주주의 나라에서, 우리는 민주주의 없는 한인사회에서 살아가고 있다.

반발은 제자리로 돌아가는 몸부림이다.

칼럼에서의 많은 지적은 사라진 미덕을 위한, 미덕 속에 살고 싶은 내밀한 욕망 때문이다.

인간은 욕망을 위해 기원한다. 새해에는 불의를 몰아내고 민주주의의 한인사회 건설을 소망한다.

원컨대 이 소망이 한 사람이 아닌 우리 전체의 침묵을 깬 사람들의 것이 되길 소망한다.

2017년 12월, 송년호 〈彦〉

46
올라갈 때 못 본 꽃

김현명 전 LA총영사가 이임하자마자 언론 곳곳에서는 그간 무능력하고 부적절한 행태를 쏟아냈다. 2년간의 현지 근무를 마치고 가는 마당이니 덕담을 늘여놔야 하지만, LA 현지에서의 행적과 업적 평가는 그러하지 못했다.

재임기간이 2년이든 3년이든 긴 것 같지만 세월은 화살처럼 흐른다. 부임해 권력자 자리도 아닌 자리에 취해 흔들리다보면 잠깐이다. 한 것도 없이 허겁지겁 보따리 챙겨 귀임하는 꼴이라니.

돌아가는 비행기 안에서 후회한들 이미 때는 늦은 뒤다. 그 반성조차 쉽지 않은 일이지만. 이전 신연성 총영사시절, LA총영사관에서 열린 국감에서 엉망이 된 민원창구와 전화불통에 대해 질타를 받았다. 그 후 어렵게 민원해결이 된 듯하더니 지금은 다시 민원전화 불통에 민원실 혼란이 제기되고 있다.

특히 불체자에 운전면허증 발급(AB60) 제도가 시행되면서 각국 영사관에서는 자체 ID를 발급해 운전면허증을 받도록 주선했다. 덕분에 현재 60만 명 정도가 발급받아 무면허, 무보험, 위험에서 벗어나 혜택을 받았다.

그러나 LA총영사관의 준비 미비로 1년이 지나도록 한인들은 운전면허증 혜택을 받지 못하고 있다. AB60 시행 소식에 기뻐하던 불체자들이 낙담해 뱉어내는 불만을 들어보았는가.

구비서류가 있는 사람은 걱정이 없겠지만, 문제는 언제나 불우한 경우이다. 증빙서류나 소셜조차 없어 어려움을 겪고 있는 한인들, 그런 불우한 사람을 챙겨야 하는 것이 원님이나 총영사의 배려 아닐까.

그나마 예산 50여만 불이 확보돼 올 하반기에는 바코드가 있는 영사관 ID가 발급되어 한인 불체자들도 곧 운전면허증을 받을 수 있을 거라고 한다.

왜 다른 나라 영사관은 사전에 준비된 ID를 우리는 준비하지 못했을까. 모두가 아래를 바라보지 않은 이유다. 어려운 환경에 처한 사람들도 각기 사연은 있다. 이민생활이 고달픈 건 백 년 전이나 지금이나 매양 같다. 고향을 떠나 오랜 세월 살아야 한다는 것 자체만으로도 사연은 충분하지 않은가.

부족하고 불우한 사람들도 한국 사람이다. 그들을 챙기고 껴안아야 할 사람이 바로 세계 곳곳에 나와 있는 영사들이다. 감시 없는, 하세월로 놀기 좋은 나라에서 국민의 세금으로 호의호식 하는 것이 아닌, 직분에 최선을 다해주기를 바랄뿐이다.

감사원 실태조사 결과는 LA 총영사관을 포함한 대부분의 재외공관이 홈페이지 상에서 관할 경찰서, 소방서, 한인회 등 현지 긴급 연락처에 대한 정보를 제공하지 않아 응급상황 발생 시 재외국민들이 어려움을 겪을 수 있다는 우려도 제기됐다.

한인 다수 밀집 지역이면서 방문객도 최대인 LA 총영사관과 뉴욕 총영사관 등 13개 재외공관의 경우, 홈페이지에 사건·사고 및 비상 당직 연락처조차 제공하지 않은 것으로 드러났다. 해외 방문지에서 절도, 강도 등의 피해를 당했을 경우, 과연 현지 영사들은 어떤 도움을 줄 수 있을까.

현지에서 어렵게 대사관이나 영사관에 구원요청 전화를 할 경우에도 갖가지 핑계만 늘어놓고 먼 산 바라보기를 일삼는 것이 실제 현실이다. 본보 기사로 여러 차례 그런 사례를 보도한 바 있다.

또, 현지에서 수감된 구속자들은 어떨까. 수감자 면회나 억울한 사정을 파악해야 함에도 충분한 역할을 했을까? 안타깝지만 대답은 '아니다.'이다.

인권 사각지대에서 혹은 언어나 식생활 불편을 호소하는 수감자들도 많다. 그들을 챙길 유일한 창구가 영사들이다. 의무이기는 하지만 LA 총영사관의 관할이 넓고 멀다보니 다 챙길 수는 없는 어려움도 있다. 그래도 최선을 다해 챙기면 진정성은 한인사회에 전달될 것이다.

문제는 영사들이 어디를 쳐다보는가에 따라 외국에 나와 있는 한인들의 불편부당이 처리된다는 점이다. 그들이 인식하든 말든 말이다.

외교관 신분으로 좋은 나라에 나와 편하고 멋진 시간을 갖고 싶기도 할 것이다. 하지만 치외법권을 누리면서도 미국의 공휴일과 한국의 공휴일까지 양다리로 놀고, 더구나 본봉 이외에 수당까지 챙겨가며 해외근무를 하고 있다는 비난은 들어본 적 없는가.

한국 관계자들 사이에서 LA는 골프치기 좋고, 구경거리도 많고, 2세 교육의 천국으로 소문난 곳이다. 총영사관 이외에도 교육원, 문화원도 LA 근무 지원자가 넘쳐난 것이 이를 입증하고 있다.

그런 그들이 어디를 바라보느냐에 따라 한인들은 고난을 겪기도 하고 면하기도 할 것이지만, 현실은 거리가 멀다.

총영사랍시고 고을 원님행세나 해대고, 완장에 취해 하세월을 보내다보면 금방 임기는 끝난다.

관저에서 열린 만찬행사에는 높은 사람들뿐이다. 한번쯤 고달픈 사람이나 사연 있는 사람들을 불러다 해결을 위해 노력하고 위로했다는 말은 듣지 못했다. 총영사가 어디를 보는가에 따라 수하 직원들도 따라갈 것이지만, 세상은 언제나 태양을 따라 돌지만 음지는 언제나 음지로 남는다. 공직자 중 가장 힘든 사람이 서울대 출신의 청년 고시출신이란 말이 있다. 세상 보는 눈이 좁고, 자신만을, 출세만을 지향하는 일부 사람들 때문에 듣는 지청구이다. 게으르고 무능한 공직자가 썩은 것은 당연하지만, 부지런하고 무능한 공직자는 다이너마이트라는 우스개도 있다. 일한답시고 돌아다니며 사고나 치는 김현명을 두고 하는 소리다. 한인회와 동포재단에 돌아다니며 저지른 사고가 신임 총영사의 짐이 될 것은 확실하다.

이런 지적질을 새기는 이유는, 새 총영사만은 부디 내려갈 때 보지 말고 올라가는 길에 꽃을 보라는 마음에서이다. 찾아보면 꽃은 널려 있다. 올라가기에 급급해 놓친 꽃, 꼭 챙겨야 할 사람 사는 이야기들 말이다.

　신연성 전 총영사는 부러 작은 교회를 찾아다니며 예배를 봤다는 말을 들려줬다. 그 교회에서 무엇을 챙겼는지는 확인하지 못했지만, 일단 노력은 가상할 만하다.

　"올라갈 때 못 본 꽃 내려갈 때 보았네."
　알려진 시처럼 늦게라도 볼 수 있다면 그래도 다행이라 할 수 있다.
　하지만 늦게라도 볼 수 있는 것조차 정녕 쉬운 일은 아닐 것이다.

2017년 5월, 〈彦〉

47

통通 하겠느냐. 우병우 버티기

코미디라면 차라리 웃고나 말 일인데, 엄연한 국정이며 국기문란에 해당되기에 그저 개 같은 세상을 한탄할 뿐이다.

노무현 전 대통령이 자살에 이르게 된 결정적 대목은 1억 원짜리 시계를 논두렁에 버렸다는 등의 내용을 검찰이 언론에 흘려 연이어 보도된 것이다. 결국 국정원과 검찰, 기레기가 합작한 작품으로, 노무현 전 대통령은 끝내 건디지 못하고 선택한 결과였다.

그 수사의 중심에 문제의 우병우가 있었다. 역사는 이토록 무섭고 반복되는 것인가.

전직 대통령의 피의사실을 언론에 실시간 중계하듯 백 브리핑을 하던 우병우가 절벽 끝에서 죽음을 선택하는 대신 들고 나온 마지막 카드는, 특별감찰관이 한 언론사 기자와 나눈 대화를 이유로 기밀누설죄를 묻는 것이다. 참으로 가소롭고, 가증스럽기만 하다. 아니 치졸함의 극치를 보여주고 있다.

기막힌 곡예사의 기시감은 또 있다.

우 수석이 관여한 국면 전환의 대표적 사례는 2014년 11월 '정윤회 문건' 사건이 터졌을 때다. 당시 세계일보는 정윤회 등 박근혜 측근들의 국정농단 의혹을 담은 청와대 문건을 보도했다.

그러나 박근혜는 그해 12월 수석비서관회의에서 문건 유출 자체를 문제 삼으면서 "결코 있을 수 없는 국기문란 행위"라고 초점을 돌렸고, 검찰은 대통령의 '수사 가이드라인'에 따라 대통령기록물관리법 위반과 공무상비밀누설 혐의 등으로 조응천 전 민정수석실 공직기강비서관(민주당 의원) 등을 기소했다.

이때에도 뒤에서 물타기를 기획하고, 이 같은 수사에 검찰이 청와대 뜻에 따르도록 독촉하고 재주를 피웠던 자가 역시 민정비서관이던 우병우였다. 이때부터 박근혜의 신임을 얻은 우병우는 청와대 입성 10개월 만인 지난해 1월 민정수석으로 승진하게 된다.

이제 또다시 공은 검찰로 넘어갔다.

이석수 특별감찰관의 우병우에 대한 직권남용과 횡령 혐의의 검찰수사 의뢰에도 우병우는 침묵했고, 청와대는 오히려 이석수 특별감찰관에 대한 수사를 주문했다.

청와대가 이석수 특별감찰관의 감찰 내용 유출 논란을 '중대한 국기문 한 위법행위'라고 비판하고 나선 것도 결국 자신에 대한 논란을 감추려는 우병우식 국면 전환에 불과하다. 위기마다 곡예 하듯 무리수를 두는 '개 같은 세상 만들기'이다.

좀 더 따져 보자면, 과연 특별감찰관이 언론접촉을 해서는 안 되는지 여부와 이미 알려질 대로 알려진 내용을 굳이 법률적 누설이나 기밀 유출로 볼 수 있는가의 여부이다. 모두 개 같은 억지 수작에 불과하다.

이채로운 대목도 있다. 어찌된 셈인지 진보 보수를 대표하는 조선일보와 한겨레가 한 목소리로 우병우 끌어내리기에 전념하고 있다. 그동안 목에 힘을 주고 무시했던 우병우에 대한 조선일보의 앙갚음치고는 살벌한 대목이기도 하다.

여권 내에서도 박근혜의 충실한 내시 이정현을 제외하고는 '물러나야 한다.', '청와대에 누가 되어서는 안 된다.', '국정중단 사태다.' 등의 반응이 이어지고 있으나 버티기로 대응하고 있다. 물론 박근혜의 암묵적 지시에 따른 결과겠지만, 비아냥을 들어도 싸다.

우병우가 도대체 누구이기에, 얼마나 중요한 인물이기에 청와대가 이토록 무리수를 두는가? 단순한 개인비리 차원으로 마무리될 사건을 청와대가 비상식적으로 우병우를 비호하고 있다.

광기의 집단의 충성에는 파멸만이 있을 뿐이다. 나치 히틀러가 그랬고, 스탈린이 그랬다. 이런 자들은 SS친위부대나 KGV 정보기관 등을 앞세워 국민을 억압하고 다스린다. 이면에서는 어버이연합 같은 일베집단을 앞세워 국민의 뜻을 오도한다.

친위부대나 일베집단으로는 좋은 국가가 될 수 없다. 정권친위부대로 유지되던 유신정권의 종말을 박근혜는 잊었는가. 국민의 심판이(부마항쟁) 끝나기도 전에 내부 세력에 의해 자멸했던 10.26을 잊었는가.

단언컨대, 우병우는 더 추악한 모습으로 부엉이 바위가 아닌 나락 끝으로 추락할 것에 팔 하나쯤 걸어도 무방할 것이다.

사족으로,

LA축제재단은 사무실 임대료를 지불하면서 3만 불짜리 가짜 체크를 만들어 노인센터에 기부금이라며 기증 장면 사진을 온 언론에 뿌렸다. 박형만 이사장은 분명하게 3만 불은 기부금이 아닌, 추후 매달 입금될 렌트비에 불과하며 기부는 3천 불도 안 될 것이라며 언짢아했다.

이게 무슨 개 같은 짓인가. 지금 LA한인들에게 장난하는 건가!

이들의 놀음에 속은 언론도 한심하지만, 그저 사진 박고 세숫대야 내밀기 좋아하는 완장들의 모습도 가관이다.

지금 한인사회는 한미박물관 건립과 커뮤니티 센터 건립을 목전에 두고 있다. 한인 모두가 힘을 모아야 기회를 놓치지 않고 더 완벽한 작품을 만들어 낼 수 있다. 누구든 쉽게 만들 수 없는 시간이 다가온 것이다. 먼 산 보듯 고개를 돌려서는 안 되는 이유다.

한미박물관 기증자들의 면면을 보면 공통점이 있다. 그것은 한인사회에 별로 얼굴을 내밀지 않은, 완장들이 아니라는 점이다.

수천만 불의 부동산을 매매하고 성공한 부자라고 자랑하던 부동산 부자, 비즈니스 부자들은 왜 안 보이는가. 한인을 상대로 대형마켓이나 대형 비즈니스를 하는 자들은 한인 주머니에서 주워 모은 부인데도 정작 커뮤니티를 위한 일에는 모른 척 한다.

한인회나 각 단체장 등은 기회 있을 때마다 청중들 앞에서 자신의 모든 것을 당장이라도 한인커뮤니티에 바칠 것인 양 떠벌인다.

도대체 그 자들은 어디로 숨었는가.

2016년 8월, 〈彦〉

48
산적 떼가 판치는 사회

4세기 경, 로마제국과 주위 국가를 아우구스티누스는 강하게 비판했다. 아우구스티누스의 「신국론」은 그 유명한 「고백론」의 확장판이다. 고대 로마의 장군이나 황제들은 세계 제패의 전쟁 중에도 교수와 이동도서관을 동행시킬 정도로 학문을 중요시 했다.

현세에도 불후의 고전인 「신국론」은 방대한 분량과 치밀하고 해박한 지식에 절로 고개가 숙여지는 명작이다. 서양 최초의 역사철학, 시작과 종말을 잇는 직선 사관의 효시, 라틴문학 및 수사학의 거작 등 다양한 찬사를 받고 있는 이 책은 지금도 녹록하지 않다.

이 책에서는 이방인들의 침략에 힘없이 무너진 로마가 도덕적 위기에서 비롯됐다는 분석이 나온다. 기독교를 앞세워 도덕적 타락을 비난하고 문란한 신들을 참된 종교로 설득한다.

이어 국가의 정의에 대한 유명한 대목을 거슬러 가보자.

"정의가 없는 국가란 거대한 강도떼가 아니고 무엇인가."라는 질문이 요즘 눈길을 끈다. 이를 설명하기 위해 아우구스티누스는 알렉산더 대왕과 해적 사이의 흥미로운 대화를 소개하고 있다. 알렉산더 대왕이 잡혀온 해적에게 "무슨 생각으로 바다에서 남을 괴롭히느냐."고 문초하자, 그 해적은 다음과 같이 답변한다.

"그것은 폐하께서 전 세계를 괴롭히는 것과 똑같습니다. 단지 저는 작은 배 한 척으로 그 일을 하는 까닭에 해적이라 불리고, 폐하는 대함대를 거느리고 다니면서 그 일을 하는 까닭에 황제라고 불리는 점이 다를 뿐입니다."(「신국론」 IV, 4)

대한민국 법조계 추악한 민낯을 보여준 홍만표 게이트의 키를 쥔, 구속된 최유정 변호사의 남자 이동찬(44)이 붙잡혔다. 급제보를 받고 출동한 수사관에 의해 체포되는 과정도 부창부수夫唱婦隨처럼 추악함의 극치를 드러냈다.

도피 중 최유정은 전주에서 체포되었다. 이 과정에서 과거 부장판사라며 위세를 부리고 고함치며 수사관의 손을 물어뜯는 등 극렬한 저항을 했다고 전해지고 있다.

이동찬 역시 50일 넘게 도피생활을 하다가 남양주의 한 카페에서 체포되면서 2층에서 아래로 뛰어내리는 등 극심한 도피를 시도하다가 다리와 팔에 부상까지 당했다. 또한 동석 중이던 전직 수사관 강모 씨는 잽싸게 도주에 성공해 전국수배를 내렸다고 한다.

이동찬이 체포되어 결국 말로만 떠돌던 전관 아닌 현관(현직 검, 판사)들의 뇌물수수 내막이 밝혀지고 있다. 사건에 관련된 현직 검사가 돈을 받은 사건이 드러난 경우는 매우 드물다. 이런저런 이유로 사표 처리되거나 적당한 구실로 덮어 제식구 감싸기 비난만 받아 왔다.

국민들은 홍만표 게이트로 자괴감에 빠졌다. 같은 변호사들도 자괴감에 빠졌다는 말이 많다. 자신이 받은 최대 수임료는 1억에 불과한데, 매년에 수백억씩을 챙겼다는 사실에 그렇다는 말이다.

홍만표, 최유정 변호사를 통해 이른바 한국의 최고 지식층, 법조계의 면모를 조금 알게 되었다. 전화변론, 유령변론, 대법관 도장 값 등 말도 안 되는 도적질에 분개를 넘어 세포(세상포기) 단계라고 비난한다.

끝내 현직 부장검사와 평검사가 몇 억씩을 받은 사실이 드러났다. 어디까지 더 확대될지 모르지만 도적들을 단죄하는 법조계가 아닌 자신들이 도적떼가 된 세상을 밝히는 일이 어느 정도 가능할지 의문은 크다.

도적떼의 집단, '김앤장' 같은 로펌이 대성공을 거둔 곳이 대한민국이다. 사주는 이건희보다 많은 600억 연봉에 1500명의 전직 고관들을 거느리고, 자신은 궁궐 운현궁에서 살고 있다.

당장 사회단체들이 벌떼처럼 일어나 궁궐 반납운동이라도 펼쳐야 마땅하지만, 실현은 멀어 보인다.

그들이 도적 떼인 것은 '검사동일체' 원칙을 앞세우며 서열과 조직을 앞세우기 때문이다. 출신과 학적, 고시 동기를 내세우며 서로 봐주고 돈 주기를 일삼아 온 도적떼.

서울대의 한 철학교수는 못 배운 도적은 빵을 훔치지만, 많이 배운 도적은 나라를 말아 먹는다고 일갈했다. 많이 배운 도적떼들이 날뛰는 세상을 일갈할 어른은 누구인가.

가장 많이 배운 집단이, 가장 돈 많은 재벌그룹들이 갖은 도적질을 일삼을 때 나라는 망해도 마땅하다. 약자들은 배가 고파도 빵을 훔치지 않는데, 강자들은 더 갖기 위해 약자들의 빵을 빼앗을 때 나라는 망해도 마땅하다. 롯데 사건에서 수백억은 돈도 아니다. 수천억 단위다.

한때 사회 정의를 위해 가장 검찰의 칼을 잘 휘둘렀다던 홍만표. 그가 소유한 오피스텔 123채, 상가점포 35개, 85억 빌딩, 30억 빌라 거주, 주식 다수, 여러 회사 이사, 숨겨진 어마어마한 돈과 금괴 등등의 재산을 변론할 방법이 없다.

언젠가는 드러날 비밀들이다. 이번 박 부장검사가 받은 1억 원 뇌물도 사실은 6년 전에 받은, 본인들은 잊힌 사건이 드러난 것이다. 당사자들이야 영원히 물밑으로 가라앉길 바라겠지만, 세상의 이치는 그렇지 않다. 거짓이 진실을 이길 수 없다는 진리 말이다.

그 사회의 최후 보루는 법이다. 법이 무너지면 도덕이 무너지고 그 사회는 무너진다.

한 국가의 위기는 경제나 군대에 있지 않고 도덕적 타락에 있으며 그 원인은 종교나 도덕적 타락을 경고하지 않는데 있다고 주장한 아우구스티누스를 되새겨야 할 시점이다.

2016년 6월, 〈彦〉

49

2Q16 박근혜식 삥뜯기

지난 4년 내내 창조경제를 떠벌렸지만 성공한 실적은 한 건도 안 보인다. 4년간, 수백 벌의 옷을 차려입고 세계 순방외교랍시고 다니면서 MOU 실적을 떠벌였다.

그 실적 내용을 들여다보니 MB정권이 5년 동안 체결한 MOU 96건 중 16% 정도가 성사된 반면, 박근혜 정권 4년 동안은 떠벌린 MOU 체결 실적 124조 중에 실제 성사된 것은 1조에 불과한 것으로 드러났다. 1%도 안 되는 실적이다.

그나마 성공한 것이라면 비선 실세들이 만든 미르, K 재단 사람들 데리고 다니면서 해외여행 시켜주고 공연시켜 준 것 정도라고나 할까. 박근혜 순방 때마다 이들은 파리, 아프리카 등을 함께 다니며 공연했다. 그리고 비선 실세들은 그걸 내세워 기업들에게 삥 뜯기를 계속했다. 한두 번도 아니고.

그리고 이제 미르, K재단의 '최순실 게이트'가 만천하에 밝혀졌다.

더욱 놀라운 것은 유사한 재단이 하나둘이 아니라는 사실이다.

이제 세간에서는 '최순실 게이트'가 아닌 '박근혜 게이트'로 정정해야 한다고 입을 모으고 있다. 대한민국 정권실세 1위라는(이 사실은 2년 전 정윤회 문건유출 사건 당시 실토한 내용이다.) 최순실은 뒤에 숨어 보이지 않는 손으로 삥 뜯기를 했지만, 박근혜는 손수 했다.

지난 7월 출범한 지능정보기술연구원(AIRI)은 '민간 주도 연구·개발(R&D) 방식'의 연구원으로 박근혜가 직접 지시한 것으로 확인됐다. 이후 삼성전자, LG전자, SKT, KT, 네이버, 현대자동차, 한화생명 등 7개 기업에서 30억씩 총 210억 원 삥 뜯기를 했다.

지난 3월, 청와대는 '대통령 지시사항 카드'로 인터넷, 통신, 제조업 분야의 기업 대표에게 지능정보기술연구소 설립을 지시했다. 문제는 기업들이 "공동 출자해 연구원을 만들겠다."는 의사를 자발적으로 밝힌 적이 없다는 점이다.

청와대는 그런 반발을 막기 위해 당근도 물론 준비했다.

미래부가 지능정보기술연구원에 연간 150억 원씩 5년간 총 750억 원을 지원할 계획이 그것이다. 재벌들에게 30억 투자하면 천억 규모의 연구원에 참여 기회를 준다는 것으로 무마시킨 셈이다. 그러나 750억 원은 국민 혈세다. 생각대로 마구잡이로 써서는 안 되는 돈이다.

박근혜 정권 4년 동안 국가부채는 200조가 늘었다. 4대강 사업 같은 대규모 국책사업도 하지 않았는데 MB정권 때보다 2배 넘게 늘어난 것이다. 도대체 그 돈은 어디로 간 것인가.

문제는 4년 내내 떠벌린 박근혜의 창조경제다. 여기저기에 알게 모르게 재단, 연구원 등을 설립해 놓고 혈세를 마구 낭비한 것이다.

앞으로 더 밝혀질 재단은 얼마나 될지 궁금해지는 대목이다. 정권 말기, 정권교체가 되면 드러날 것을 믿는다. 역대 최강의 군사정권의 수정인 전두환도 일해재단의 문턱을 넘지 못하고 감옥으로 갔다.

영구할 것 같지만 그물에 바람처럼 빠져 나가는 게 권력의 속성인 것을 박근혜는 10.26 이후 실제 체험하고도 잊었는가.

여기에서 잠시 악취 진동하는, 재벌들에게 삥 뜯기는 도대체 누구에게 배운 것인지 알아볼 필요가 있다. 20대부터 퍼스트레이디 행세를 하며 권력 주위를 맴도는 똥파리들에게 하나 둘 배운 짓일 것이다.

최순실의 부친 최태민 목사와 결탁해 붙어 다니면서 문제는 시작됐다. 최태민은 중앙정보부가 사찰할 정도로 각지에서 수십 건의 비리를 저질렀던 작자다. 그런 자하고 머리를 맞대고 정수재단, 영남대학교, 등 수많은 재단을 함께 설립해 운영했다. 더 자세한 내용은 월간조선, 신동아에 게재돼 있으니 궁금한 분들은 찾아볼 일이다.

그리고 다음은 자신을 박해했다는 전두환이다. 박근혜 등 수많은 재벌, 정치인들을 박해해 삥 뜯은 돈으로 일해재단을 설립했다. 임기 후 만수무강을 빌면서.

그런 식의 추악한 삥 뜯기를 배운 박근혜는 청와대에 입성한 후 은밀히 자행한 셈이 되었다. 세월이 바뀐 만큼 적절히 진화된, 그럴듯한 수법으로 말이다.

여기서 주목할 것은 롯데와 CJ그룹이다. 유독 두 재벌만이 미르재단 이사로 참여했다. 다른 재벌들은 돈만 뜯겼지만, 이들은 직접 이사진에까지 참여하며 열중한 것처럼 보인다.

그러나 알 만한 사람은 다 안다.

이 두 그룹은 생사여탈권에 휘말린 긴박한 상황에 놓여 있었다. 그러다 보니 유독 두 그룹만 이사진에까지 참여했을 터이다.

롯데 회장은 구속영장 청구에서 풀려나긴 했지만 금년 내내 아비규환에서 헤매고 있고, CJ 이재현 회장은 겨우 8.15 특별사면으로 감옥에서 풀려난 몸이 됐다.

지옥불에 빠진 자들에게 손을 내밀면서 삥 뜯기를 한 권력이 되었다.

면세점 사업 결정을 앞둔 기업들은 사업권 때문에, 롯데처럼 고층건물을 짓기 위해 안달 난 재벌은 건축허가권 때문에, CJ처럼 감옥에 있는 재벌 회장은 특별사면을 위해 갖다 바쳤을 것이 물처럼 분명하다. 이제 역사에 길이 남을 추악한 권력이 되었다.

하긴 드러난 몇백억뿐이겠는가. 그건 이른바 앞돈은 물론이고 뒷돈도 얼마든지 있을 수 있다. 재벌들은 100억 바치고 101억을 벌수 있다면 무슨 짓인들 할 작자들이다. 기업의 목표인 이윤추구를 위해서.

그러나 정치는 그래서는 안 된다. 권력을 그렇게 휘둘러서는 안 된다.

음식에 소금을 넣으면 먹을 수 있지만, 소금에 음식을 넣으면 먹을 수 없다. 삶 속에 욕망을 넣어야지 욕망 속에 삶을 넣으면 안 된다. 유명한 말이지만 청와대가 새겨들어야 할 말이다.

하긴, 새겨들을 정도라도 된다면 마지막 희망은 남아 있는 셈이지만.

불행하게도 악행에는 반드시 핑계가 따르기 때문에 깨닫지 못한다는 게 죄악이 되는 법이다.

2016년 10월, 〈彦〉

50
개성공단의 책임

해외 한인들이라면 한국 정치는 신물이 나 고개를 돌리기도 하지만, 남북 관계 뉴스나 군사 충돌 소식에는 촉각을 안 세울 수가 없다. 충격에 휩싸이게 한 개성공단 폐쇄는 남한이 조치한 최대 뉴스 감이었다.

역대 독재 정권들이 안보 불안을 핑계로 국민을 억압하고 정권유지에 이용한 사례는 수없이 많다. 이제 국민들도 북풍공작 망령 정도는 가려낼 수 있다. 돌이켜보면 70년대 박정희는 장기집권을 위해 7.4 남북공동성명을 휴지로 만들고 유신을 선포해 영구집권을 주도했다. 그리고 유신은 평화적 통일을 위해 실시한다고 선언했다. 지금은 코미디 같은 말이지만, 통일이나 남북대결을 핑계로 온갖 더러운 짓을 정권들이 저지른 본보기인 것이다. 이후 전두환 군사독재 시절에도 선거 때면 북풍공작이나 평화댐 건설 같은 어처구니없는 각본으로 국민을 우롱하고 전쟁공포로 몰아넣었다. 영원히 집권할 것 같았던 박 정권은 유신선언으로부터 7년하고도 8일 후, 총성과 함께 비극적으로 끝났다.

아직도 국민을 멍청이로 아는 권력자들이 북풍공작을 만지작거리고 있다. 독재자들이 저지르는 멍청한 짓으로, 제 죽을 길을 재촉하는 셈이다. 공교롭게 지금 한반도는 한, 미, 일과 북, 중, 러로 나뉜 묘한 구조를 보이고 있다. 구한말 위기 상황과 흡사하다는 지적도 있다. 맞는 말이다. 빵한 개를 놓고 눈치를 보고 있는 형상이다. 6자 관계에서 이익만을 취해서도 안 되고, 굴욕적인 모습을 보여서도 안 된다.

한국은 지금 중국에서 약 600억 달러 정도의 무역흑자를 내고 있다. 미국에 비하면 천문학적 금액이다. 경제 이익만을 위하면 응당 중국과 손을 잡아야 하지만, 옆에 북한이 있다. 또 70년 우방인 미국을 헌신짝처럼 버리기도 어렵다. 미국의 영향력도 그렇지만 중국의 영향력도 무시해서는 안 된다는 말이다. 6개국 모두가 모호하고 어지러운 국제관계다. 결국 노련한 줄타기 외교 전략이 필요할 뿐이다. 18세기 말, 일본의 성공과 조선의 멸망이 대비되는 시점이기도 하다.

개성공단 폐쇄로 남한의 손실은 얼마나 될까?

상상조차 힘든 개성공단 폐쇄조치가 천둥처럼 내려졌다. 맞받아친 북한도 추방과 재산몰수 명령을 내렸고, 이어 식수와 전기공급 중단 명령도 내렸다. 치고받는 꼴이 곧 전쟁이, 국지전이나 공격이 코앞에 벌어질 태세다. 역시 주식이 곤두박질치고 경제 분야 곳곳에서 빨간불이 켜졌다고 아우성들이다.

박근혜의 결단이 이것을 노렸다면 어쩔 수 없지만, 대북정책과 한반도 인근 6개국에 대한 외교전략 실패라면 바로 사과하고 시급히 되돌릴 방안이 필요하다. 가정은 쉽지만, 박 대통령은 되돌리지 않을 것이다. 국민만을 바라보고 국가의 미래를 고민한다면 응당 그래야 마땅하지만 절대 그렇게는 안 할 것이라 본다.

이제 음모론을 짚어보자.

시중에 떠도는 음모론은 개성공단 폐쇄에 누군가 큰 이익을 보는 자가 있다는 것이다. 무서운 이야기지만, 의도된 계획으로 감정적 분출이 만들어 낸 결과라는 뜻이다. 과연 누가 이익을 보는 것일까. 개성공단에서 얻는 수익은 북한이 연 1200억 정도이고, 이번에 한국이 손해를 본 규모는 2조가 넘는다고 한다. 또한 일시폐쇄가 아닌 만큼 숙련 근로자들은 곧 중국 공장으로 갈 것이라고 한다.

북한도 중국 의존도가 높아진다는 우려 때문에 다각적 노력을 펼쳤고, 중국보다는 남한을 비롯한 동남아 진출에 힘을 기울였다. 중국의 압력에서 벗어나 보려는 자구책이다. 반증으로, 개성공장에서는 10만 원에서 15만 원을 받는 근로자가 중국공장에서는 30만 원에서 35만 원을 받는다고 한다. 북한이 평화를 원하지 않는 것처럼 언론에서 떠들지만 반증으로, 개성공단 자리는 과거 기갑부대와 포병부대(장사포)가 있었던 곳이다. 그 군사기지를 뜯어내 뒤로 후퇴시키고 개성공단 '평화공존지대'로 만든 의미도 크다. 개성 시민에게 공급된 물과 전기도 여러 가지 의미를 상기시킨다.

2년 전, 박근혜 스스로 개성공단은 정경을 분리해 지켜나갈 것이라 선언한 바 있다. 전쟁이 터져도 지켜낸다는 의미였다. 2년 전 노사분규가 터졌을 때도, 정부는 관여하지 않았다. 민간기업체라는 이유에서였다. 연평도포격, 연평해전, 천안함포격, 핵실험 때에도 개성공단은 가동되었다.

개성공단에 입주한 12개 기업의 6,000여개 하청업체는 부도직전이다. 기한 내 납품을 못해 3배의 위약금을 물어야 하고, 자재, 원단, 상품, 공장 등 한 푼도 건지지 못할 것이 뻔하기 때문이다. 기업은 생산 공장을 찾아 중국과 동남아를 헤매고 도산위기에 빠졌다. 과거처럼 국가는 통치행위를 핑계로 보상은 안 할 것이다. 만약 보상한다 하더라도 그것은 국민의 세금 아니겠는가.

누가 내린 결정인가

그것뿐이 아니다. 국가적 손실은 앞으로 눈덩이처럼 불어날 것이다. 경제위기 쓰나미가 기다리고 있다. 권력자의 감정이든, 판단착오든, 의도한 음모든, 어떠한 경우든 간에 일체의 논의나 국민적 합의 없이 전광석화처럼 단행된 불행을 누가 책임져야 할까.

공단입주 기업들은 왜 사유재산을 국가가 맘대로 넘기고 수십만 명에게 피해를 주느냐며 항변하고 있다. 또 국민의 반공 콤플랙스와 전쟁공포를 노린 총선을 위한 안보장사라고 비난한다. 비밀리에 파악한 여론조사에서 여권이 불리해서 벌인 북풍공작이란 여론도 많다.

뭔가 기대하는 게 있었으니 그런 엄청난 조치를 단칼에 단행했다고 의

심한다. 이 가설은 '만약 김대중과 노무현이 만든 개성공단이 아닌, 박정희가 만들었다면 그런 결단을 박근혜가 했을까?'라고 묻는다면 단박에 의혹이 풀린다.

2002년, 개성공단은 '남한은 기술과 자본, 북한은 토지와 인력'을 제공하기로 하고 시작되었다. 험난한 고비를 넘어 겨우 얻어낸 작품이며 통일로 가는 첫 출발지였다.

세계에서 가장 값싼 북한의 인력과 남한의 기술과 자본으로 남북 모두 잘 살게 되는 길. 그것이 우리가 염원한 통일을 위하고 민족이 살길이라고 여기지 않는 한국인은 없을 것이다. 중국이나 동남아 공장을 전전하기보다 남한의 공장에서 돈 벌고 서로 부자 되는 길이 바로 통일이다. 통일이 되면 먼저 7000조 규모의 자원강국이 된다. 인구도 8천만 명이 되고 국토 면적도 영국과 비슷해진다. 지금은 북한에 끊겨 한반도이면서도 섬 형국이다. 그러나 만주를 거쳐 유럽 대륙으로 이어지면 원유와 가스 등 물류비용 절약으로 경제효과는 엄청날 수밖에 없다. 군비절감과 고용효과, 국가총생산량도 크게 성장한다. 세계 10대 강국은 받아놓은 밥상이다. 그러니 누가 통일을 반대하겠는가?

그러나 개성공단은 다시 군사기지로 변모할 것이고, 열흘 전의 남북관계가 돌아가기까지는 많은 노력과 시간이 필요하게 되었다. 물론 정권이 바뀌는 것도 전제되어야 가능한 가설이다.

전쟁 중에도 핫라인은 개설된다. 현재 남북 교류와 모든 연락망은 끊겼다. 조국통 발표전문에는 차마 담지 못할 박 대통령에 대한 욕설로 가득하다. 정부는 마지막으로 사드배치 카드를 들고 나왔지만, 한중관계를 더 악화시킨다면 무역과 관광 등에서 한국은 치명적인 국면에 처하게 될 것이다.

문제는 왜 그런 대가를 치러야 하느냐다. 누구도 원하지 않고, 동의하지 않은 피해국면을 권력자 때문에 온 국민이 당해서는 안 된다. 제한되지 않는 권력은 파멸이 기다릴 뿐이다.

스스로 머리가 좋다고 자랑한 본인이 기억력은 형편없는지 스스로 주창한 '밥상론'과 '통일대박론'을 걷어차고 막가고 있는 것은 아닌지 불안하기만 한 2016년 2월이다.

아직 봄은 멀었는가.

2017년 4월, 〈彦〉

51

영화 '베테랑'으로 보는 세상
〈영화평론〉

영화는 영화일 뿐인가. 아니다. 우리의 현실은 영화보다 더 치열하다. 백만 원짜리 수표를 뿌려대고 백만 원에 한 대씩 야구방망이로 친다. 이게 재벌이고 우리의 현실이다.

영화 속에서 지켜보는 현실 때문에 25일 만에 천만 관객을 돌파하고 이어 역대 한국영화 3위에 올랐다. 제작비는 90억 원인데 수익은 1010억에 달한다. 북미에서도 흥행에 성공했다. 추석 대목을 지나 누적관객 1400만을 향해 달리고 있다.

뉴욕 타임즈를 비롯해 해외 언론도 격찬을 아끼지 않았다.

류승완은 유머감각이 뛰어난 감독이 아님에도 불구하고 '베테랑'은 웃음을 선사한다. 또한 잘 짜인 스토리에 자신의 장기인 우아한 액션을 곁들여 최고의 오락영화를 만들어 냈다는 찬사를 받고 있다.

류승완 감독은 침몰하는 배에서 학생들을 구하기 위해 힘썼던 선생님, 불이 난 건물에서 사람들을 구하기 위해 자신의 능력을 활용해 구원의 손길을 내밀어준 간판 전문가, 열악한 현장에서 컵라면으로 끼니를 때우며 애쓰는 소방관, 범죄와 싸우며 사우나에서 잠자기를 밥 먹듯 하는 일선 경찰들, 비리와 맞서기 위해, 정의를 구현하기 위해 진실을 파헤치는 기자들 이외에도 묵묵히 자신의 일을 해내며 남을 위해 봉사하는 많은 분들에게 존경을 표한 영화라고 설명한다. 또 이런 분들의 대척점에서 우리의 분노를 일으키는 수많은 범죄 권력자들과 많은 분들의 순수한 노고를 한 순간에 무너뜨리는 부정부패 세력들이 부끄러움을 조금이나마 느낄 수 있기를 바란다고 전했다.

이미 갑질 회장님들이 저지른 변태적 행위는 영화를 넘어섰기에 실화를 바탕으로 한 것으로 뉴스의 한 장면들이 겹쳐진다.

거울 속에 비친 우리 현실

왜 사람들은 뉴스의 한 장면을 영화 속에서 지켜보려 했을까? 누구는 대리만족이라고 했지만 거울 속에 비친 자신을 보려한 것은 아닐까.

3포, 5포 세대들이, 아스팔트에 붙은 낙엽세대인 아비들이 거울에 비친 모습을 확인하는 영화가 베테랑이었을 것이다. 오늘을 살아가는 아비들은 비겁해야 했고 참아야 했다. 가진 자들은 언제나 돈과 권력과 주먹을 휘둘렀고 곳곳에서 조태오가 활약하고 있었다.

그래서 우리는 울분을 퍼붓는다. 그래서 베테랑이 성공했다. 오늘도 '청년세대'와 50대 아비들은 직장에서 거리에서 두들겨 맞고 살아간다. 던져주는 몇 푼을 움켜쥐고 참고 살아가는 것이다.

영화 속 명대사마저 공허한 울림으로 남는다.

"이러고 뒷감당 되겠어요?"

거악들에게 서민은 언제나 약하다. 가진 게 없는 '을'들은 흔드는 대로 떠밀려야 한다.

"우리가 돈이 없지 '가오'가 없냐."

그러나 사람들은 돈에 무너진다. 자존심을 지켜내지 못하는 게 현실이다.

"죄는 짓지 말고 살아라."

현실이 슬픈 것은 우리 주위에 조태오가 너무 많다는 사실이다. 조태오 안에는 항상 개가 살고 있다. 언제든지 돌변할 수 있는 사나운 개.

영화 속 조태오는 재벌 3세의 실화를 근거로 하고 있다는 점에서 영화 속 상상으로 치부할 일은 절대 아니다. 우리에게 익숙하게 보이는 갑질하는 사나운 개일 뿐이다.

"훌륭한 CEO는 자신이 언제든지 개가 될 수 있다는 사실을 깨닫는 법이다."라는 말도 있다.

그동안 유명 연예인, 망나니 재벌이 마약질을 한 뉴스를 봐왔다. 또 대통령의 동생이, 대통령 사위가 뽕쟁이였다는 뉴스도 봐왔기에 영화는 익숙하다. 때맞춰 터진 뉴스와 그 기시감이 1400만 관객동원에 일조한 사실도 알 수 있다.

호화판 룸방에 마약이 등장하고, 몸매 좋은 여자 연예인이 시중을 들고, 조태오는 천정에 돈을 뿌린다. 돈이 돈 아닌 세상이 그곳에 있다. 백억, 5백억쯤 집안 금고에 쌓아 놓고 사는 세상이라면 그럴 것이다.

주차위반으로 몇 천만 원을 내고, '돈 냄새라도 맡아라.'라며 몇 다발을 건네기도 하고, 돈으로 가득 채운 가방을 쉽게 전달하는 그들의 세상. 적어도 그곳에 정의는 없을 것이라 단언한다. 그저 돈이 있는 세상 말이다.

마지막으로 영화가 대박을 뒤의 돈 잔치도 눈길을 끈다. 감독과 배우들이 출연료 외에 흥행성적에 따라 받아가는 인센티브도 상상하기 어려울 정도의 금액이다. 여기에 제작사 대표와 감독이 부부이니 순이익의 40%를 가져간다. 천만 관객 영화 한편이면 3~400억은 챙길 수 있는 계산이 나온다. 더불어 주연급 배우도 챙기는 인센티브가 10억이 넘는 세상이 되었다. 돈 냄새 넘쳐나는 세상은 아이러니하게도 영화 뒤편에도 존재하는 셈이다.

3년 후에는 베테랑 2편이 나온다니 그때는 세상이 좀 달라지기를 기대해 보자.

그러나 영화 한편에 바뀔 세상이겠는가. 서도철 형사 한 명이 나댄다고 세상이 달라지겠는가.

'그것이 알고 싶다' 대한민국 정의 편에서 한 취재원은 "비리 폭로 인터뷰가 나간다고 세상이 달라질까요?"라고 묻는다.

맞는 말이다. 세상은 쉽게 변하지 않는다. 그러나 영원한 것도 없다는 사실로 위안이 되길 바랄 뿐이다.

그들도 쓰러질 날은 꼭 온다. 조금 늦을 뿐….

2015년 10월, 〈彦〉

52
21세기 가장 추악한 싸움판
(조선일보 vs 청와대=우병우)

단언컨대, 추악한 싸움의 시작은 잘 나가는 권력자의 이기심에서 비롯된다.

이 대목에서 나향욱 기획관의 개돼지 발언이 겹쳐진다. 제 잘난 맛에 사는 자들은 가끔 혼동한다. 아직도 신분제가 있다는 착각이나 나는 개돼지들과는 전혀 다르다는 착각이다.

우병우도 그런 부류가 분명하지만 이번 더러운 싸움은 잘못 시작했다.

지금은 자신도 크게 후회하며 '도대체 내가 무슨 짓을 시작한 건가.' 하고 자책과 절망 속에 지내고 있을지도 모를 일이다.

그는 푸른집에 출근하면서 매번 불만이었다. 왜 그들에게 굽실거려야 하는지, 왜 그들이 요구하는 것을 항상 들어주어야 하는지. 따지고 보면 나보다 경력도 없고, 공부도 못하고, 돈도 적고, 잘나지도 않는 자들이 분명한데 매번 당해야 하는 것이 불만이었을 것이다.

그러던 차에 사건은 터지고 만다. 그 이면에는 신神만이 아는 그의 습성과 성격이 작용해 몇 번의 거절과 충돌이 생기고 끝내 터질 것이 터졌다.

이후 작정하고 아주 작은 것부터 서비스를 단절시켰다(특급 정보제공).

반대쪽에서는 항상 받아왔던 것들이 어느 날 공급중단된 것을 깨달았다. 뒤돌아보니 하나둘이 아니었고 불만과 괘씸죄가 쌓여 결국 정면으로 맞서게 된다.

예상대로 청탁은 거절되고 방아쇠는 당겨졌다. 사소한 서비스 거절부터 청탁거절까지 처음부터 계획된 싸움은 아니었다. 인간의 습관과 속성에서 비롯된 하찮은 것이었다. 처음에는.

1라운드는 물론 우병우가 싸대기를 맞았다.

우병우의 비리가 보도되기 시작했고, 진경준, 김정주, 우병우의 커넥션과 처가 땅 매입 추문이 드러났다. 사퇴할 일만 남은 것처럼 보였지만, 그래도 머리를 굽히지 않았다.

이 대목에서도 인간의 습관과 속성이 작용한 것은 물론이다. 청와대 내시 이정현의 백분의 일만큼만 굴신 했어도 상황은 달라졌을 터지만, 인간이 쉬이 바뀌지 않는 탓에 바퀴는 비탈길을 굴러갈 뿐이었다.

그러나 우병우를 만만하게 본 것은 조선일보도 마찬가지였다.

이미 저지른 청탁들과 비리건수가 우병우 손에 있었고, 급하게 정보망을 동원해 수집한 건수도 있다는 점을 간과했기에 전쟁은 터질 수밖에 없었다.

도박판에서는 자신의 패가 강하다고 여길 때 배팅이 시작된다. 전쟁은 올인이다. 전쟁은 모든 것을 건 도박이다.

2라운드에서는 우병우의 반격이 이어졌고 조선일보는 똥바가지를 뒤집어썼다.

먼저 이석수 감찰관이 조선일보 기자에게 수사기밀을 흘렸다는 꼬투리를 잡아 역공을 시작했다. 이어 부패 기득권 언론으로 몰아붙이면서 송 주필의 호화전세기와 요트여행 접대 내용을 일목요연하게 폭로했다. 결국 송희영은 물러나고 조선일보는 1패를 인정했다. 해임과 사과문이 1면에 게재되는 치욕을 겪었다. 결국 1승1패를 기록하고 3라운드의 숨고르기가 진행 중이다.

과연 승자는 누가 될 것인가.

서로 약점도 많고 파괴력도 센 양측의 숨겨진 카드는 어떤 것들이 있을까. 죽을 때까지 물고 물어뜯는 싸움에서 다음 카드는 양측의 우두머리를 향한 칼날이 준비되고 있을 것이다. 벌써 나도는 소문은 방 씨 사주에 대한 비리다.

명지대학 유영구 이사장 사면 청탁건과 TV조선 대주주이며 방상훈 사장과 친구관계인 동국제강 장세주 회장의 원정도박 사건 불구속 수사의뢰 구명 로비 건이 도마에 오르고 있다. 모두 조선일보가 우병우에 청탁한 사건들이다.

반면 조선일보의 박근혜 히든 카드는 문화재단 미르가 전경련을 통해 모금한 천억 상당의 헌금에 안종범 정책수석 등 청와대 인사가 개입했다는 것이다.

정치권에서도 이번 국정감사에서 추궁이 있을 예정이다. 모금 뒤에는 최순실이 있는 것으로 드러났다. 최순실의 부친은 최태민으로, 박근혜의 정치적 멘토였다. 또한 비선 실세 의혹을 받고 있는 정윤회의 전처로 이어지는 회심의 카드이기도 하다. 세월호 침몰 당시 사라진 7시간의 주인공이 바로 정윤회이며, 7시간의 카드야말로 멋진 한방이 될 것이긴 하다. 물론 서로 다른 카드도 보유하고 있기에 감히(?) 상대와 싸움을 하고 있는 것 아니겠는가.

그런데 죽기 살기로 싸우는 싸움판에 으레 끼기 마련인 말리는 놈은 왜 보이지 않는가.

여기에 중대한 숨은그림찾기가 있다. 차기 정권 유지에 대한 비전이 사라진 탓이다. 총선에서 맛본 패배가 내년 대선에서도 어른거리기 때문에 불만과 균열이 시작된 것이다. 일부에서는 벌써 내부자에 의한 내편 죽이기와 배신이 시작되었다고 한다. 차기 대권기획에서 불만이 터져 나왔기 때문이다. 승리만을 위한 부정과 야합 때문에 권력쟁투가 시작된 것이다.

어쩌면 길게 가지 못할 정권에 가로 막기 싫은 탓도 있을 것이다.

조선일보야 지더라도 1년만 참으면 된다. 닭 모가지를 비틀어도 1년은 지나갈 것이고, 개가 짖어도 떠날 것은 떠나는 법이다. 그래서 눈치만 보고 찍소리 못하고 구경만 하고 있는 것이다.

두려운 것은 또 있다. 정권의 하수인, 앞잡이들이다. 싸움에 앞장선 김진태에 대한 소문은 개그콘서트를 능가한다. 기껏 내질러놓고 새누리당 중진들을 찾아가 살려달라고 읍소했다는 우스개가 그것이다. 이미 김진태 정치생명은 끝났다는 말과 다음 공천마저 물 건너갔다는 소문이다. 지는 권력의 속성은 그래서 무섭다.

거대 권력이 모든 것을 건 싸움이야 말로 사람들에게는 좋은 구경거리가 분명하다. 볼만 많고 궁금한 것들이 많아 환호작약하며 볼일이지만, 지금 국민들은 잔뜩 화가 나있다.

그들은 그들 때문에 세상이 추해지는 것을 모른다. 그들은 세상을 고귀하게 만들지 않는다. 그들은 세상을 다르게 보게 하지 않는다.

인간의 비참함, 속성, 고집불통, 이기적 유전자, 탐욕, 가족이기주의, 제편 이기주의, 꿈의 몰락 등을 보여줄 뿐이다. 우리에게 감동이나 다른 모습은 전혀 보여주지 않는다. 항상 봐왔던, 예상 가능한 모습만을 보여주고 있다. 그래서 우리는 지금 절망하고 있다.

2016년 9월, 〈彦〉

53
「1984」빅 시스터는 살아있는가

박근혜 얼라들은 그렇게 노는가.

옥새타령으로 한동안 시끄럽더니 다음은 존영尊影 타령이다. 언제적 쓰던 단어인 존영인가. 사진이라 하면 뭐 나라가 망하기라도 하고 누가 죽기라도 하는가. 그러더니 마침내 여왕을 넘어 예수님에 비유하는 사태까지 이르렀다.

대구 진박 정종섭 후보는 '피를 흘리며 예수가 십자가를 지고 어려운 언덕을 오르고 있다.'며 박근혜를 예수님에 비유했다. 이자는 행자부장관 시절 '총선필승'을 건배사로 외쳐 물의를 빚기도 했다.

이래도 건재한 사회라면 분명 문제가 있다. 이 사회가 추구하는 게 전체주의나 과거 독재를 찬양하지 않는다고 할 수 있는지 괴이하기만 하다.

반대의견을 말했다는 이유로 유승민, 진영 의원을 쳐내고, 그것도 더러운 작태를 빚어가며 국민 시선 따위는 아랑곳하지 않고 벼랑 밑으로 쳐냈다. 이어진 공천과정에서도 더러운 행태는 계속됐고 옥새 파동까지 이어졌다. 여기에 국민은 없었다. 권력 다툼과 숙청에서 배신자를 도끼로 쳐내는 드라마가 연출됐을 뿐이다.

이러고도 4.13 총선의 결과는 박근혜당이 150석은 물론 200석에 가까울 것이라고 장담한다. 정말 그럴까. 지금까지는 진행도 순조로워 보인다.

이게 대한민국의 오늘이고 미래다. 세상은 쉬이 달라지지 않는다. 사람들이 고통 속에 피 흘리고 눈물 흘려도 그들은 쉽게 변하지 않는다.

이번 선거에 가장 두터운 유권자 층이라는 60대 이상은 직접 유신독재와 전두환 군사독재를 겪은 세대들이다. 그들의 정치관은 콘크리트 보수에 옥새, 존영, 여왕, 예수님 근혜를 지지한다. 그래서 200명 가까운 국회의원을 무난히 당선시키는 힘을 보여준다.

세월호 사건 의혹이 국정원으로 모아지고, 온 나라가 도청, 감청 당한 사실이 드러나도 세상은 끄떡없다. 나만 아니면 괜찮고, 먼 산의 불은 나와 상관없는 일인 것이다.

정부에 쓴 소리를 하는 사람들의 핸드폰, 인터넷, 이메일, 페이스북, 카카오톡 등 SNS 사용 내력이 감청되는 세상이 만천하에 드러났다. 오직 청와대를 찬양하고 떠받드는 것만 용납하고, 다른 짓을 하면 감시당하며 그에 따른 응징이 기다릴 뿐이다. 무서운 세상이다. 당한 사람들은 공포에 떨어야 하고 한밤중에 깨어나야 한다.

얼라들도, 새누리당 사람들도, 인스타그램이나 텔레그램으로 바꿔 사용하고 있다고 한다. 한국은 믿을 수 없으니, 도청이 무서우니, 사용하지 않는 세상이 된 것이다. 하물며 일반 국민들은 어떻게 살아야 하는가.

이게 한국의 현실인데, 사람들은 변하지 않고 있다. 대항하고, 나서야 하고, 행동해야 한다. 왜 다음 차례가 너의 자식이나 가족이 될 수도 있음을 염려하지 않는 것인가.

조지 오웰이 소설 「1984」를 집필한 이유이기도 하지만, 세상이 어둠으로 가고 있는데도 사람들은 깨닫지 못하고 그저 끌려가고 있는 것이 현재의 대한민국이다.

소설 「1984」는 조지 오웰이 스페인내전에 참전한 후, 스탈린, 히틀러, 프랑코 등의 독재자와 전체주의 망상을 비판하며 1948년에 쓴 소설이다. 우스운 것은, 출판사에서 그저 소설을 완성한 해인 1948년의 끝자리수를 뒤바꿔 제목을 만들었다는 사실이다.

조지 오웰은 몸소 참전해 독재와 전체주의의 공포를 느꼈다. 2차 대전이 막 끝나고 냉전이 시작될 때 조지 오웰은 소설 「동물농장」과 「1984」를 풀어냈다.

국민이 무찔러야 할 악당은 실체조차 없으며, 보이지 않는 손에 의해 조종된다. 대항해야 할 것은 사회의 조직체계라 한 개인이 아무리 발악을 하고 대항을 해도 이겨낼 수 없다.

숨 쉬는 모든 곳에서 감시는 계속되고, 국민은 대의를 실현할 수 없고, 가족도 동지도 구할 수 없다. 모든 것은 감시되고 국민들에게 사생활은 없다. 국민이 죽으면서 하는 마지막 소원은 악당을 증오하는 마음을 유지하는 것에 불과하다.

전체주의적 통제사회를 지향하는 독재자는 누구도 토를 달지 못하도록 한다. 절대권력을 구축하기 위해서 스탈린이 대숙청을 자행했듯 어떤 칼이라도 서슴지 않고 사용한다. 서슴지 않고 휘두르는 칼은 전제주의를 향한 독재권력일 뿐이다.

그렇다면 대한민국은 지금 독재국가인가.

전 국민에게 무소불위로 감청, 도청을 서슴지 않는 권력. 토를 다는 친위대마저 서슴지 않고 시베리아 벌판으로 유형 보내는 권력.

이것을 지켜보는 주위 세력들은 이제 고개를 숙이고 눈길마저 부딪치지 않을 것이다. 이 정도면 「동물농장」과 「1984」에서 대비시킨 독재자 바로 그것이라 할 수 있다.

"스탈린 동지의 말은 옳다."

1939년 3월 10일 스탈린이 제18차 소련공산당 전당대회에서 이런 연설 했을 때, 스탈린의 대숙청은 4년째 계속되고 있었고, 소련의 비밀경찰이 모든 러시아인들에 대한 감시와 테러를 자행하고 있었다.

개인숭배로 이어진 절대권력은 강요에 의해 진행되었다. '대숙청'과 개인숭배는 사회주의 이념을 왜곡시켰고, 소련을 끝내 괴물로 만들었다.

스탈린은 "소련의 산업화는 내가 아니면 안 된다. 또한 여기서 산업화를 중지하면 나라가 망한다."는 식의 독선을 외쳤고, 그건 스탈린이나 박정희만의 생각이 아니라 많은 이들이 이런 식의 생각을 가졌기에 독재가 가능했다.

그러나 역사의 기록은 손에 피 묻히지 않은 채 그저 옆에 서 있던 사람들의 책임까지 묻는다. 그저 권력자 옆에 서 있기만 했다고 변명하는 비겁자들도 단죄하고 있는 것이다.

따지고 보면 그들도 때때로 콩을 나누었고, 콩고물도 손에 묻혀 가며 권력에 도취해 호위호식하며 잘 살았다.

총리란 자가 서울역 건물 안으로 승용차를 타고 들어가는 것을 국민들은 보지 않았는가. 박근혜 얼라들도 독재자 옆에 서 있기만 했다고 할 것이 뻔하다.

떠올려 보라. 이완용이 옆에 있었던 자들을. 박정희와 전두환 옆에 있었던 자를. 그리고 지금은 이명박근혜 옆에 있었던 자들을 기억해야 할 때이다.

역사는 흐르고 칼처럼 예리하다. 영원할 것 같은 꽃 같은 세월도 '화무십일홍'에 불과하다.

4.13선거에서 어느 후보가 이명박근혜 옆에 있었다고 유세하는가?

권력은 칼처럼 무섭지만 화살처럼 지나간다는 것을 잊지 말아야 한다.

2016년 4월, ⟨彦⟩

54

인문학 산책 _ 시평 〈이윤홍〉

구두속의 거리

_ 심 언

까만 때 낀 밥그릇 앞에서 사내는 배가 고팠다.
바람 또한 사내 쪽으로 불어 낡은 거적을 들썩이고
바람과 무관한자들은 도시를 가로 질러 나아가는 중이다.
언제 뽑아본 발가락인가.
주름지고 헤진 축축한 구두는 이별을 원하지만 끝내 벗어나지 못하고
사내가 절뚝이며 길을 나설 때
어둡고 무거운 구두는 묵묵히 거리와 박자를 맞추었다.
사내는 박자를 모른 채
단지 몇 개의 동전과 인자한 미소를 기다리며
바람이 도시를 휘젓는다
스쳐간 여인들은 희망을 찾아 나섰다가는 돌아오지 않았다.
세상은 말이 없고 잠시 어두울 뿐
그때 모두가 믿는 신은 잠시 휴식중이거나 바쁜 오후의 한때였으리라.
아직 무거운 외투를 끌고 지나는 사내가 있다면 부디
절망의 시선을 거두고
어둔 곳에서 잠시 바라보는 꿈을 존중해야 한다
함께 출발한 뒤축은 한쪽으로만 기울어
모서리는 끝내 한쪽으로 기울었다.
기우는 세상은 지구의 기울기 탓인가.

중심에 있지 못하는 세상
언제나 중심은 바르지 못하다.
그러나 거리와 박자를 맞추는 고요한 산보는 자유였다.

구두속의 거리

심언 시인의 눈은 깊다. 심언 시인은 자신과 마주치는 일상, 비록 그것이 아주 사소한 것일지라도 깊이 들여다보는 눈을 갖고 있다.

시인은 길거리의 걸인을 바라본다. 그냥 지나쳐 버릴 수 있는 LA 거리의 한 풍경에서 그는 걸인의 구두에 주목한다.

이제는 걸인의 몸에서 벗어나고픈 주름지고 헤진 축축한 구두. 그러나 어느덧 걸인과 한 몸이 되어 버린 구두는 사내와 함께 세상을 바라보고 세상을 걸으며 세상을 구걸한다. 몇 개의 동전과 따스한 미소를 기다리지만 세상은 말이 없고 어두울 뿐 오직 바람만이 도시를 지나간다.

언제 반듯한 세상이 있었던가?

지구의 삐딱한 자세를 따라 삐딱하게 기울어진 세상을 더 삐딱하게 만드는 갑들의 세상에서 구두는 끝내 한쪽으로만 닳아 갑들의 세상 속에서 갖지 못한 자들은 결코 삶의 균형을 잡지 못한다.

잠시 휴식중인 신.

너무 바빠 세상을 잊어버린 신의 마음속을 걸어가는 구두속의 고요한 산보는 이 순간 인간이 절망 속에 얻은 과분한 사치처럼 느껴진다. 낡은 구두를 통해 사회를 바라보는 시인의 안목이 몹시 날카롭다. 이러니 시인의 눈이 깊다고 할 수밖에.

동자승

_ 심 언

백발처럼 세월이
내려앉은 탑

산사에서는
삼가야 할 말들이 맴돈다

살비듬 쌓이듯
하잘것없는 가시내 웃음소리
탑 주위를 맴돌고
먼 옛날 한숨이 터져 나온다

말아라 말아라

탑 몇 바퀴 돌다가
동자승이 건넨 물 한 사발 마시고
돌아가는 선암사 승선교 모퉁이
애기동자꽃 애처롭다

피를 토하고
누가 뱉은 것이냐
각혈이 번졌다
옛사랑 같은

동자승

애기동자꽃을 본적이 있으신지요?

석죽과의 여러 해 살이 풀. 줄기는 높이가 40~100cm 정도이고, 몇 개씩 뭉쳐나며 마디가 약간 길지요. 잎은 마주나고, 긴 달걀 모양 또는 타원형. 6~7월에 짙은 붉은색에 흰색 또는 적백색의 무늬가 있는 아름다운 꽃이 줄기 상부의 가지 끝과 잎겨드랑이에 하나씩 피어나는 애기동자꽃.

하! 이 애기동자꽃을 시인은 이렇게 표현합니다.

"피를 토하고/ 누가 뱉은 것이냐/ 각혈이 번졌다/ 옛사랑 같은"

이 표현만 읽어도 우리는 우리 눈앞에 환하게 떠오르는 애기동자꽃을 상상할 수 있을 것입니다. 참으로 절묘한 꽃의 묘사입니다. 어디 그뿐만이 겠습니까.

돌고 도는 탑 주위로 살비듬 쌓이듯 가슴 휘어잡는 하잘것없는 가시내의 웃음소리가 애기동자꽃과 오버랩 되면서 옛사랑 각혈로 피어납니다. 지독한 사랑의 아픔이지요.

산사 어딘가에 버려진 강보에 쌓인 아기가 끝내 동자승이 된 사연은 각혈 같은 첫사랑의 생채기로 남는다.

'구두속의 거리'와 같은 현실적인 눈을 지닌 시인의 마음이 다른 한 편에서는 이렇게 여리고 아프다니, 시인이여! 시인이여! 세상을 어찌 할 것이냐!

55

딸에게 바친 '인터스텔라'
〈영화평론〉

인터스텔라의 출발은 "오디세이"와 "콘택트"
스탠리 큐브릭과 칼 세이건에 바친 헌정사
우주에서 온 위대하고 위험한 스토리텔링

'너의 한 시간과 나의 한 시간은 같은가?'

'너의 일 년은 나의 일 년과 같은 의미인가?'

'너의 공간과 나의 공간은 어떻게 다른가?'

인간에게 시간은 동일하다. 그럴까?

따지고 보면 여러 의미에서 시간은 동일하지 않다. 네가 보낸 시간과 내가 보낸 시간의 의미와 결과는 분명 다를 것이다. 또 갑의 시간과 을의 시간이 다르고, 부자와 빈자의 시간도 다른 의미일 것이다.

그렇다면 인간에게 공간은 어떠한가?

같은 공간에 존재할 수 있는가? 3차원과 5차원의 공간은 가능한가?

인간에게 시간과 공간은 각기 흐른다. 흐르면서 변화하는 것이 시간과 공간이다.

그러나 이 이론은 우주에서는 다르다.

너의 하루가, 어떤 곳에서의 하루가 10년이 되기도 한다는 이론을 백 년 전에 처음 내놓은 사람. 지구가 둥글다는 것만큼이나 충격적인 이론을 설파한 이는 당연, 아인슈타인이다.

시공간을 휘게 하는 그레비티(중력)

아인슈타인의 상대성이론에는 특수상대성이론(special relativity)과 일반상대성이론(general relativity) 두 가지가 있다. 참고로 특수상대성이론이 훨씬 쉽다. 특수상대성이론은 1905년에 발표됐고, 일반상대성이론은 그보다 10년 뒤인 1915년에 발표됐다.

특수상대성이론은 '시간+공간'의 이론이고, 일반상대성이론은 '시간+공간+중력'의 이론이라고 생각하면 된다.

아인슈타인의 일반상대성이론이 전통적으로 내려오던 뉴턴(Newton)의 중력이론과 가장 크게 다른 점은, 질량이 시공간을 휘게 만들어 중력장이 형성된다고 보는 관점 자체다. 뉴턴의 중력 이론에서는 물체가 중력에 이끌려서 천체를 향해 떨어진다고 해석했다.

일반상대성이론에서는 물체가 천체의 중력이 휘어지게 만든 시공간 안에서 운동한 결과로 떨어진다고 풀이한다. 일반상대성 이론은 중력을 휘어진 시공간으로 설명한다. 질량이 큰 물체가 시공간을 휘게 만들어 중력이 생긴다는 것이다.

예를 들어 얇은 고무막에다가 무거운 구슬(천체)을 올려놓으면 고무막은 휘게 될 것이다. 무거운 구슬에 의해 휘어 있는 고무막에다가 작고 가벼운 구슬(물체)을 또 굴리면 구슬은 큰 구슬 쪽으로 돌면서 굴러 떨어질 것이다. 중력장 주변에서 빛이 휘는 현상도 이와 같이 자연스럽게 설명할 수 있게 된다고 설명한다.

아인슈타인이 일반상대성이론을 발표한 1915년의 바로 다음해인 1916년, 독일 과학자 슈바르츠실트(Schwarzschild)는 회전하지 않는 천체에 적용할 수 있는 일반상대성이론 방정식의 풀이(solution)를 찾아냈다.

슈바르츠실트의 풀이에 따르면 태양 주위를 지나가는 빛은 중력 때문에 마치 볼록렌즈를 통과한 빛처럼 휘며, 그 정도는 2"(1°의 1800분의 1) 정도가 된다.

뉴턴 이론에서 빛(광자)은 질량이 없으므로 중력에 의해 영향을 받을 이유가 전혀 없다. 하지만 상대성이론에서는 빛이 휜 시공간을 진행하면 저절로 궤적이 휘게 된다. 빛은 두 점 사이의 최단거리를 여행하지만 휜 시공간에서 그 궤적은 직선이 아닌 것이다.

빛이 휜다는 것을 입증한 과학자는 에딩턴이다. 당시 빛이 휜다는 것은 상상할 수조차 없는 일이었기 때문에 대부분의 과학자들은 일반상대성이론의 결과에 대해 의심을 품고 있었다.

에딩턴은 개기일식 때 별의 위치를 측정해 빛이 휜다는 것을 입증했다. 그 해답의 열쇠는 개기일식 때 별들을 볼 수 있다는 사실에 있다. 개기일식이 일어나면 보름달이 떠 있는 밤처럼 어두컴컴해지고 밝은 별들이 보인다.

인터스텔라, 보았지만 알 수 없는 내용들

이렇게 길게 설명을 늘어놓는 이유는 영화를 보고도 불행스럽게 내용을 이해하지 못했다며 자괴감을 쏟아내는 관객이 대부분이기 때문이다. 여기서는 영화의 이해를 돕기 위해 내용 소개보다는 주변 이야기로 도움을 주기로 했다. 스포일러는 죄악이 아니던가.

혹시 이런 것에 관심이 있는가.

지구 역사가 얼마인지? 우주의 역사는? 또는 우주의 생성은?

이런 것에 관심을 가져본 사람이 아니라면 인터스텔라는 절반도 이해하기 힘든 영화이다. 3시간의 상영시간 동안 허리와 무릎이 저려오듯이 머리에도 쥐가 날것이 분명하기 때문이다.

또 이 영화를 이해하기 위해서는 블랙홀, 웜홀, 5차원 공간, 빅뱅이론 등 알아야 할 것이 너무 많다.

사실 인터스텔라의 원형은 천체물리학자 칼 세이건의 소설을 원작으로 한 「콘택트」란 영화다. 「콘택트」(1997년작, 로버트 저메키스 감독)선 딸이 아빠가 우주에서 보낼 신호를 기다린다. 「인터스텔라」와 「콘택트」는 데칼코마니다. 인터스텔라에선 아버지가 딸에게 신호를 보내려고 안타까운 장면을 보이고, 끝내 둘의 의지가 시공간을 초월해서 전달된다. 두 영화가 일맥상통하는 건 남주인공이 같다는 점도 포함된다(매튜 맥커너히 - 2013년 아카데미 남우주연상 수상).

영화의 주인공인 쿠퍼의 가족은 3세대가 함께 살고 있다. 장인과 쿠퍼, 쿠퍼의 아들 톰, 딸 머피 등 4명이다. 이들은 먼지와 황사가 불어 닥치고 먹을 것을 걱정하는 절망적인 미래 지구에서 산다. 쿠퍼는 NASA의 파일럿이자 엔지니어였지만 마지막 경작이 가능한 옥수수 농사를 짓는 농부로 살아간다. 그러다 최후의 방안을 모색한 나사의 우주선에 탑승하게 되고, 별에서 별로 여행을 하면서 인류 구원을 모색한다는 내용이다.

결국 이 영화는 명확한 메시지를 갖고 있다. 인류의 발전과 존속, 그리고 인류의 미래는 바로 사랑으로 열린다는 메시지다. 놀란 감독은 어쩌면 진부할 수 있는 가족 간의 사랑에서 난제 수학공식을 풀어내는 장면을 보여주고 우주의 수수께끼들의 해답을 교묘하게 해결했다. 이 같은 주제와 결론을 가장 진보한 이야기와 영상미로 우리에게 보여주었다.

이 영화는 물리학자 킵 손(캘리포니아 공대)이 발표한 '웜홀을 통한 시간여행이 가능하다.'는 이론을 바탕으로 제작되어 감독의 상상력을 동원해 관객들의 정신을 흔든다.

'인터스텔라'라는 제목은 별과 별사이, 쉽게 말해 우주 공간을 의미한다. 인간은 지구를 떠나 답을 찾기 위해 우주로 떠나지만 생각지도 못한 사고와 배신과 죽음의 연속으로 갈등을 겪는다. 어쩌면 생각지도 못한 음모와 비밀들이 가득한 영화 「인터스텔라」였지만 주인공 쿠퍼는 그 해답을 가족애에 기초한 사랑에서 찾는다. "너희가 태어나고 엄마가 했던 말을 아빠는 이해 못 했었어. 그녀는 이렇게 말했지…. '이제 우린 그저 아이들한테 추억이 되면 돼.'"

영화에 담긴 깊고 심오한 메시지는 단지 우주에서 펼쳐지는 신기하고 놀라운 시간여행이 아닌 앞으로의 우리가 할 일이 무엇인지도 보여주고 있다. 그것은 매순간 살아 있음을 감사하고 사랑하라는 메시지다. 눈물

흘린 관객이 많았다는 이유이기도 하다.

5차원의 장면에서는 아이러니하게도 우주과학영화에서 절대 나오지 않을 신이 보인다. 과학과 신의 경계를 살짝 흘려 보이는 장면이다.

놀라운 감독으로 찬사를 받는 놀란 감독이 실제 딸에게 보내는 편지로 이 영화를 만들었다는 뒷얘기가 나온다. 인터스텔라의 주제는 당연 딸바보 아빠의 사랑이다. 제작 당시 가제였던 '플로라의 편지'에서 볼 수 있듯이 부녀간의 사랑을 우주를 통해 표현한 것. 놀랍게도 시나리오는 놀란의 동생 조나단이 썼다.

일찍이 스필버그와 함께 하기로 돼 있었으나 디즈니로 회사를 옮기면서 행운이 형 놀란에게 돌아갔다는 얘기도 전해진다.

「인터스텔라」를 보면서 느낀 건, 인생은 죽음을 각오하더라도 답을 찾기 위해 떠나봐야 한다는 것이다. 사랑은 현실에 안주하는 것이 아니라 또 다른 세계를 향해 모험하는 것이다.

물리적인 중력은 인간을 끌어당길 수 있지만, 인간도 인간을 끌어당긴다. 가족이 아니더라도.

영화 속, 브랜드 교수의 시는 영화가 전달하고 싶은 중력에 관한 것이지만 인간의 독백이다.

순순히 어두운 밤을 받아들이지 말라
노인들은 저무는 하루에 소리치고 저항하라
분노하고 분노하라. 사라져가는 빛을 향해….

2016년 4월, 〈彦〉

아이슬란드 촬영 현지의 모습

블랙홀의 상상도. 강력한 중력으로 배경의 은하가 뒤틀려서 보인다. 〈출처: NASA〉

56
너무 잘해 문제인 '문재인'

누구도 예상하지 못했다. 특히 놀란 사람들은 문재인과 가까이 있던 사람들이었다.

'내가 아는 문재인이 아니다', '나는 문재인을 알았다고 할 수 없다', '파파미, 파도 파도 미담만 나온다', '무섭게 잘하는 문재인', '문재인을 잘못 봤다', '문재인을 비판할 자격 없다', '대통령을 이렇게도 할 수 있구나', '너무 잘해서 무서워요', '박수 받을 준비된 대통령', '디테일이 강한 대통령', '초유의 의회 존중 정부', '바뀐 정권 실감한다'.

반면 '막말 색깔론 골통 보수' 홍준표는 '미국 같으면 탄핵감'이란 평을 페이스북에 올렸다.

문재인 정부는 출범 9일 만에 각 당 원내대표를 청와대 상춘재에 초치했다.

자리만 꿰찬 박근혜는 16개월이 지나서야 야권 지도자를 만났다. 국정 운영을 과제로 생각한 대통령이라면 그럴 수 없는 일이었다.

눈에 띈 점으로는 의회 대표들의 청와대 방문 시 관행이었던 이름표를 달지 않았다는 것과, 먼저 나와 기다리는 사람이 대통령이었다는 점이 있다. 좌석 또한 상석이 없는 원탁으로 권위란 찾아볼 수 없었다. 의제도 없는 자유 토론은 그야말로 파격의 연속이었다. 알고 보면 누군가 반드시 깨야할 악덕들이고, 언젠가는 반드시 깨질 것들이다.

'인삼정과', '책 선물'이 오간 훈훈한 144분의 대화가 끝나고 여야가 한목소리로 호평을 쏟아냈다. 문재인의 진정성이 통한 대목이다. 스스로 낮아

지니 상대들도 더 낮게 움직였다.

문재인의 자신 있는 행보는 어쩌면 노무현의 실패에서 찾을 수 있다. 진보 정권으로서의 한계를 극복하지 못한 노무현의 실패에는, 무엇보다 진보의 한계를 디테일하게 깨닫지 못한데 있었다. 모든 일은 사람이 하는 것이고 사람이 따라주지 않으면 황제, 독재자, 대통령 그 누구라도 공염불이 될 것이며, 되돌아오는 독화살이 되어 자신을 망치게 할 것을 몰랐다.

대표적으로 '검사와의 대화'가 그렇고, 검찰개혁, 종편 등 방송개혁, 언론개혁을 위한 기자실 철폐 등의 정책 실패가 그러하다.

민정수석과 비서실장으로서 옆에서 지켜본 문재인은 결과의 안타까움 대신 원인 분석을 찾지 않을 수 없었을 것이다.

그 모든 문제의 답은 너무나 간명하게 드러나 있다. 모르거나 실천을 안 했을 뿐이다. 가진 것을 내려놓거나 욕심을 버린다는 것이 인간으로서 얼마나 어려운 일인가는 모두가 인정할 수 있는 대목이다. 결국 하기 어려운 일을 결단하고 실천했을 때 빛나 보이는 건 당연한 일 아니겠는가. 진정으로 박수 받을 일이 분명하다.

아무도 하지 않았던 일, 하기 힘든 일을 해낸다는 것은 그것이 성공했을 때, 민초들은 그 시대에 지도자와 함께 살았다는 것만으로 그저 행복하고 감사할 뿐이다.

우리는 대대로 그런 삶을 살지 못했다. 높은 곳에서 낮은 곳으로 흐르는 물 같은 세상이 아닌, 언제나 힘 있는 자들이 가난한 자들의 것을 빼앗고 짓밟는 세상에 익숙할 뿐이다. 아래에서 위로 가는 세상에 길들여져 있었다.

부당함과 불법을 참아내고 당하기만 했다. 저항하고 막을 방책을 강구하지 못했다. 그런 방법도 알지 못했고 서로 대화조차 꺼렸다. 당하고만 살아야 했다.

거슬러 가보면 4.19, 5.18의 신화가 있지만 끝내 성공하지 못했고, 거리에서 피 흘리고 희생만 당했다.

그러나 끝내 위대한 시민은 지난 겨울 돌과 총탄이 아닌 촛불만으로 세상을 바꾸었다. 어렵게 바뀐 세상에서 다시 실패해서는 안 된다. 위대한 시민이 만들어 낸 세상을 바로 세울 수 있도록 힘을 보태야 한다. 막 출발한 여정은 아직 갈 길이 멀다.

국민의 뜻은 이미 드러났다. 그대로하면 된다. 위대한 국민에 의한 위대한 국가가 만들어지고, 역사는 우리의 시간을 똑바로 기록할 것이다. 2017년에 이룩한 세계에서 가장 위대한 국민과 대한민국으로. 세계인이 부러워한 나라와 시민으로.

이미 미국에서는 한국의 대통령 탄핵을 부러워하는 보도가 자주 등장한다. 또 촛불시위와 새 대통령 탄생을 주의 깊게 보도한 나라도 셀 수 없을 정도다. 눈부신 민주주의 현장을 생생하게, 혹은 정치학적으로 분석도 하고 있다.

'이게 나라냐!'에서 '이게 국가다!', '우리가 시민이다!'를 보여준 자랑스러운 대한민국이 되었다.

골이 깊으면 산이 높다고 했던가, 치욕스런 최순실·박근혜 국정농단으로 가장 밑바닥에 가라앉았던 대한민국은 이제 높은 곳으로 향하고 있다. 조금 늦었지만 시민들은 낮고 높은 곳을 깨달았고, 우리가 어디에 있었는지도 알았기 때문에 가능할 일이다.

지난 50년 동안 우리 정치사에는 치욕스런 장면이 너무 많다. 1960년 이승만과 이기붕의 국정농단 붕괴, 그리고 1979년 박정희가 피살된 안가 행사장(섹스파티)에서의 저격, 이어진 전두환의 정권장악 등 위대한 시민이 바로잡지 못한 시간들이었다. 이때 바로잡지 못했기에 박근혜의 업보는 등장할 수 있었다.

이제 우리는 깨닫는다. 바로잡지 않은 업보는 언제나 되돌아온다는 냉엄한 역사의 교훈을.

또 바로잡은 길도 언제든지 다시 험로가 될 수 있음도 깨닫는다.

실패를 막아내기 위해서는 제도와 사회가 정비되어야 한다. 언제든지 등장할 수 있는 괴물을 막아내기 위해서는 부릅뜬 시민의 눈이 필요하다. 단 시간에, 한 사람의 힘만으로 세상은 쉬이 바뀌지 않는다. 그렇게 세상이 쉽게 좋아지지 않는다는 사실은 역사가 기록하고 있다. 때문에 인류는 부단히 진보와 발전을 위해 노력해 왔다. 갖가지 이념과 사상을 앞세웠고 때로는 전쟁도 했다. 더 많은 생산을 위해, 더 많은 나눔을 위해 지혜를 짜고 연구했다. 그 바탕에는 정의가 있었다.

인류는 어떻게 행복해 질 수 있는가.

21세기 화두가 된 것은 인류 행복론이다. 많다고 행복하지 않음을 깨달은 요즘 최강대국, 부자 나라보다 네팔 국민들의 행복지수가 높은 것에 관심이 모아지고 있다. 유엔이 매년 발표한 세계행복지수World Happiness Report와는 다른 근거에 의한 통계지만, 만족이 아닌 자족 개념의 지수가 분명하다. 유엔 발표에는 노르웨이를 비롯한 스칸디나비아반도 3국이 가장 높고 미국이 14위, 한국은 56위에 그쳤다.

이 대목에서 느끼는 감상 하나.

열심히 일하다 죽은 사람과 열심히 놀기만 하다 죽은 사람, 그리고 나쁜 짓만 하다 죽은 사람과 좋은 짓을 하다 죽은 사람은 어떤 차이가 있는 것일까? 이들의 삶은 무엇이 다르고 또 그들의 죽음은 무엇이 다른 것인가?

너는 언제부터 악마가 되었는가. 그래서 세상을 어지럽히고 사람을 도탄에 빠뜨리는가.

우리는 어느 인류보다 풍족하고 행복한 시대를 살고 있으나 슬프게도 우리는 행복하지 못하다.

2017년 5월, 〈彦〉

57

문재인 대통령 방미에 부쳐

문재인 대통령은 미국 워싱턴을 방문해 트럼프 대통령과 정상회담을 갖는다. 문 대통령의 미국 방문은 취임 49일 만이다. 트럼프 대통령과 백악관 환영 만찬에 이어 정상회담과 공동기자회견을 가질 예정이다.

이어 다음 날에는 미주지역 동포간담회를 갖는다.

문 대통령은 마이크 펜스 부통령과도 별도로 만나고 의회·학계·경제계관련 행사와 동포간담회 일정도 가질 예정이다. 문 대통령의 방미 일정에는 여·야 의원들과 기업인들도 동행한다.

청와대는 "두 정상은 정상회담에서 한·미동맹을 한층 더 발전시키기 위한 협력 방향, 북핵 문제의 근원적 해결을 위한 공동 방안, 한반도 평화 실현, 실질 경제협력 및 글로벌 협력심화 등에 대해 의견을 교환할 것"이라고 밝혔다.

이어 "두 정상 간 개인적 신뢰와 유대 관계를 강화함은 물론, 한·미동맹을 더욱 위대한 동맹으로 발전시키기 위한 비전을 공유하고 확고한 대북 공조를 포함해 포괄적 협력 기반을 굳건히 하는 전기가 마련될 것으로 기대한다."고 덧붙였다.

한편에서는 문 대통령의 미국 방문은 강경화 외교부 장관 후보자의 외교부 장관 임명이 늦어진데다 외교안보수석 역할을 하는 국가안보실 2차장도 공석인 상태라 충분히 준비되지 않은 한·미 정상회담이 될 것이라는 우려를 표명하고 있다.

한·미 정상회담이 빨라질 수밖에 없었던 것은, 탄핵 국면으로 인한 5개월간의 '정상외교 공백'과 '사드 배치' 등 주요 현안이 이어졌기 때문이다.

다음달 7~8일 독일에서 개최되는 주요 20개국(G20) 정상회의에서 중국·일본·러시아 등 주요국 정상들과의 만남도 주요 안건이기도 했다.

탄핵과 사드 등 국내 여건 못지않게 미국 내 상황도 첩첩산중이다. 트럼프 대통령은 FBI의 마이클 플린 전 안보보좌관 수사 중단 외압 논란으로 정치적 위기에 처해 있다. 이런 여건에서 심도 깊은 논의가 진전될지 우려의 목소리도 나온다.

따라서 문 대통령이 방문에 앞서 미 주요언론에 기고문이나 연설문을 보내 사전 분위기 조성에 도움을 줄 것으로 기대하고 있다. 문 대통령이 미국 보통사람들을 대상으로 연설하는 것은 정상회담 전 여론조성에도 효과가 있을 것이다. 문 대통령이 한국의 오랜 민주주의 투쟁과 현 과제들을 담담하게 들려줄 수 있다면 트럼프와의 대결보다 더한 효과를 얻을 수도 있다는 설명이다.

김대중 전 대통령이 국제적인 입지를 다질 수 있었던 것 역시 아시아 전통에 민주주의가 내재됐다는 '포린 어페어스(Foreign Affairs)' 기고문을 통해서였다. 문재인 대통령도 자신만의 소리를 들려줄 절호의 기회라는 것이다.

특히 이번 정상회담은 단순한 상견례를 넘어 문 대통령 5년, 트럼프 대통령 4년 동안 한반도의 정책 밑그림을 그리는 자리가 될 것이 확실하다.

청와대와 외교 관계자들은 핵심 현안을 관례에 따라 공개하지 않는다. 그러나 사드 배치 문제나 방위비 분담금, 한·미 자유무역협정(FTA) 등이 공식 의제가 될 것은 자명하다.

청와대는 정상회담을 앞두고 사드체계의 환경영향평가 실시에 국내 보수진영과 미국 측이 불편한 기색을 보이자 '한·미동맹의 결정을 근본적으로 바꾸는 일은 없을 것'이라는 입장을 밝힌 상태다.

이미 정의용 청와대 국가안보실장과 임성남 외교부 1차관은 미국 국무부 서열 3위인 토머스 섀넌 정무차관을 만나 한·미 정상회담 준비상황을 점검했다.

뜨거운 감자는 역시 양국의 대북정책이다. 미국의 '최대한의 압박과 개입'이라는 대북정책과 문 대통령의 '제재'와 '대화' 사이의 간극을 어떻게 조율할지 관건이 되고 있다.

재계에서는 문 대통령의 첫 미국방문을 앞두고 50~100명으로 구성된 경제사절단이 꾸려질 것으로 보고 있다. 경제사절단 선정을 총괄하는 대한상의 관계자는 "선정위원회에서 최종 명단을 다음 주 발표할 예정"이라고 말했다.

문재인 대통령은 방미 일정 마지막 날인 7월 1일 워싱턴 D.C에서 미주 한인 500여 명을 초청해 동포간담회를 갖는다. 이번 문 대통령의 동포간담회는 특히 워싱턴 D.C 한인사회뿐 아니라 미 전역에서 한인 인사들을 고루 초청할 계획으로 것으로 알려졌다. 이번 간담회 초청 인사에는 각 지역 한인회와 평통, 주류사회 및 경제계, 학계, 문화예술계, 법조계, 종교계 등 각계 인사들이 초청되었다. 초청대상자에게는 주미대사관에서 초청장을 개별적으로 우송한다.

백악관 근교의 캐피탈 힐튼호텔은 2003년 5월 노무현 전 대통령과 2008년 4월 이명박 전 대통령의 첫 방미 당시 동포간담회가 열렸던 장소다.

동포간담회 초청자들은 누구?

문 대통령의 방미에 미주 한인들도 들썩이고 있다.

물론 LA 한인사회도 벌써부터 각 단체마다 삼삼오오 모여 사람들끼리 화제의 꽃을 피우고 있다. 뜨거운 관심은 역시 '누가 동포간담회에 초청 되었는가.'이다.

과연 초청 자격은 무엇이며 어떤 사람들이 초청되었는가.

워싱턴 D.C에 초청된 한인은 5백 명 정도로 주미대사관에서 이번 주부터 초청장을 발부한다. 이미 상당수는 전화 통지를 받은 상태로 호텔과 비행기 예약을 마친 상태다.

한 관계자에 따르면 이번 워싱턴 초청인사 대상은 먼저 민주화 공헌인사와 과거 정부에서 핍박받던 인사들을 우선적으로 선정했다는 후문이다.

그런데 초청 인물 면면을 보면 초청 요건과 무관한, 배제 대상 인물들이 포함돼 벌써부터 타운 내 논란이 되고 있다. LA 총영사관 측은 관내 단체장이나 인물 전체를 보고했을 뿐 실제 명단을 작성하거나 직접 추천은 하지 않았다는 답변이다.

그러나 한국에서 LA의 면면을 제대로 파악하기는 사실상 불가능하다는 측면에서 초청인사 추천에 따른 추후 논란을 피하기 위한 영사관 측의 변명으로 들리는 것도 사실이다.

일부에서는 그동안 정치권 인사들을 쫓아다니며 해바라기형 출세지향 인물들이 재빨리 점퍼 색깔만 바꿔 입고 민주화 인사 행세를 하고 있다며 비난을 퍼붓고 있다.

지난 수년 동안 박근혜 정권 비난이나 세월호, 탄핵, 등 이슈 있을 적마다 촛불시위 한번 참석하지 않았던 자들이 새 정부가 출범하자마자 민주화 선봉자, 민주인사, 투쟁인사라고 떠벌리고 다니고 있다. 그들은 촛불시위가 한창이던 지난겨울 어디서도 얼굴을 드러내지 않았다. 행여 당시 당당한 박근혜 정권에 찍힐까 전전긍긍 복지부동 하던 자들이다. 세월호 참사로 온 국민이 슬퍼하며 촛불시위에 나섰을 때도 그들은 어디서도 볼 수 없었다.

그런 자들이 갑자기 점퍼 색깔만 바꿔 입고 매번 그랬듯이 변신에 성공해 온갖 자리를 차지하고 기승을 부리는 행태다.

이래서는 안 된다. 이런 식으로는 세상이 바뀌지 않는다.

세상이 바뀌자 옷을 바꿔 입은 박쥐들의 줄서기가 시작됐다. 과거 정권 교체 때마다 철새처럼 옷을 바꿔 입던 자들이 그렇듯 이번에도 그럴 것이다. 그러나 이번만은 고귀한 촛불혁명의 정신대로 용납해서는 안 된다. 민주화 운동의 옥석을 가려 엉뚱한 자들이 파렴치하게 감투를 차지하게 해서는 안 될 것이다.

원컨대 총영사관이나 당국에서도 부디 친불친을 떠나 청탁에 의한 낙하산이 아닌 개혁시대에 맞는 정당한 인사들이 선별되는 기회가 되길 바란다.

실제 몇몇 인사들은 벌써부터 LA 평통 차기 지회장에 선임된 것으로 떠벌리거나 '문재인의 측근'이라는 헛소문까지 퍼트리고 다녀 비난을 사고 있다.

최근 들어 사실상 평통지회장 추천제가 총영사관에서 자취를 감춘 뒤 이런 현상은 더욱 부각되는 양상이다. 지난 LA 평통지회장 임명 과정에서도 촌극이 벌어져 우스개가 되었다. 사실상 임명장을 받은 양 행세하던 모 인사를 제치고 물망에도 없던 예상 밖 인사가 지회장에 임명되자 몇 개월 동안 떠돌던 소문이 헛소문으로 드러났기 때문이다.

지금은 뒤바뀐 세상 탓에 문 대통령과 누구누구가 친한 것을 수소문하고, 덕분에 현 정권과 가까운 양 행세하며 다니는 자들이 미주사회를 어지럽히고 있다. 10년간 굳건한 여권이 사라지고 새 정권이 들어선 공백을 노리는 박쥐들의 농간이 분명하다. 그러나 기억할 것은 실제 가까운 사람은 그런 말을 담지 않는 법이란 점이다.

막 출범한 새 정부의 틈을 노려 박쥐들이 설쳐대는 꼴이 가소롭기만 하다.

그간 LA 한인사회의 실상을 들여다보면, 민주○○ 단체라는 간판만을 서너 명이 만들어 민주화 단체라고 하는가 하면, 그동안 시위에 얼굴 한 번 안 내밀 던 작자들이 험난한 민주화 운동을 평생 한 것인 양 설치는 꼴이 가관이다.

한국에서 오는 정치인에게 줄 대기에 급급하고, 여행안내 정도만 해놓고 (차량기사) 언제적부터 친했다는 양 떠벌리거나, 그 연줄을 이용 별별 청탁과 해외비례대표 국회의원까지 넘보는 자들이 한둘이 아니다.

평통에 해바라기 인사 수두룩

평통 인사철이 되면 몇몇 인사들의 한국 방문 러시가 이뤄지고, 아예 몇 주씩 서울에서 진을 치고 연줄을 동원하며 안간힘을 쓰고 있다는 후문이다. 올해도 여지없이 많은 사람들이 서울을 찾았다. 들리는 말로는 12명이 지회장 후보군에 올랐으며, 바뀐 정권 탓에 연줄대기에 헤매다 헛물만 켜고 빈손으로 돌아왔다는 후문이 돌고 있다.

매번 철만 되면 서울을 향해 길게 목 빼고 기다리는 한심한 인사들, N모, S모, H모, B모, L모, K모, P모 등등은 단골인사들이다. 그런 모습은 OC 평통도 마찬가지다.

세상은 바뀌어도 박쥐같은 인간들의 줄바꾸기나 해바라기형 감투 찾기는 여전하다.

바뀐 세상처럼 올바른 사람들이 대우받는 세상이 되기를 호소하는 마음 소리가 높다.

말없는 대다수의 민주화 인물들은 뒤에 숨고, 해바라기형 박쥐 인물들만 감투를 차지하는 행태에 헛웃음을 보내고 있다. 근거도, 행적도 없는 자들이 '악화가 양화를 구축한다.'는 논리대로 민주화 인사들을 내팽개치고 있는 것이다.

올바른 민주화 인사가 대우받는 사회문제를, 최종단계에서 옥석을 가려야 할 총영사관이나 관계 공무원들마저 부하뇌동, 복지안동伏地眼動 식의 선별 추천으로 빛을 가리고 있다는 푸념들이다.

달라진 세상처럼 사람이 달라지지 않는다면 달라진 세상이 그들을 용서하지 않을 것을 명심해야 한다. 지난겨울 촛불이 보여준 시민혁명은 이제 우리 곁에 있다. 촛불의 염원은 대통령이나 어느 권력도 진실 앞에서는 무력하고, 어둠이 빛을 이길 수 없다는 진리였다.

2017년 6월, 〈彦〉

58
LA 한인사회의 성폭력범들
〈미투운동 속으로〉

5천만의 한국이 아닌 소도시 규모의 LA 한인사회의 '미투 운동'은 사실상 힘들다.

더구나 성추행 문제를 보도하는 것은 더욱 쉽지 않은 문제다. '미투 운동'을 지켜보고 누구든 이제는 용기를 내야 한다고 생각하면서도 선뜻 고양이 목에 방울 달기에 나서는 걸 망설일 수밖에 없다.

한국도 처음엔 ㅈㅁㄱ, ㅇㅇㅌ, ㅈㅈㅎ(조민기, 이윤택, 조재현) 식의 자백으로 시작했다. 이니셜만으로도 누군지 가늠이 가능할 수 있기에 더욱 용기를 못내는 피해자들이었다. 아직 LA는 태풍전야지만 곧 피해자들이 용기를 낼 것으로 기대하면서 본보가 첫길을 나선다.

문제는 성추행 실태를 이미 알 만한 사람은 다 알고 있다는 사실이다. 혹 당사자는 모를지 모르지만, 알면서도 침묵하거나 모른 채 하고 있는 것이다. 특히 성추행범은 한번만 저지르지 않고 상습적으로 반복하기에 더욱 그렇다. 한편에서는 일부 몇몇의 성 중독증이나 사디즘의 성적학대 정도로 여기고 있다.

성추행의 실태는 한국이나 LA나 비슷한 양상이고 회사나 단체에서도 마찬가지다. 윗사람의 눈치 살피며 여성들을 회장 품에 밀어 넣고, 회장님은 남의 아내를 껴안고 밀착하며 추악한 짓을 서슴지 않는다(LA는 사장 보다는 거의가 회장님이다). 한 경제단체장은 연말파티에서 남편이 동석한 파티장에서 더러운 브루스를 계속하는 추악한 자들이다.

성추행의 무대는 파티나 회식을 빙자한 노래방이나 술집이다. 노래를 핑계로, 춤을 핑계로 추악한 짓을 벌인다. 다음날은 술 핑계로 얼렁뚱땅 넘어간다. 이 과정에서 더러운 손버릇도 빠질 수 없다. 한 의류 관련 단체장의 고약한 손버릇과 여성만 보면 질척대는 성추행으로 널리 알려졌다. 또 전 한인회장이 행한 술집에서의 정신병적 성추행도 알 사람은 다 아는 행태들이다.

상습적인 성추행자들은 어쩌다 저지르지 않는다. 사과조차 없는 성추행범. 그들도 딸과 부인은 있다. 이번 기회에 추악한 자를 몰아내야 한다. 용기가 필요하고, 고백만이 아니라 법적 처벌까지 반드시 이어져야 악의 고리를 끊어낼 수 있다. 단죄까지 이르려면 실명과 사진공개도 필요하다. 단순한 공개가 아닌 형사처벌만이 상습추행범을 몰아낼 수 있다. 그날을 기다린다.

용기를 낸 김은희. 초등학교 3학년 때 테니스 반에서 선수의 꿈을 키우던 중, 코치에게 숙소에서 성폭력을 당했다. 평소 훈련 중에 폭력과 왕따가 있었기에 철부지 어린 학생들은 무서움 속에 당할 수밖에 없었다. 당시 10살이었다. 김은희는 검은 상처를 누구에게도 말할 수 없었다. 상처를 안고 살아가면서도 선수의 꿈을 잃지 않고 열심히 살았다.

그리고 10여 년이 흐른 후, 악마를 우연히 만났다. 그 코치는 여전히 학생들 테니스 코치로 활동하고 있었다. 김은희는 망설임과 고민 끝에 용기를 냈다. 지금도 어린 여학생이 검은 악마에게 성폭력을 당할 것이라 생각했기 때문이다. 미투 운동이 펼쳐지기 전인 지난해, 그 코치는 8년형을 받고 구속되었다. 10여 년이 흐른 사건의 증거와 증언자를 모아 강간죄를 입증하기는 쉽지 않았지만 긴 장거리 재판 끝에 악마를 감옥에 보낼 수 있었다.

끝까지 용기를 잃지 않고 노력한 결과였다. 그녀는 이후 여성단체 등 여러 곳에서 축하를 받고 대학 등지에서 강연 활동도 열심히 하고 있다.

용기 있는 사람들의 폭로, '미투 운동'이 아니었으면 절대 몰랐을 그 악마 코치를 비롯한 조민기, 조재현, 이윤택의 '진짜' 모습이 세상에 알려졌다. 피해자는 얼마나 될까. 수백 명, 아니 수천 명에 이를 검은 상처를 안고 평생 살아가야 하는 사람들. 수면 밑에 있는 피해자들이 용기를 내 입을 열면 세상은 더 나아질 것이 분명하다. 적어도 제2의 피해자는 줄일 수 있다.

문제는 한번 저지른 성범죄자들은 단죄되기까지 계속 범죄를 저지른다는 사실이다. 지금도 어딘가에 숨어 똑같은 성폭력을 새로운 희생자에게 저지르고 있을 것이기에 미투 운동은 지금 중요한 변곡점을 맞고 있다. 이번 기회에 사회에 만연한 성폭력을 정립해야만 한다.

이윤택, 조민기의 성추행 행태를 들여다보면 인간의 탈을 쓴 악마 그 자체다. 연극단과 대학에 똬리를 틀고 들어앉아 계획적인 추행을 저질렀다. 이런 자들이 화면에서는 스타 행세를 하며 가식적으로 국민을 우롱하고 기만했다. 이들은 수십 년 동안 수많은 여성에게 추악한 짓을 자행했다. 그것도 주위에서 알 만한 사람은 알고 있었으며, 일부는 도우미나 가담자 역할을 맡았다. 그들 역시 대가를 노린 작은 악마들이지만, 피해자로서는 최후의 구조 가능성마저 잃는 대목이다.

피해자는 누군가에게 말해야 했고, 구호의 손길을 기다렸다. 그럼에도 주위에서는 알량한 권력자의 편을 들어 방에 밀어 넣었다. 심지어 안마 순번을 정해준 자들까지 있었다. 도대체 그들이 얻고자 한 것은 무엇이었을까.

이윤택, 오태석, 조재현 등 연극계의 해묵은 성범죄는 교주집단의 병폐와 닮았다. 밤마다 교대로 딸 같은 여자가 수청을 들어야 하고, 낮이나 밤이나 방에 들여보내 안마와 유사 성행위를 하게 했다는 도우미들의 행태는 경악스러울 뿐이다. 사교집단이나 봉건시대에서나 볼 장면이 아니던가.

정치권을 보자면 윤창중이 떠오른다. 대통령 수행 중에 나이 어린 여자 인턴을 알몸 상태로 방에 부르는 행위는 아무나 할 수 없다. 반성을 모르는 거짓은 '등을 한차례 툭 치면서 앞으로 잘해!'가 전부였다는, 사건 이후 기자들 앞에서 한 변명 또한 추악하기 그지없다.

안태근 검찰국장 역시 장관이 동석해 경건해야 할 장례식장에서 동료

여검사 성추행을 벌여 검찰 내부에 만연한 성폭력 실태를 가늠케 해준다. 일부러 장관이나 검사장 옆에 여검사를 앉게 하는 것부터 회식에서 도우미 역할을 시키거나 껴안고 춤을 추어야 하는 행태는 바로 성범죄의 온상이다. 이런 자들이 어떻게 성추행범을 단죄할 수 있을까. '내로남불'처럼 나는 괜찮고 너희는 처벌을 받아야 하는 식의 논리는 사법부의 오늘을 말해준다.

시인 고은도 알 만한 사람은 다 아는 해묵은 손버릇이 있고 주사가 있으며 추태가 있었다. 강연장에서 막걸리를 마시고 뒤풀이 자리에서의 추잡한 행태가 바로 그것이다. 그럼에도 알량한 문단권력 앞에 누구도 쉽게 제지하지 못했고 오히려 옆자리에 젊은 문인여성의 등을 떠밀었다. 등단을, 책 출간을, 좋은 평론을 미끼로 신진 여성 문인들을 괴롭혔다. 또 한편으론 돈을 뜯어내기도 했다.

그건 한국이나 미주문단이 같은 상황이다. 기성문인들이 신인 문인을 상대로 저지른 죄들이다.

용기 내지 않으면 세상은 달라지지 않는다.
용기 내지 않으면 다음 희생자는 당신의 가족이 될지도 모른다.

2018년 2월, 〈彦〉

59
쥐들이 들끓는 사회(갑질의 세상)

대한항공 땅콩 회항 사건 이래, 또다시 가진 자들의 갑질에 사회가 시끄럽다. 그것도 오래가진 않겠지만 지금은 검찰, 공정거래위원회까지 팔 걷고 나선 상태다.

대한항공 일가의 정신병적 광란, 파렴치한 부자의 난동은 세계의 웃음거리가 되었다. 재벌기업에 근무하며 으시댈 줄 알았던 회사 직원의 가족들은 머슴만도 못한 아빠, 아들의 이야기에 뒤늦게 눈물을 흘려야 했다.

가진 자들은 그렇게 살아도 되는가.

'갑질' 논란 끝에 사임한 미스터피자 정우현 MP그룹 회장, 막말 논란을 빚은 이장한 종근당 회장, 성추행으로 물의를 빚어 회장직에서 물러난 최호식 호식이 두마리치킨 회장 등, 프랜차이즈 기업의 갑질이나 김승연 재벌회장의 보복 폭행 갑질 등은 하나둘이 아니고 어제오늘 일이 아니다. 또 회장과 대주주 관련 사건이나 독단적인 행동과 결정으로 인해 기업이 손해를 입는 '오너 리스크'도 막중한 사회문제가 되고 있다.

미스터피자의 정우현은 작년 4월, 경비원을 폭행해 벌금 200만 원의 솜방망이 처벌을 받았다. 이어 가맹점에 오너 일가의 치즈를 강제 납품해 50억을 챙기는 등 갖가지 갑질을 일삼다가 끝내 구속되었다. 그 와중에 가맹점주 이모 씨는 스스로 생을 마감하기도 했다.

호식이 두마리치킨 회장 최호식이 청담동의 한 일식집에서 여직원에게 강제추행을 하고 이어 여직원을 호텔로 강제로 데려간 사건이 발생했다.

과연 검찰이 이번에도 솜방망이 처벌을 내릴지 관심이 모아지고 있다.

종근당 회장 이장한은 운전기사에게 폭언과 심한 갑질을 하다가 운전기사들이 폭로해 뉴스거리가 되었다.

이런 돈과 직위를 이용한 회장들의 갑질은 온 국민의 공분을 사고 불매운동으로 이어졌다.

1940년대 이종근은 철공소, 정미소 등에서 잡역부로 일하다 약품 외판원으로 약을 팔았고, 해방 후 자신의 이름을 따 '종근당 약국'을 열었다. 종근당 성공 후, 이종근은 종업원을 야간학교에 다니게 하고 직원들의 자녀를 위한 학자금을 지원했다. 정작 자신은 보통학교를 졸업했지만 직원들의 학업 지원에 애썼다. 1973년에는 고촌장학재단을 설립해 44년간 7371명에게 397억의 장학금을 지원했다. 또 기숙사를 세워 지방 출신 학생들의 무료숙식을 제공했다.

이 회장의 사망으로 아들 이장한이 41살에 회사를 물려받았으나, 작금 운전사 폭언과 회사 내 갑질로 물의를 빚고 사과했다. 선친의 명예에 지울 수 없는 먹칠을 했다.

지금 종근당은 국민적 여론 뭇매를 맞고 있다. "종쳐야 할 소비자 외면 기업 우선순위가 되었다."며 약사들과 함께 전국적 불매운동도 전개해 "상습적 갑질로 국민적 비난을 자초하는 사주가 운영하는 기업은 소비자의 힘으로 살아남지 못하게 퇴출, 도태시켜야 한다."고 주장 하고 있다.

정치인은 적어도 기업인보다 사회적 리더임이 확실하다. 사적 이익추구가 아닌 공적 사회를 위해 일한다는 점에서도 그렇다. 그러나 최근 정치판은 진흙탕 싸움정도가 아닌 추악한 인간면모를 드러내고 있다.

작금의 극혐 정치의 뿌리는 박근혜가 우선이지만, 친박 세력을 비롯해 최순실 그늘에서 뭔가를 추구했던 자들도 마찬가지라고 지목할 수 있다.

박근혜 탄핵에서 내뱉는 친박들의 발언은 정치의 질을 떨어뜨리고 국민을 극혐정치, 분노정치로 몰아넣는다. 사회지도층이 이 정도면 기업인들의 갑질은 쉽게 저질러질 수밖에 없다.

이번에 홍준표의 청주 수해현장에서 장화 신는 장면이 '황제 장화', '장화 수발'로 비난이 폭주했다. 또 지난달 김무성이 인천공항에서 저지른 노룩 패스도 구태 정치인의 갑질로 세계 언론에까지 희화되기도 했다.

청주 지역 도의원들은 수해 난리 속에 해외관광연수를 떠나 비난을 사더니, 김학철이란 자는 국민을 들쥐(레밍)로 칭하며, '억울하면 국민이 레밍이 되지 마세요.'라고 사과글을 올려 온 국민을 분노에 떨게 했다. 이쯤 되면 '태도가 권력'이 아니라 '태도가 깡패'가 된다.

신문의 글은 역사의 한 축이므로 기록을 남기는 의미에서 한 마디 한다면, '김학철은 인간쓰레기다.'라고 적고 싶다. 그리고 김학철! 억울하면 인간쓰레기가 되지 마라.

LA 한인사회는 어떠한가.

얼마 전 노인 회장을 지낸 사람은 매년 1인당 몇 백 불씩, 총 만 불 정도를 장학금으로 지원하며 신문보도를 일삼고 온갖 생색을 다 낸다. 물론 만 불도 적은 돈은 아니지만, 그 정도로 자랑질 할 수준은 아니라는 지적이다. 그에게 이종근 장학사업을 들려주고 싶다.

두 개로 나뉜 단체에서 서로 단체장이라며 주장하고, 감투를 욕심내는 자들을 찾아 뒤로 돈을 뜯어내는 올드 타이머들도 토악질 유발자들이다.

생선 한 토막을 놓고 도둑고양이들의 쌈박질이 한창인 동포재단. 이제 꼴뚜기, 망둥이까지 날뛰며 서로 한인회관 건물을 맡겠다고 설치고 있다. 두 개로 나뉜 이사회의 소송전을 틈타 초기 기증자들 몇몇이 나서더니, 엊그제는 한우회 몇 명이 나서서 건물을 넘겨 달라고 주장하고 있다. 도둑고양이들의 가소로운 노추며 탐욕에 불과하다. 누구도 동조하지 않고 인정하지 않을 꼼수들이다.

축제재단에서 횡령한 사기꾼, 두 개로 설립된 OC 축제재단은 무엇을 노리고 서로 아웅다웅인지 이면이 궁금하다.

LA 한인 부자들은 어떤 모습일까.

경제단체를 뒤에서 주무르다 못해 다시 등장한 부동산 회장. 한인 사회 최대 부동산그룹 회장은 백 년 넘은 한인 이민최대 지역을 무너뜨리고 있다. 도시난개발과 부동산 가격, 임대료만을 위해 저지른 짓에 대한 갖은 비난이 쇄도하고 있다.

한인사회 곳곳에 저질러지고 있는 갑질은 악행이다. 사회 구석구석 갑질은 살아있다.

사족으로 우스개 한 토막.

90년대 장군 관사 당번병으로 군 생활 한 경험담이 화제다.

장군이 골프를 가는 날, 지시대로 골프채를 잘 닦아 백에 넣어뒀다. 그런데 그만 '퍼터'를 빠뜨렸다. 골프장에 간 장군이 당번병에게 전화를 했다.

"병신 새끼! 왜 빠따가 없어. 인마! 빨리 빠따 보내."

골프를 몰랐던 당번병은 한참을 헤매다 '빠따'를 야구방망이로 알아듣고 '야구빠따'를 보냈다. 이후 당번병이 어떻게 됐을지 궁금해 하는 사람이 많다.

2017년 7월, 〈彦〉

60
'악의 꽃'의 종말

장미는 태초에 다섯 개의 잎으로 시작되었다.

그리고 진화를 거듭해 백 개의 잎을 가진 장미 등 6천 종이 넘는 다양한 장미로 진화했다. 또 장미의 가시는 줄기가, 선인장의 가시는 잎이 진화한 것이다. 지금 우리가 보는 꽃과 식물은 자연적인 진화와 인공적인 진화의 결과인 셈이다. 왕후제상, 그리고 귀족들의 취향에 따라 인공수정을 거듭해 눈부신 오늘날의 장미가 태어났다. 이들 장미는 영국왕실의 장미원에서 관장하고 있다.

인공생명과 인공진화는 생명현상, 즉 유전, 돌연변이, 교배 등을 이용해 재창조 또는 모방으로 유전 알고리즘을 응용하는 방법이다.

생물이 오랜 시간 환경에 적응하면서 변화하여 점차 몸의 구조나 특성이 달라지는 현상이 바로 진화다. 지구 모든 생물은 진화한다. 우리는 50년 동안 벼를 대상으로 인공진화에 대한 연구를 거듭했다. 지금의 벼 대량수확은 인공진화 덕분이다.

아름다움의 진화에 비례해 악의 세계는 어떻게 진화했을까.

태초에 악은 도적질에서 시작되었다. 인류의 모든 악은 따져보면 도적질의 진화일 뿐이다.

문제는 나쁜 놈들은 자신이 나쁘다고 생각 안 한다는 것이다.

웬만해서는 알 수 없는 요즘 세상이다. 상식적 사고로는 돌아가는 세상을 가늠하기 힘들다. 영화보다 더한 극적구조와 반전이 계속되면서 국민들은 숨쉬기조차 힘들다고 한다. 촛불시위 한가운데에서는 더욱 숨쉬기 힘들다.

국민을 사랑하는 대통령을 만날 행운은 없는 것인가.

조금, 아주 조금, 국민과 국가의 안위를 생각한다면 적어도 이런 결말로 진행해서는 안 된다.

박근혜의 25페이지 분량의 답변서가 공개되었다. 무죄추정 원칙을 주장했고, 최순실의 죄를 자신에게 묻는 것은 연좌제에 해당한다고 주장했다. 검찰조사에 응하지 않는 것도 권리 중 하나이고, 현대자동차 납품청탁과 광고 일감몰아주기는 중소기업 애로사항을 도와준 것이라고 변명했다. 또 자신은 죄가 없는데 4%의 지지 때문에 대통령직에서 물러나야 한다는 것은 헌법에 보장된 임기제에 어긋난다고 했다.

문제는 뇌물죄 여부이지만 만약 해당된다면 박근혜가 갈 곳은 감옥뿐이다. 그것도 특별사면이 없다면 평생 갇혀 있을 것이다.

그래서 죽기 살기 안간힘을 쓰는 것은 동정을 하지만, 그래도 이래서는 안 된다. 이건 마지막까지 국민과 국격을 무너뜨리는 행위에 불과하다. 자신은 악마의 죄를 저지르면서 부딪치는 사람들에게 '참 나쁜 사람', '참 나쁜 대통령'이란 죄명으로 단죄했다.

이제 대한민국은 무엇을 해야 할까.

계속 박근혜, 최순실에게 발목을 붙잡혀 있을 수 없다. 새판 짜기에 나서야 한다. 최순실 부역자들의 재산 몰수와 엄격한 처벌은 물론 대한민국의 미래를 위해 계획과 시스템을 다시 설계하고 제도화해야 한다. 이제부터 잔재청산에 나서서 친일, 독재의 잔재들을 척결하고 바로 세울 것들을 바로 잡아야 한다.

무엇보다 정치권 개혁도 빠뜨릴 수 없다. 최순실의 마수가 사회 전반에 뻗칠 수 있었던 것은 그만큼 썩어 있었다는 의미이기도 하다. 손볼 것이 산재하다는 의미다. 정치 관련 부역자 척결부터 시작해야 한다.

청와대를 역사박물관으로 만들고, 대통령 집무실은 정부청사 내에 이전하고 기능 활용에 나서야 한다. 검찰, 국정원, 경찰 등 사정기관을 정비하고 언론도 새로 태어나야 한다.

그중에서도 검찰을 비롯한 사정기관에 대한 시민적 통제 장치 마련은 가장 시급하다. 권력의 이익에 철저하게 복종하고 정권의 시녀가 된 정치 검찰의 문제점은 수없이 지적되었다. 어버이연합, 우병우, 홍만표, 박관천, 이석수 특별감찰관 등 셀 수 없다. 이제 간첩단 조작사건 같은 범죄는 진부하다.

이명박 정권에서부터 추진된 언론독립 파괴공작과 종편 지원으로 인해 언론은 철저하게 정권의 나팔수로 전락했다. 의혹이 쏟아져 나와도 보도하지 않고, 오히려 의혹에 대한 반박이나 조작까지 서슴지 않는다. 그런 탓에 촛불광장에서 언론이 설 자리는 사라졌다.

쫓겨난 MBC, KBS 등의 기자들은 '쪽팔려서 기자질 못하겠다.'는 하소연을 쏟아냈다. 반대로 가장 작은 JTBC방송은 국민들에게 각광을 받고 있다.

부역 언론에 대한 단죄와 권력의 언론 장악 장치들을 제거해야 한다. 여론을 형성하고 시민적 통제가 가능하도록 근본적인 구조 개혁이 시급하다. 종편에 대한 단죄도 빼놓을 수 없다.

재벌을 해체하고 그룹들도 재정비해야 한다. 세제 개혁을 통해 그동안 누렸던 특혜를 국민에게 돌려야 한다.

더 잘살지는 못하더라도 고루 행복하면 된다. 더 잘사는 게 행복한 것인지도 고민해야 한다. 어떤 삶이 국민에게 행복한 삶이 될 것인지 되돌아봐야 할 때이다.

박근혜 게이트에서 재벌은 피해자가 아니다. 주진형 한화증권 대표의 증언처럼, 이들은 주범이다. 정경유착의 토대에 따라 백을 주고 천, 만을 얻어낸 거래였고 철저한 장삿속인 것이다.

언제나 재벌은 몸통이었다. 박근혜, 최순실은 빌붙어 비스킷을 얻어낸 것에 불과하다. 박근혜가 재벌 총수들을 만나 지원과 돈을 요구하고 대가로 혜택을 주었다. 재벌과 부유층, 기득권세력의 이익에 협조하고 노동자, 서민들의 것을 빼앗았다. 최순실 이후, 재벌개혁에 대한 논의가 본격화되어야 하는 이유다.

분명한 것은, 이 문제는 이념이나 좌우, 계파의 문제가 아니라는 것이다. 선악의 문제일 뿐이며 정의와 불의의 투쟁이다.

한낱 강남 아줌마가 권력에 빌붙어 벌인 갖가지 사기극이고 불법행위에 불과하다.

아직도 꿈을 깨지 못했다면 박근혜의 5촌인 박용철, 박용수 형제 살인 사건에 최순실, 정윤회, 박지만, 박근혜가 관련되었다면 어떠한가?

상상이 현실이 되는 세상, 얼마든지 상상해볼만 한 드라마가 아닌가.

2016년 12월, 〈彦〉

61
악의 길

올 한해 본 칼럼에서 가장 많이 다룬 주제는 악인들이 저지르는 악행에 대한 글이었다. 국내에서나 미국에서나 지역과 시대를 넘어 악인들은 횡행한다. 미국은 트럼프 당선으로 어수선하고, 한국은 박근혜, 최순실 두 여인 때문에 나라가 뒤집힐 판이다. 매일 뉴스에서 눈을 뗄 수 없을 정도로 전방위적으로 악행이 쏟아지고 있다. 촛불시위에 나선 초등학생 여자아이도 '이게 나라냐!'라는 팻말을 들고 있다.

백 년 전 어느 날에도 고종을 제끼고 명성왕후와 홍선대원군이 막후에서 세력싸움을 벌이고 있었다. 자신들이 권력을 장악한 시기에 국정을 농단한 것은 물론이다. 요즘의 비선실세들이 설치는 양상과 유사하다.

결국 6백 년의 조선은 무너졌다. 모두 국정농단의 결과다. 1905년 조선의 몰락에는 을사오적(乙巳五賊)이 함께 했다.

지금은 병신십적을 지적하고 있다. 그것도 보수단체가 주장하는 목소리다.

친박 오적과 병신십적.

보수단체는 이정현, 최경환, 서청원, 홍문종, 조원진을 오적으로 꼽아 맹비판 했다.

최순실의 지시대로 움직이고 뒤에서 국정을 농단하고, 기업 혹은 사람들에게 갖은 악행을 저지른 자들은 한결같이 서울대 등 일류대 출신에 고시 출신의 수재들이다.

어쩌다 그런 자들이 악인의 길로 접어들어 악행의 꽃을 피웠는가. 물론 그들의 악행은 그들 자신의 몫이다. 혹 청년시절에는 바른 꿈을 꾸었다 하더라도 그들은 결국 변질되었고 악의 편에 섰다. 출세를 위해, 돈을 위해, 의리를 위해서였는지 모르지만 악인이 된 것은 확실하다.

역사는 그렇게 기록할 것이기 때문이다. 역사는 냉철하고 무섭다.

오적, 십적들의 공통점은 수재들이며, 제도권 교육아래서 성장한 최고의 엘리트들이다. 바로 이점이 우리를 슬프게 한다. 모두가 닮고 싶은 사람들이었다. 한때는.

그들은 부끄러움을 모른다. 엄청난 재산을 챙기고 사람들을 짓밟고 호가호위 한다.

도둑은 그저 빵을 훔치지만, 배운 도둑은 빵집을 털거나 빵공장을 통째로 빼앗는다. 많이 배운 것이 반드시 좋은 것은 아닌 대목이다. 이제 큰 도둑들이 나라를 통째로 삼키고 온 국민을 거리로 내몰아 절망에 빠뜨리고 있다.

박근혜·최순실 게이트의 악인들은 누구인가.

두 여인 다음에는 십상시로 거론된 김기춘, 우병우, 이재만, 정호성, 안봉근, 정윤회 등이며, 당내 십적으로 거론된 사람은 김무성, 이정현, 서병수, 권영세, 이학재, 이정현, 이상일, 유정복, 안종범, 변추석 등이다.

그중에서도 으뜸은 김기춘이다. 지금도 막후에서 박근혜 살리기에 총기획을 맡아 동부서주하고 있는 것으로 전해진다. 여기서 동부서주란, 계속 국민을 속일 시나리오를 짜고 헛된 악행을 계속해나가는 것에 불과하지만 노추마저 잊고 계속 하고 있다. 김기춘의 압권은 '최순실을 알지도 못하고 만난 적도 없다.'는 어처구니없는 거짓말이다.

그러나 박근혜 저도 여름 휴가기간에 최순실과 함께 저도에 있었던 것이 폭로되었고, 저도 휴가 이후 비서실장에 임명된 내용까지 드러났다.

무엇을 상상하든 그 이상

본 칼럼에서 여러 차례 지적한 바는, 악행에는 반드시 변명이 뒤따르고 악인은 수치를 모른다는 점이다. 역사를 두려워하지 않는다는 공통점도 지적한 바 있다. 연산군도 두려워한 역사를.

박근혜가 대통령이 되어 반드시 해야 한다며 추진한 것은 박정희의 역사를 다시 쓰는 작업이었다. 박정희의 만주군관 시절 이름인 마사오 다카키, 형 박상희와의 빨치산 연관, 5.16 쿠데타, 유신독재, 안가에서 김재규에 의한 피살 등 지우고 싶은 역사는 많았다.

그 자리를 새마을운동이나 경제발전 등으로 채울 심산이었고, 그러기 위해 역사 국정교과서를 뒤집어엎고 새로 쓸 작정이었다. 그렇게 지워질 역사가 아닌 것을 박근혜는 알지 못했다. 더 엄청난 권력도 역사를 뒤집지는 못했기 때문이다. 특히 박정희기념관 예산이 1500억에 이른다니 참으로 가소롭기만 하다.

어제 오늘 말 바꾸기와 버티기도 도도한 역사의 흐름을 무시한 어리석은 작태에 불과하다. 역사를 모르고 수치심을 잃은 탓이다. 10살 남짓 칠푼이 계집애 짓거리에 불과하다. 문제는 칠푼이 장단에 함께 놀아난 '십상시와 병신십적들이다.

말도 안 되는 국정농단이 계속되는 동안, 그들은 그들의 세상을 획책했다. 그리고 콩고물과 엄청난 부를 챙겼다. 그들의 세상이 영원하리라 믿고 주요 부서에 사람을 심고 세력을 공고히 했다.

하루아침에 무너질 바벨탑을 영원하리라 믿었을까.

올 한해 뉴스를 장식하고 사라져간 인물들을 보자.

카오스의 나비효과로 지적된 정운호 사건. 여기서 시작된 사건이 끝내 박근혜·최순실 게이트까지 이어졌다. 그들 사이에 일류대 수재 법조인이 있고 악인들의 행로가 있다.

최유정, 홍만표, 진경준, 김정주, 우병우로 이어지는 퍼즐 뒤에는 물론 최순실이 있다.

우병우 사단으로 거론되는 윤석근, 이동열, 김기동, 정수봉, 김주현, 김진모, 정점식, 전현준, 노승권, 유상범, 안태근, 윤장석, 김석우, 이선욱, 최윤수 추국장….

이들의 이름을 기억해야 하는 이유는 드골 정부의 콜라보(지난 칼럼)와 궤를 같이 한다.

그들에게 붙어 빨대를 꽂고 단물을 빨던 자들을 역사는 기록할 것이고, 반드시 그들을 단죄해야 하기 때문이다.

바보야! 결론은 김기춘 우병우

결론은 김기춘 우병우로 남는다.

박근혜·최순실 게이트가 넘어야 할 마지막 산이다. 이 둘을 엄단하지 않고는 대한민국은 바로 설 수 없다. 박근혜, 최순실보다 더 큰 악행이 그들에게 있다.

우병우 사단의 졸개들은 지금도 국정원, 검찰, 감사원 등 곳곳에 숨어서 감시시스템을 무력화하고 보고 자체를 조작한다.

호빠에서 어린 남자들과 섹스 행각을 일삼고 200여 차례 성형시술이나 하는 일개 강남 아줌마를 누가 두려워했겠는가. 이들이 뒤에서 받쳐주었기에 가능한 권력이었다.

이러려고 대통령했나 한탄한 박근혜지만, 대통령 출마 당시에는 그래서 모두들 대통령하려고 애를 쓰는 것 아니냐는 발언을 했다. 뭐든지 하려고 대통령이 된 박근혜. 그러나 종말은 생각하지 않은 듯하다. 박정희의 종말이 어떠했는지, 노무현의 종말이 어떠했는지도 생각하지 못했다.

박정희의 죽음과 노무현의 죽음은 분명 결이 다른 양극의 죽음이지만, 그녀에게도 참혹한 종말이 기다리고 있음을 생각조차 않은 것은 칠푼이였거나 자만의 공주인 탓이다.

무자격 대통령은 거기서부터 시작한다.

한번이라도 역대 최악의 대통령으로 기록될 것을 생각이나 했을까. 어쩌면 이 시대 가장 비극의 집안으로 기록될지도 모를 박근혜가 되었다.

정상에 서는 게 다가 아니다. 추락하는 것은 날개가 없다. 곱게 내려올 수 있어야 한다.

어떤 대통령보다 비극적인 종말을 당한 대통령이 되고 싶은가.

역사를 두려워하지 자의 참혹한 종말이 기다리고 있을 뿐이다.

2016년 11월, 〈彦〉

62
빼앗긴 12년,
한인회장 투표권을 한인에게!

한인회장의 검은 속셈이 명명백백하게 드러났다. 몇몇 후원자들과 진행
중인 정관과 선거규정을 유리하게 개정하려는 행각을 벌써 눈치 챈 사람
은 이미 알고 있었다. 기자들이 접근해 취재에 나섰으나 한인회 측은 취재
거부를 하더니 절대 사실무근이라고 발뺌을 했다. 그러나 결국 만천하에
간계는 드러났다.

이전 한인회장 선거 역시 그 추악한 뒷거래를 알 만한 사람은 잘 알고
있다. 당시 한 달이 넘도록 한인회 주변과 총영사관 곳곳에서 '배무한 한
인회장 당선 무효' 팻말을 들고 길거리 시위를 하고 플래카드, 대자보가 등
장했다.

4년 전 한인회장 선거도 역시 부정선거로 몸살을 앓았다. 부정선거로
잡힌 꼬투리가 정당하지 못했다는 지적과, 정정당당 선거를 통한 정통성
을 갖춘 한인회장이 당선돼 지지와 사랑받는 한인회장의 모습을 기대했기
때문이다.

부정과 야합으로 차지한 한인회장은 커뮤니티 단합과 책무를 다할 수
없다. 여러 단체의 지지와 협력도 얻기 어렵다. 이에 따른 부작용이 오늘
날 각 단체끼리 소송전을 일삼고 있는 이유다. 잡음과 반작용은 폭력과
법정 대결로 치닫고 한인들의 관심은 멀어진다.

그럼에도 일단 차지하면 그만이고 할 테면 소송으로 해보라는 막가파식
으로 밀어붙이며 재임기간 내내 성과 없이 한국을 오가면서 완장질로 허
송세월 보내기가 전부다.

2년의 재임기간 동안 이루어낸 성과는 무엇인가.

일부 쓰레기 언론에서 회장 인터뷰나 '2년간의 성과' 운운하며 내세운 자랑은 내실없는 허무맹랑한 말장난에 자기자랑뿐이다. 모두 술대접과 촌지봉투의 결과로 나온 기레기의 면모일 뿐이다. 개 풀 뜯어먹는 소리에 소도 웃을 자랑질이 전부다. 심층 추적보도는 못할망정 회장 용비어천가라니…. 취임 당시 스스로 공언한 센터신축을 위한 20만 불 기금조성 약속도 임기가 끝나가는 현재까지 이행되지 않고 있다.

LA 한인회보다 훨씬 규모가 작은 OC한인회는 벌써 백만 불 가까운 신축기금을 모았다니 두 한인회장의 비교는 쉽게 드러난다.

기금 20만 불 묘연, 쌈박질은 앞장

한때 인터넷과 LA 일간지에 제임스 안의 길거리 욕설 장면이 보도되면서 개망신을 사기도 했다. 동포재단과 소송 중인 양측 당사자 싸움이 길거리 싸움까지 비화된 것이다. 이에 한 단체장은 "명색이 한인을 대표한다는 사람이(실은 정통성을 아무도 인정하지 않지만), 길바닥에서 입에 담기도 민망한 욕설을 해대는 장면은 파렴치 자체였다."고 비난했다.

최근에는 좀 더 단장했다. 머리엔 브릿지, 눈썹문신에 화장까지 제법 갖추고 여기저기 얼굴을 내민다. 문제는 외형이 아닌 본인의 진정성이 아닐까.

밀실 야합으로 회장 감투를 차지하고 다시 연임하겠다고 모사를 꾸미고 있는 한인회의 음모가 드러난 만큼, 분명한 사실과 과정을 밝히고 관련자의 책임을 물어야 한다. 은폐를 시도한 한인회 사무국 직원이나 관여자의 책임도 물어야 마땅하다. 이사회 전체가 더 비난을 받지 않기 위해서는 참여와 관리 감독에 나서야 한다. 한통속이 아니라면 말이다.

침묵하는 언론, 단체, 원로들도 문제

들통난 정관개정 추문은 이미 몇몇 단체들에겐 알려진 내용이었다. 제임스 안의 재선 출마를 위한 장애물(?)을 제거하기 위해 짜낸 아이디어가 바로 정관개정 작업이다. 출마를 준비 중인 박모 씨 등 몇몇 인사들을 선거 없이 제압하기 위한 묘책인 셈이다. 선거비용도 아끼고 확실한 당선을 위한 계략이었다.

와중에 말이 새어나와 일부 언론이 취재에 나섰지만 함구로 일관했다. 그러나 영원한 비밀이 없듯 참여한 이사들에 의해 드러나고 말았다. 이후 물밑 작업을 위해 각 언론사를 방문하고, 2년간의 공과를 알리는 인터뷰 기사가 대문짝만하게 여기저기서 보도되었다. 내용은 자랑일색에 허무맹랑한 말장난에 불과하고 깊이 있는 내용은 빠져 있었다.

최근 문제가 된 부동산 사기거래 고소사건도 응당 짚고 넘어가야 하는 문제였고(한인회 정관에는 범법행위나 사회적 물의를 일으킨 자는 제명 또는 사퇴해야 하고 회장 선거에 참가할 수 없도록 규정하고 있다), 센터 건립기금으로 약속한 20만 불도 하루빨리 이행하라고 촉구했어야 하지만 슬그머니 넘어갔다. 이게 언론 현실이다.

지난 회장선거가 불미스럽게 야합으로 진행된 만큼 이번만은 제대로 된 선거를 치러야 한다.

그러나 하나를 보면 열을 안다고 했던가. 결국 또다시 계책으로 얼렁뚱땅 넘어가려다 언론에 발각돼 참담한 지경에 놓이고 말았다. 지금이라도 각 언론과 역대 한인회장, 사회단체들이 나서서 막아야 한다. 한인회를 바로 세워야 한다. 12년이 넘도록 선거 없는, 정당하지 못한 한인회장을 용인해서는 안 된다.

언론의 책무는 한번 보도하는 것으로 끝나지 않는다. 정의가 바로 설 때까지, 지켜보고 계속 투쟁하며 시정하도록 요구하는 것이 본분임을 잊어서는 안 될 것이다.

분노하라!

잘못된 것에 분노하지 않으면 부정의 편에 서는 것이다. 부패로 얼룩진 사회를 후대에 물려주게 될 것이다. 10년 전 부정선거에 LA 한인사회가 분노했더라면, 이 같은 악순환의 고리에서 한인회장 선거를 참담하게 지켜보지 않았을 것이다.

뻔뻔스럽게 시치미를 떼고 먼 산을 바라보는 관련자들은 이민 역사의 한 페이지에 거룩하게 기록될 것임을 잊어서는 안 된다. 희대의 폭군 연산군이 가장 두려워했던 것은 죽음이 아닌 자신의 패악이 역사에 남는 것이었다. 이처럼 개망나니도 기록과 역사를 두려워했다.

다만 그들은 그것을 모를 뿐이다. 어리석게도.

2017년 4월, 〈彦〉

63

한인사회 민초들이 깨어날 때는 언제인가

한인이기에 느끼는 것이지만, 뉴욕 타임즈나 LA 타임즈에서 본 좋은 기사보다는 유독 지적기사가 오래 남는다.

엊그제 LA 타임즈에 'LA 한인타운에 그렇게 필요로 했던 공원 개발 프로젝트가 왜 무산됐나?'라는 제목의 기사가 1면에 크게 실려 가슴을 저몄다.

기사 내용은 LA시 공원관리국이 천 가구당 최소 3에이커의 공원 유치를 원칙으로 도시 지역 개발 프로젝트를 추진하고 있지만, 한인타운의 경우에는 녹지공간이 천 가구당 0.07 에이커도 안 된다고 지적했다.

신문은 또 한인타운의 녹지공간은 농구 코트의 4분의 3정도 밖에 안 되고, 1인당 공원면적도 묘지에 관하나 들어가는 공간보다 적은 3스퀘어피트라고 비꼬았다.

실제로 따져보면 한인타운 내 공원녹지 면적은 올림픽과 놀먼디에 있는 서울국제공원과 4가와 샤토길에 있는 샤토 레크리에이션 센터인데, 이 두 공간을 합친 면적은 10에이커도 채 안 되며 한인타운 전체 면적의 0.6%에 불과하다. 이는 한인타운 거주자 1만 2554명 당 1에이커 수준으로, LA시 평균인 82명 당 1에이커와 비교할 때 심각한 불균형을 보여주고 있다.

'LA 한인타운 환경보고서'는 한인타운의 공원과 녹지공간 비율이 타 지역에 비해 150분의 1수준으로 턱 없이 낮으며, 주거환경 개선을 위해서는 녹지공간 확대가 가장 시급하다고 지적하고 있다.

문제의 지역으로 월셔 길과 호바트길 코너 부지에(아로마센터 옆 나대지裸垈地) '한인타운 중앙공원' 조성계획을 추진했다가 실패한 예를 지적했다.

나대지로 남은 이 부지를 공원으로 조성하자는 여론이 일었고, LA시 커뮤니티재개발국(CRA)은 이 부지를 사들여 공원 추진안을 만들어 주 정부에서 예산 지원까지 받았다.

LA시가 이 부지의 절반을 990만 달러에 사들여 공원을 조성하고, 나머지 절반을 미 부동산 개발업자인 돈 핸키가 사들여 고층 주상복합건물을 개발하는 방식이었다. 부지에 분수대, 자연녹지, 농구장, 커뮤니티 가든 등을 포함한 3만 스퀘어피트 넓이의 공원을 1단계로 조성하고, 2단계로 1만 5천 스퀘어피트 부지에 야외 소극장, 피크닉 장소 등 뉴욕처럼 '코리아타운 센트럴파크'를 조성할 계획이었으나 무산된 것이다.

LA 타임즈는 나아가 녹지조성에 성공한 타인종 지역을 예를 들며 한인타운이 실패한 원인으로 한인의 정치력 부재와 단결된 목소리를 내지 못한 결과라고 못 박았다.

심지어 LA 타임즈는 기사에서 "결국 공원 부족 현상이 한인 노인들을 맥도널드에 상주시키는 '맥도널드 시니어센터' 현상을 빚고 있다."고 비꼬면서 2년 전 맥도널드 노인 폭행사건을 상기시켰다.

반면 '카탈리나 프로젝트'는 어떠한가.

고도제한과 조닝을 편법과 로비로 해제시키고 30층 주상복합 아파트를 지으려는 계획은 적어도 몇몇 한인들의 투쟁으로 무산시킨 쾌거를 보였다. 덕분에 뒤늦게나마 여론을 인식한 가세티 시장과 LA시의원들이 한인타운 난개발을 전면 재수정한다는 발표까지 얻어냈으니 이를 교훈삼아 한인사회가 정신 차려야 한다.

본보는 8회에 걸쳐 '한인타운 난개발 이대로 괜찮은가'의 집중 연속취재를 통해 타운 내 주거환경과 교통, 미화 환경 등을 보도했다.

난개발에 따른 문제점과 갈수록 살기 힘들어져 가는 한인타운의 문제점을 취재했다.

어느덧 사라진 리틀도쿄를 분석해 한인타운의 미래와 사라질 위기에 봉착한 한인타운의 문제도 제기했다. 성공한 한인기업가들의 무분별한 난개발이 불러올 한인타운 붕괴를 지적했고 돈이면 뭐든지 하는 도덕불감증의 난맥상도 찾아냈다.

100곳이 넘는 건설현장 허가가 남발되고, 수익만을 위해 아파트를 짓고, 오피스 건물마저 아파트나 콘도로 뜯어 고치는 돈벌레 업자들 덕에 한인타운은 멍들어 가고 있다.

새로 지은 아파트에는 한인들이 살지 않는다. 너무 비싸고 고급스런 아파트는 어느덧 타인종의 거주지로 바뀌었다. 20대 정도가 주차되던 몇 채의 주택을 헐고, 140세대의 아파트가 들어서면 줄잡아 280대 이상의 차들이 출입하게 된다. 결국 도로와 골목은 차들로 넘쳐나고 온종일 한인타운은 교통지옥으로 변한다.

건물만 빽빽한 채, 녹지공간마저 턱없이 부족해 한 뼘의 공원도 찾기 힘든 곳이 바로 한인타운이다.

이럴 수는 없다. LA시에 주정부, 연방정부에 한인들이 매년 납부한 세금이 얼마인데 이런 대우를 받는 것인가.

분노하고 소리쳐야 한다.

그러나 우리는 목소리가 없다. 사람이 없고, 단체도, 대표집단도 없다. 그저 모이면 싸우고 소송을 벌이며 폭력사태가 전부이다.

조용한 한인단체 찾기가 하늘의 별따기다. 싸우고 소송하는 동안 한인은 무시당했고, 언론의 조롱거리로 전락했다.

스스로의 목소리를 잃은 사람들에게 돌아갈 관심은 없다. 소리치지 않는 사람을 돌아보지 않는 게 미국 이민사회다. 엊그제 LA 타임즈는 그걸 비꼰 것이다.

'권리 위에 잠자는 자는 보호받지 못한다.'는 유명한 법리대로, 권리 위에 잠자는 자에게 돌아갈 권리는 없다.

권리는 주장할 때 보호받는 것이고, 소리칠 때 돌아오는 것이다. 주장하고 소리쳐야 할 때, 한인사회는 싸우고 소송하면서 추악한 모습으로 세월을 허비했다. 우리에게 돌아올 몫도 챙기지 못하고 흘려보냈다. 타인종에게는 웃음거리가 되었고, 대표적인 무능한 사례로 회자되는 지경에 이르렀다.

거기에 한인회장을 비롯한 단체장들이 명함을 올렸고 총영사는 비수를 꽂았다. 현명한 판단으로 논란을 종식시키고 화합의 길을 모색해야할 단체장은 보이지 않았다. 그저 제 밥그릇 챙기고 완장에, 감투에, 이전투구로 일관했다.

한국 정부 곳곳에 뿌려진 투서와 모함은 또 얼마나 수치스러운가.

당연히 사라져야 할 사람들이 의자와 감투를 부여잡고 수년간이나 횡행을 저지르고 있다. 부동산 사기꾼이, 불륜 가정파괴범이, 학부모 성추행범이, 폭력과 모함, 권모술수만 일삼는 자들이 단체장으로서의 감투를 벗지 않고 있다. 미꾸라지 몇 마리가 강물을 흐리는 이치다.

이대로는 안 된다. 4.13 총선으로 본국의 민초들은 무서운 개혁의 힘을 보여주었다. 미주한인들은 언제쯤 무서운 민초들의 개혁의 힘을 보여줄 것인가.

그날을 기다린다.

2016년 4월, 〈彦〉

64
박비어천가와 박타령

역사에 가정은 없다.

'히틀러가 미술학교에 낙방하지 않았다면 2차 대전의 비극은 없었을까?'

히틀러를 몇 번씩 낙방시킨 미술학교 선생들이 결국 수천만 명의 목숨을 앗아간 것이라는 우스개가 있다. 히틀러는 한때 병역 기피를 했지만, 1차 대전에서 공을 세우고 철십자 훈장도 받았다. 1919년 노동자당(나치스)에 가입해 웅변으로 두각을 나타냈고 불과 2년 후에는 중소 정당이긴 하지만 당수가 되었다. 그리고 권모술수를 통해 차츰 세력을 키워 나간다. 쿠데타에 실패해 감방생활도 했지만, 히틀러의 뒤에는 항상 그의 연설을 추종하는 콘크리트 지지층이 열광하며 따라 다녔다. 그 지지층을 기반으로 히틀러는 역사에 기록된 세기의 살인마, 악마로 탈바꿈하게 된다.

당시 독일 내 지지율은 대통령선거에서 36.8%(1340만 표, 패배), 총선에서 37.3%로 연립내각을 성공시킨다. 지난 세기의 역사지만 공교롭게도 수치가 왠지 기시감을 준다.

이후는 일사천리로 수상, 대통령직을 차지하더니 이윽고 총통에 이른다. 그것으로 만족했으면 어떨까 싶지만, 그에게는 콘크리트 지지층이 있어 더 큰 꿈을 꾸게 했다. 나팔수들은 1차 대전을 일으키고 패배해 빚더미에 앉은 독일국민의 주변국에 대한 불만을 부추겼다(베르사유 조약).

또 히틀러에게는 국민교화에 탁월한 파울 괴벨스가 있었다. 기막힌 선전술과 선동정치로 국가와 전 국민을 전쟁이란 지옥으로 안내했다. 괴벨스는 노동당 선전부장시절부터 히틀러와 함께 했다. 히틀러를 비롯한 주위 세력들을 돌아보면 괴벨스가 소아마비인 것처럼 정신병력이나 고질 병력을 갖고 있는 점도 특이하다.

역성혁명으로 권력을 잡은 이성계를 비롯한 건국 시조들을 찬양한 노래가 용비어천가다.

살생부로 정권을 장악한 수양대군이 가장 먼저 한 일 역시 집현전에 지시해 자신을 찬양하는 교서教書를 짓도록 한 것이다.

어린이들을 위한 동화책이 박비어천가 일색으로 세뇌를 시키는 걸 보면 역사는 반복된다는 걸 가르쳐주고 있다. 내용은 가히 충격적이다. 김일성 찬양에 버금간다. 다를 게 없다.

새마을운동도 찬양하면 호위무사 완장들의 박비어천가가 된다. 측천무후 앞에서 간신들이 찬양하는 펜과 불어대는 나팔소리만 요란할 뿐이다. 종일 틀어대는 종편들의 빨대짓이나 콘크리트 지지층, 수구 일베들의 광신 나팔. 1930년대 음울하게 유럽을 떠돌던 나치즘과 극우파적 내셔널리즘 냄새가 나지 않는가.

광신도들은 장기집권과 독재자, 그리고 전쟁을 불러온다. 전쟁을 핑계로 야당이나 반대세력과 국민을 몰아붙이고 정신무장 시키기 용이한 까닭이다. 광신도들은 명확한 사리분석이나 판단력을 유보시킨다. 어린 학생부터 정신무장시키고 이념으로 국민을 몰아붙인다. 그 결과 다음에 갈 곳은 사지이며 절벽 끝이다.

박근혜의 30%가 넘는 콘크리트 지지층은 아직도 건재하다. 누구는 나라를 팔아먹어도 유지될 지지층이라고 한다. 그리고 임기 후에도 건전할 TK(대구, 경상도) 본산에는 50여석의 호위무사 국회의원들이 둘러싸고 있다. 백 년, 천 년 유지될 것 같은 철옹성 권력으로 보이나보다.

과연 그러한가.

팬클럽도 가지가지다. 중국의 근혜연맹, 근혜가족, 박사모, 박애단, 근혜동산, 호박가족 등 셀 수 없을 정도다. 거기서 활동한 일부 사람들이 청와대 등 곳곳에서 근무 중이다. 공신전을 받은 셈이다. 그리고 나잇살 먹은 정치인들은 친박타령들이다.

대구 지역 언론들은 "올해 총선을 앞두고 대구에서 '진박'(진실한 친박) 마케팅이 유행하자 이를 비판하는 패러디 글이 SNS에서 화제."라면서 "카카오톡에 떠도는 글의 제목은 '박(朴)타령'으로 민요 가수 김세레나의 새타령을 개사했다."며 '박타령'을 소개했다.

박타령은 최근 대구에서 '친박'과 '진박'으로도 모자라 '진진박'(진짜 진실한 친박), '특박'(특명 받은 친박)까지 등장한 상황을 반영한다. '박 중에는 망할박 좌충우돌 감별박'이라는 부분에서 '감별박'은 조원진 새누리당 원내수석부대표(달서병)를 떠올리게 한다고 대구 언론들은 꼬집었다.

역사 속 연산군의 패악을 보면 왜 주위 간신들에 둘러싸여 민심을 몰랐으며, 누군가 바른 소리할만한 충신은 없었던가를 한탄하게 된다.

대통령이라고 불행이 없는 것은 아니다. 우리의 대통령은 거의가 불행하고 처참했다. 이후 사가들은 아마 더 처참하게 기록하게 될 것이다. 가까이로는 노무현이 그랬고 전두환이 그렇다. 권좌에서 물러난 지 30년이 되도록 수차례 감방에 갇히고, 숨겨놓은 재산들을 압수당하고 갖가지 송사에 시달리며 야유 속에 살고 있다. 본인은 졸개들을 거느리고 골프장에서 멋진 인생으로 생각할지 모르지만 불쌍한 인생에 불과하다.

이완용도 당시에는 나라 곳곳에 수백만 평의 땅을 숨겨놓고 자손만대의 행복을 꿈꾸었다. 자신을 나라 팔아먹은 악마로 후대가 부를 것이라곤 꿈에도 몰랐을 것이다.

역사는 그렇게 흘러가고 냉정하게 기록될 뿐이다. 아무리 국정화교과서 작업에 열을 올려도 아주 잠시 뿐이다. 깨닫지 못하는 자들은 죽을 때까지 모르겠지만.

아마 전두환도 지금이라면 그렇게 권력을 휘두르지는 않았을 것이다. 아니, 더 악랄하고 미친 독재자가 되었을까?

누가 봐도 간신배들의 아첨에 불과한 짓거리를 당사자들은 그저 즐거워한다. 요즘이 그 시대와 어찌 다르다 하겠는가. 바른 소리하는 충신은 안 보이고 박타령이나 읊어대고 친박, 비박 감별이나 해대는 세태를 보면 정치나 국정에 염증이 생길 지경이다.

그러나 정작 알아야 할 사람은 지지율을 훈장처럼 으스대며 즐거워하고 있다. 모두 콘크리트 지지층의 자만과 여유에서 비롯된 것이리라.

청와대는 왜 친박타령을 금지시키지 않는가.

될 성싶은 권력이라면 진즉 친박타령을 막았어야 했다. 문고리 내시와 간신배들에 의해 눈과 귀가 막힌 탓이다. 찾아보니 충신 같은 이도 있기는 하다. 박타령과 정면 대결한 진영, 유승민이 보인다. 그러나 보복으로 그 말로가 위태로워 보인다.

벌써 세상의 평은 MB를 능가할 역대 최악의 권력자로 규정하고 있다. 역사를 바꾸기 위해 남은 임기 2년이라도 천선이 필요해 보인다. 가능하다면 공사다망하시더라도 영화 한편을 감상하길 권한다.

꿈을 이룬 여성, 그러나 본인만 모르는 세상, 「마가레트 여사의 숨길 수 없는 비밀」이란 최신 작품이다(해당 영화는 실화를 바탕으로 하고 있다). 마가레트만 모르는 음치라는 사실. 자신을 가수 급으로 여기고 무대까지 오르게 되는데, 어쩌면 '팔푼이'로 칭하는 그녀도 자신만 팔푼이인 것을 모른 채 당하고 있는 줄도 모르겠다.

박(朴)타령

박이 날아든다 웬갖 잡박이 날아든다
박 중에는 망할박 좌충우돌 감별박
요리조리 눈치박 이곳저곳 잡박들이
진박 6인 탈을 쓰고 얍삽하게 날아든다
저 가짜박이 웃음 웃다
웃어 음 웃어 웃어 웃음 웃다

이 지역구로 가면 쪽박 쪽박

저 지역구로 가면 쪽박 쪽박

어허- 어히-

어허 어허 어허 좌우로 다녀 비웃음 산다

무능한 박 웃음 웃다 저 멍청이가 웃음 웃다

어데로 가나 미운박

어데로 가나 얄미운 박

웬갖 민심을 모른다 하여

웃어- 웃어 웃어 비웃음 산다

이 산으로 가면 가박 가박

저 산으로 가면 감별사 망박

어허- 어히-

어허 어허 어허 좌우로 다녀 비웃음 산다

2016년 3월, 〈彦〉

65
촛불의 힘, 위대한 시민 승리

올해는 마키아벨리의 「군주(De Principatibus)」가 출간된 지 500년이 되는 해이다.

1532년 첫 인쇄본이 소책자로 나왔을 때 「군주」는 저자의 명성에 맞지 않게 삭제되고 왜곡되어 출간되었다. 당시는 교황의 눈치를 보고 출판 허가를 받기 위해서였다면, 지금은 정치와 권력에 대한 자신들의 이익과 조작된 편견 때문에 왜곡되어 사용된다.

한국에서는 저자의 제목 '군주정에 대하여' 또는 원로원 수장이라는 함의를 벗어난, 일본식 번역에 의한 '군주론(論)'으로 왜곡해 출판하고 있기도 하다.

그 당시 마키아벨리는 피렌체 지역의 맹주 메디치 가문에게 찍혀 한창 일할 나이에 정치일선에서 쫓겨나 발언권마저 없는 비극을 겪고 있었다. 당시 이탈리아는 각 지역이 나뉘어 힘없는 소국으로 전락해 대립과 전쟁의 연속인 상태였다.

그러나 한편으로는 르네상스의 분출된 힘이 막 시작된 시대이기도 했다.

불운한 마키아벨리는 음모와 모함으로 메디치 가문에 핍박을 받았지만, 르네상스 시대를 불 지피고 많은 사람들이 그 가문의 지원으로 새 시대를 꽃피웠다는 사실은 아이러니 하다.

마키아벨리는 핍박을 받고 나라는 힘을 잃어가지만 다시 일어서야 한다는 일념으로 고단한 삶을 부추기며 집필을 시작했다. 시민의 자부심이 강대국의 말발굽에 짓밟히고, 학문과 종교의 사치가 부패와 독재를 부추기며, 젊은이들이 희망을 잃어버린 시대에 이탈리아에 대한 애국은 「강론

(Discorsi)」과 「군주」를 집필하도록 만들었다. 이 저술을 통해 인문주의자들에게는 고담준론 속에 잠든 '진정한 정치적 지혜'가 무엇인지를 보여주고, 공화주의자들에게는 가장 효과적인 수단은 권력 그 자체가 아니라 시민들을 자유로 무장시키는 것이라는 점을 가르쳐주고자 했다.

마키아벨리의 정치철학은 많은 수수께끼를 담고 있다. 그의 정치철학은 악마의 분장을 한 모사꾼으로부터 피렌체의 미래를 한탄하는 애국지사에 이르기까지 다양한 모습으로 나타난다. 정치꾼의 처세와 권력의 힘, 부정적 분석과 맹렬히 맞서는 자유의지의 무모함을 리더십으로 지적하고 있다.

마키아벨리가 말한 맹렬함을 '공포' 또는 권력의 힘의 정치로 단순화하기도 한다. 여우보다 사자의 용맹함을 더 부각시킨 것 때문에, 또 부패한 정부의 개혁이나 새로운 정치체제를 위한 절대적 권력 행사가 필요하다고 말한 것 때문이기도 하다. 그러나 빠진 것은 '시민'과 함께 시대적 상황을 구성해가는 지도자의 능력을 요구한다는 점이다.

'시민적 자유'가 보장된 사회라면, 아니 그런 사회를 만들려면 시민들이 힘과 권력에 복종하기보다는 힘과 권력을 견제할 수 있는 능력을 먼저 보장해주라고 주문한다. 그리고 이러한 것을 위해 노력 하는 것이 '비르투'라고 강조한다.

그럼에도 불구하고, 500년 동안 마키아벨리의 정치철학에 대해 일치하는 평가가 있다. 바로 정치의 본질적 요소인 '힘'(권력, 초인적의지)에 대한 통찰을 담고 있다는 것이다.

이탈리아의 통일을 염원했던 혁명가들도, 프랑스혁명을 이끌었던 지도자들도, 그의 책을 통해 변혁을 꿈꿨다. 누구도 마키아벨리의 정치철학이 담고 있는 '변화에 대한 열망'을 부정할 수 없기 때문이다.

문제는 '힘'의 목적이다. 힘이 행사되는 공간으로서 정치가 지향하는 방향이 중요하다는 점이다. 마키아벨리의 힘에 대한 백미는 바로 양날의 칼이라는 점이다. 특히 변화와 개혁을 꿈꾸는 사람들에게는 위험한 도구가 되기도 한다. 거기에는 도덕과 비도덕의 경계 너머에 있는 '정치'라는 말로도 정당화될 수 없는 치명적인 위험이 도사리고 있기 때문이다.

역사 속 수많은 지도자들이 마키아벨리의 영향을 받았다. 결과 역시 양날의 칼처럼 비극의 칼날 위를 걸었다.

무솔리니 역시 마키아벨리 연구로 박사학위를 딴 언론인으로 '힘'의 통찰력을 권력으로 보았기에 파시스트 혁명가가 된 것은 당연한 귀결로도 보인다. 또 레닌, 스탈린, 히틀러 등 군주론 때문에 많은 혁명가가 행동했으며, 그로 말미암아 많은 시민들이 박해와 죽음을 당했다. 뒤돌아보면 마키아벨리의 박해와 겹쳐 역사의 아이러니를 본다.

2018년 5월 10일. 새 시대가 탄생했다.

시민의 '힘'으로 권력에 대한 복종보다는 '힘'의 견제를 위한 맹렬함으로 또 다른 권력을 태동시켰다. 추운 밤거리에 촛불을 들고 백만 명이 매주 모였다. 변화와 개혁을 위해서였다. 무너진 썩은 권력을 저지하기 위해 얼마나 많은 노력이 필요했는지. 지금은 그저 가소롭고 하찮기만 하다.

'투표는 총알보다 강하고 선거는 모든 것을 가능하게 만든다.'

선거는 최선을 뽑는 것이 아니라 최악 다음을 뽑는 것이다. 그렇다. 선거라면 적어도 최악은 걸러내야 한다.

한때는 막걸리, 고무신으로 표를 모으던 시절이 있었다.

'선거는 돈이 말한다.'

선거 때마다 나오는 말이다.

역대 대선 중 가장 돈이 많이 들어간 돈 대선은 언제였을까. 국내 정치 소식통들에 따르면 '1노 3김'의 대결이었던 13대 대선이야말로 '돈 선거'였다. 한 비공식 집계에 따르면, 무려 4조 원이 풀려나갔다. 13대 대선은 또 다른 기록도 보유하고 있다. 노태우 후보가 36.6%란 득표율로 대통령에 당선됐다. 그러니까 3김이 난립해 싸우는 바람에 '최저 득표율 당선'이란 기록을 세운 것이다.

지금은 먹고 살만한 세상이 된 탓에 돈으로 민심이나 표를 모을 수 없는 세상이 되었다. 그럼 막걸리, 고무신을 대신하는 것은 무엇일까?

한때는 지역감정을 주창해 편가르기로 판세를 뒤집었다. 박정희 유신독재가 그렇게 유지됐다. 그리고 선거 때마다 색깔론과 종북 좌파 몰아치기가 판세를 흔들었다. 군사독재 유지를 위해 똥별 장군들이 사용하기 적절한 주창이었다.

기실 따진다면 이견이 있을 뿐이지 이 시대에 어느 누가 북한치하에 가서 살기를 원할 것인가. 김정은을 추앙하고 북쪽에서 살기를 원할 사람이 얼마나 될까. 기가 막힐 정도지만 독재자들, 쓰레기 정치꾼들은 매번 들고 나온다.

지난 장미대선에서도 여지없이 홍준표가 막판에 들고 설쳤다. 그 탓에 2위로 20%정도 득표를 했지만 참으로 가소롭고 추한 정치꾼의 작태가 아닐 수 없다.

출신지역을 보고, 좌·우를 보고, 여·야를 보고, 인물을 보고….

어떤 투표가 올바른 투표인가. 대통령 한 사람으로 세상이 바뀐다면 그 세상은 바르지 않은 세상이다. 누가 되더라도 제도와 법에 의해 돌아가는 나라가 제대로 된 나라다. 먼저 법과 제도가 반듯해야 한다는 말이다. 또 법과 제도와 대통령을 이기는 '힘'은 오직 시민에게 있다. 시민이 정당하고 똑똑해야 바른 나라가 된다는 이치이기도 하다.

우리는 시민의 '힘'을 얕잡아보곤 한다. 모두 길들여진 탓이다.

"헌법 제1조2항. 대한민국의 주권은 국민에게 있고, 모든 권력은 국민으로부터 나온다."라고 못 박아 놨는데도, 우둔한 시민들은 잘 잊는다. 이제 세상은 우둔한 시민을 용서하지 않는다. 우둔한 시민에게는 억압과 굴욕이 있을 뿐이다.

헌법 정신에 맞는 '힘' 있는 시민, 그 '힘'을 사용할 줄 아는 시민이 되어야 한다. 그런 세상을 물려줘야 하지 않겠는가.

2017년 5월, 〈彦〉

66
지도자의 길

프랑스 북부 항구 도시 칼레에는 노블리스 오블리제(지도자의 헌신)을 이 야기할 때 헌장으로 언급되는 '칼레의 시민' 이야기가 있다.

14세기 영국과 프랑스의 백년전쟁이 시작된 지 10년. 승리의 여세를 몰 아가던 잉글랜드 왕 에드워드 3세는 1346년 9월, 칼레 항을 포위했다. 칼 레 시민들은 1년 동안 끈질기게 저항하면서 칼레를 지켰다. 그러나 양식 이 떨어지고 더 이상 버틸 수 없게 되자 결국 항복했다.

잉글랜드 왕은 끈질기게 버틴 시민에게 보복할 목적으로 대학살을 생각 했지만, 측근과 사절들의 만류로 대신 시민 대표 6명의 목숨을 요구한다. 반항의 대가로 6명을 처형하는 대신 시민들은 살려주겠다는 조건이었다.

처형 날, 모두 숨죽여 있을 때 도시에서 가장 부자인 생 피에르를 비롯 해 시장, 법률가, 상인들이 대표로 나섰다. 목에 밧줄을 매고 자루 옷을 입고 나타났다. 사회 지도층 사람들이 먼저 나선 것이다.

결국 왕비의 간청으로 겨우 살아남기는 했지만, 지도자의 덕목을 말할 때면 '칼레의 시민들'은 항상 인용된다. 로댕은 훗날 '칼레의 시민'이란 걸작 을 남기기도 했다.

이후 노블리스 오블리제는 지도자와 지도층의 헌장처럼 남았다.

전쟁 속에서나 다툼과 혼란 속에서 지도자는 더욱 빛난다. 모두가 그를 지켜보고 추종하기 때문이다. 한 번도 패하지 않았던 이순신의 리더십은 용기였다. 국민을 생각하고 불가능한 상황에서도 절대 물러서지 않는 용 기, 그것이 그의 덕목이고 지도력이었다. 그리고 솔선수범이 있었다. 그래 서 국민과 병사들은 죽을 때까지 그와 함께 했다.

좋은 지도자란 잘못된 것이 있으면 시급히 고치는 것이다. 이런 모습을 구성원이 보고 느끼면 지도자에 대한 존경심이 생기고, 존경심을 얻게 된 지도자의 행동에 강한 추동력을 얻을 수 있기에 목적과 비전에 효과적으로 도달할 수 있다.

좋은 지도자가 되기 위한 선인들의 가르침은 많다. 좋은 지도자란 항상 자신을 탓하며 아랫사람을 배려하는 어머니의 마음을 지녀야 한다고 말한다. 또 지도자의 최고 덕목은 '참고 만족하는 것'이라는 말이 있으며, 멀리 있는 것까지도 버리지 않고 모두 헤아리는 총명과 지혜를 요구한다.

맹자는 '편안한 마음으로 분수를 지키면 몸에 욕됨이 없을 것이며, 주어진 여건에 만족해 여유를 가지면 욕되지 않은 것이고, 절제하고 사노라면 부끄럽지 않은 삶을 살 것이다.'라고 가르쳤다.

주역에서는 지도자의 바람직한 덕목으로 관대하게 포용하는 도량과 모든 일을 과감하게 결행하는 결단과 용기를 갖춰야 한다고 가르친다.

'새 우는 소리 싫다하여 새를 죽일 수는 없다.'는 말은 세종이 한 말이다. 쓴소리도 받아들여야 한다는 의미다

다툼은 세력 계파를 조장하고, 이권을 탐하고, 구습을 타파하지 못한데서 시작한다. 사람을 바라보고, 올바른 인재와 함께 한다면 바른 길로 나아갈 수 있다.

오늘날 한인사회는 혼돈에 빠져있고, 기능을 상실했으며, 불통과 지도력 부재의 사회가 되었다. 패망의 시대에 볼 수 있는 폐단을 고루 갖춘 어둠속 터널을 지나고 있는 중이다.

한인사회에 어른이 사라진지 오래고, 쓴소리로 바로 잡을 인사조차 사라진지 오래다.

10년 넘게 한인회장 선거마저 치루지 못하고 전·후 회장의 야합과 거래로 밀실에서 회장이 결정되었다. 거기에 선관위 몇 사람은 콩고물을 쥐고 거수기 역할을 맡았다. 33대 한인회장 선거에서도 그 콩고물은 여전했다. 선거도 없는 선거판에 선관위 밥값이 5천 불 가까이 지불되었다. 매번 한

사람 밥값으로 50불정도가 지불되었다는 셈 빠른 보도가 연일 이어졌다.

이래서는 안 된다. 선관위는 불과 며칠 전 선관위 발족 현판식을 하면서 사진을 찍고 '과거와는 다른 선관위가 되겠다.'고 공언했다.

32대 LA 한인회장 선거 때에도 선거도 치르지 않은 선관위가 지출한 5만 불 가까운 돈이 도마 위에 올라 온갖 비난을 받았었다. 모일 때마다 술과 밥으로 흥청망청한 것인지, 누군가의 뒷주머니로 사라진 돈인지는 끝내 드러나지 않았지만, 선관위가 욕먹는 것은 마땅하다.

당시에도 선관위가 LA 한인들을 대신해 한인회장을 결정했다. 올해도 마찬가지 상황이 그대로 연출되었다. 그 추악한 이면에 어떤 악들이 활개 쳤는지는 그들만의 몫이지만, 이 모든 것들은 기록으로 역사에 남는다는 사실을 잊지 말기를 바란다. 그들에게도 자식과 가족은 있을 터이다.

그 몫으로 얻어진 밥과 술이 얼마나 달고 몸에 좋았는지 알 수 없지만, 최악의 패륜아 연산군조차도 주지육림 속에 살면서 두려워 한 것이 역사 기록이었다는 사실을 명심해야 할 것이다.

선인들은 혼돈의 답을 어디서 찾았을까.

바로 역사다. 역사 속에는 거울처럼 오늘의 문제가 고스란히 담겨 있다. 놀라운 일이지만 기실 역사를 모르는 자들이 놀랄 일일뿐 '역사는 반복한다.'는 평범한 진리를 안다면 역사 속에서 답을 찾는 것은 너무나 당연하다.

어려울수록 지도자의 역할이 절대적으로 필요하다. 어려움이 훌륭한 지도자를 낳는다는 말도 있다. 이는 시대가 영웅호걸을 만든다는 말과 일맥상통한다.

누구나 지도자가 되기를 원하지만, 모두가 지도자가 될 수는 없다. 되어서도 안 된다. 지도자는 시대와 단체사람들은 혹은 국민을 살리기도 하고 죽이기도 한다. 행복한 삶을 영위하게도 하고 질곡의 세월 속으로 안내하기도 한다. 그것이 지도자의 길이다. 명심해야 할 것은 지도자가 모두 행복한 것은 아니라는 사실이다. 역사 속 가장 빛나는 지도자로 꼽히는 키루스 대왕이 남긴 유언이다.

그래도 당신은 지도자로 나설 것인가.

우여곡절 끝에 뽑힌 새 한인회장의 첫 발언은 한인사회 발전을 위해 최선을 다하겠지만, 이전 회장들처럼 돈이 많이 없어 고민이라는 심경을 토로했다. 맞는 말이다.

모름지기 단체장이란 시간과 건강과 돈이 있어야 한다. 그중 으뜸이 돈이다. 돈은 조직을 돌아가게 만들고 고래도 춤추게 만든다. 그런데 돈 없이 어떻게 2년간 조직을 이끌어 나갈지 고심이 크다는 것이다.

그래도 무리해서는 안 된다.

가지 않는 길이란 아쉬움 속에 남아 있는 것으로 만족해야 한다. 때로는 가지 않는 길이 더 아름다운 법이다. 이루지 못한 꿈이 더 아름다운 법이다.

기어이 나서서 곤욕을 치루고 명예와 삶까지 잃은 지도자가 한둘이던가. 어둠속의 길은 멀리하고, 밝은 길만 가려해도 부족한 2년이 될 것이다.

어둠을, 터널을 견딜 수 있는 힘은 곧 밝은 길이 나타날 것이라는 믿음 아니겠는가.

2016년 5월, 〈彦〉

67
녹슨 헌법

헌법학 차원에서 보면 헌법이란 고색창연할수록 품격과 가치가 빛난다. 시대에 따라, 정치색에 따라, 권력자에 따라, 혹은 독재자 입맛대로 바뀐 헌법은 악법으로 역사에 남을 뿐이다.

세계 각국의 역사 속에 명멸한 헌법들이 그 반증으로 남는다. 헌법은 국가의 근본법으로 국민의 기본권을 규정하고 이를 보장하며, 국가의 통치 작용과 통치 조직을 정하고, 국가 권력의 행사와 그 근원에 대해 규정한 국가의 근본법이다.

최순실 게이트로 뒤집어진 한국에서 뜬금없이 개헌이 튀어나왔다.

24일. 박근혜는 갑작스런 국회 시정연설에서 '개헌 논의'를 전격 제안했고, 새누리당 친박계 의원들은 일제히 개헌 논의에 드라이브를 걸고 나섰다.

헌법 제130조에 따르면 국회는 헌법 개정안이 공고된 날로부터 60일 이내에 의결하여야 하며, 국회 의결은 재적 의원 3분의 2 이상 찬성을 얻어야 한다. 현재 재적 의원 300명 가운데 200명 이상이 찬성해야 헌법 개정안이 의결된다.

개헌 절차가 대통령의 발의로 개시되면, 국회 의결 과정에서 정치권은 진통을 겪을 것으로 보인다. 여권인 새누리당(129석) 의원 전원이 찬성해도 70여석이 더 필요하기 때문에 결국 국민의당(38석)뿐 아니라 민주당(122석) 의원 상당수의 찬성도 얻어야 한다. 야권 역시 개헌 찬반 여부를 놓고 상당한 혼란을 겪을 것으로 전망된다.

이정현, 정진석 등 친박계는 즉각 환영했고, 꾸준히 개헌을 주장해온 비박계 김무성은 "박근혜 정권이 출범한 이후 오늘이 제일 기쁜 날."이라며 "미래를 위해 분권형 개헌을 대통령이 주도하고 나선 것에 크게 환영한다."고 밝혔다.

하지만 개헌이 넘어야 할 문제는 많다.

대통령 발의로 개헌 절차가 개시된 경우, '대통령의 임기연장 또는 중임 변경을 위한 헌법 개정은 당해 대통령에 대해서는 효력이 없다.'고 규정하고 있다. 군사독재 시절 개헌이 임기연장을 위한 수단으로 악용된 경우가 많아 이를 차단하기 위한 헌법 조항이다.

다시 말해, 박 대통령 임기 중에 개헌이 이뤄진다고 해도 박 대통령에게는 적용되지 않는다는 얘기다. 그러나 왠지 박정희의 3선 개헌과 유신헌법 개헌이 물안개처럼 피어오르지 않는가.

제왕적 대통령제 5년 단임제를 손보는 만큼, 4년 중임제, 분권형 대통령제, 의원내각제, 의원내각제 혼합형 등 다양한 안이 논의될 것이지만, 문제는 평화적인 논의만 진행되지는 않을 것이란 점이다. 빵을 놓고 나누는 마당에 정의는 없다. 1/n이란 민주주의에선 존재하지 않는다.

다양한 방식의 개헌 논의 과정에서 만약 현 임기를 몇 개월 단축하면서 4년 재임제가 실시된다면, 박근혜의 재출마는 어떤 파장을 가져오게 될까. 십상시를 비롯한 맹목적인 친박들이 어떤 일을 저지를지 모를 우려 때문에 나온 우스개지만 주목해야 할 필요가 있다.

유신 독재의 딸이 아닌가.

어쩌면 이것 또한 이미 치밀하게 계산된 구도 속에서 개헌이 준비되고 있을지도 모를 일이다. 망상이길 바라지만, 정치학에서 논술되는 한국 정치 특색 중 하나는 안개시야제로다. 뭐가 갑자기 튀어 나올지 모르고, 다음 정치행보가 어떻게 진행될지 예단이 어렵다는 점에서 특색으로 서술되고 있다.

70년대에도 3선 개헌이나 유신개헌을 누가 예단했겠는가.

민주당 등 야권에서는 전격적으로 '개헌논의'를 제안한데 대해 "최순실, 우병우 등 측근 비리를 덮으려는 정략적인, 국면전환용의 개헌논의 제안" 이라고 주장하고 있다.

그동안 박근혜는 개헌에 관심을 보이지 않았는데 갑자기 180도 전향한 것에 대한 의구심이 든다는 것이다. 특히 국회 시정연설에서 최순실 게이트, 우병우 수석 등 측근비리에 대해 한마디 언급도 없었다는 점과 검찰의 엄정수사에 대한 의지도 내비치지 않은 점에 대해 진정성을 읽을 수 없다는 주장이다.

결국 꼼수나 국면전환용의 일시방편으로 개헌 논의를 제안해 이 모든 것을 덮고 가겠다는 것으로 보인다는 점이다.

우리는 너무 자주 봐왔다. 김현철, 홍삼트리오 등 청와대 주변 사람들이 저지르는 파렴치한 비리들을. 그때마다 대통령은 그럴 일이 없다, 주위에서 꼬드겨서 벌어진 일 등으로 치부했지만 손으로 해를 가릴 수는 없다.

최순실 게이트도 이 정도면 나올 것은 거의 나왔다. 벌써 그림은 모두 그려졌다. 알 만한 사람은 알았지만, 대개의 국민들은 "설마…" 하면서 의아해 했다가 지금은 확신으로 바뀌어 배신감에 빠져있을 터이다. 그 반증이 여권지지 25%미만이라는 전대미문의 기록을 이어가고 있는 것이다.

악행에는 반드시 핑계가 따르기 마련이어서 최순실 게이트에도 할 말은 있을 것이다. 염치없는 개수작에 불과하지만 '나라를 위해서 한 일'인지 '나만을 위해서 한 일'인지를 잘 따져봐야 한다.

세상은 뒤집어질 일이 연일 벌어지지만, 나만 모른 체하며 바람에 구름 지나듯 사라지는 일은 아니다. 칠푼이가 아니라면 말이다.

유신독재 시대를 뛰어 넘어, 히틀러 치하에서나 봄직한 재벌 삥 뜯기는 역사 속에 눈을 부릅뜨고 박근혜 시대를 비난할 것이다.

결국 치욕의 반석에 함께 올라선 박근혜 정권이 되고 만 것이다. 다시 언급하지만 여기에 청와대는 관련이 없다거나 몰랐다는 식의 궤변은 절대 용납되지 않는다.

권력자 주변에서 호가호위하며 칼을 휘두른 작자들은 많았다. 이기붕과 박 마리아로 시작해 역대 대통령 자식들을 비롯해 장영자와 린다 김까지 셀 수도 없다.

청와대 주변에 몰려드는 똥파리 떼도 문제지만 주변 관리, 자신 관리를 못한 책임은 무한으로 져야 한다.

박정희 기념사업회에 수천억의 예산을 쓴 사람이 바로 그의 딸이라면 분명 한번쯤 뒤돌아볼 필요가 있다. 예부터 선덕비 하나도 재임 때나 생전에 세우는 것을 선비들은 지양했다. 엎드려 절 받기이거나 권력 주위의 똥파리들의 아부로 간주했기 때문이다.

아첨보다는 충언을 귀담아 듣고 실천했을 때 자기관리나 당대 권력은 더 빛나지 않을까.

어리석은 미물은 그저 올라가는 것만 알고 내려올 때를 알지 못한다. 올라가기보다 내려오기가 얼마나 쉬운 일인지조차 모른다. '뭣이 중헌지'를 모르는 탓이다.

오욕의 죽음을 맞은 박정희를 생각한다면 자신부터 각성이 필요하다. 그저 복수를 위해 청와대 입성한 것이 아니라면 말이다.

대낮의 빌딩에서 '청와대를 부검하라!', '박근혜 살인정권 몰아내자!' 등의 전단지가 살포되는, 그런 박근혜 정권 종말이 되어서는 국민이 불행하기 때문이다.

2016년 10월, ⟨彦⟩

68
최후의 보루

1999년 설립된 A업체. 이 업체는 육류가공 및 저장 처리업을 기반으로 '돼지 위탁 사업'이란 이름으로 고객들로부터 돈을 받고 돼지를 분양했다. 이 돼지가 커서 새끼 낳으면 그 수익금을 돌려주는 방식이다. 다단계 수법으로 고객을 모아 연 매출이 1200억 원대를 기록했지만 2013년, 유사수신 행위 혐의와 세금 횡령혐의로 검찰수사를 받게 되었다.

피해를 입은 회원은 1만 명이 넘었고 피해액만 2400억 원.

그런데 이상한 것은 1, 2심 재판부가 유사수신 행위와 이와 관련된 행위를 무죄로 판단하고 횡령혐의만 인정하여 A업체 대표에게 징역 2년 6월 집행유예 4년을 선고해 대표가 풀려난 것이다.

그런데 A업체의 최대주주로 홍만표 부부의 이름이 명단에서 확인되었다. 이제 사람들은 홍만표가 어떤 작용을 배후에서 했는지 알게 되었다. 그가 있었기에 석방이 가능한 일이었던 것도 알았다.

작년 10월, 정운호 백억 원 해외원정 도박사건을 수사하던 검찰은 자금 추적 중 회사자금 142억 원을 횡령한 혐의를 적발했다. 그러나 횡령은 빼고 도박사건만 기소했다. 그것도 1, 2차 수사에서는 무혐의로 처리한 바 있다. 그리고 세상이 시끄러워지자 지난달, 횡령혐의로 정운호를 추가 구속했다. 과거 담당했던 심 부장검사는 어떤 처벌을 받아야 할까?

또 정운호 사건 담당 재판장은 브로커와 술집에서 만났고, 그 자리에는 미모의 연예인이 합석해 시중을 들었다. 어떤 청탁이 오간 것일까? 이 사실이 알려지자 임 부장판사는 사표를 냈지만 보류된 채 업무를 보고 있다.

오피스텔 123채. 상가점포 35개. 85억 빌딩. 30억 빌라 거주. 주식 다수. 여러 회사 이사. 숨겨진 어마어마한 돈과 금괴. 홍만표 재산분석 내용이다.

검사장 재직 당시 공개된 그의 재산은 불과 억대였다. 그리고 변호사 개업 5년 후, 그 재산은 수백억, 아니 천억이 넘게 평가되고 있다.

이게 가능한 게 대한민국 법조계다. 전화 한 통화로 몇 억을 벌고, 대법관 출신 변호사는 도장 값으로 몇 억을 받는 게 한국법조계다. 대법관 등 고위 출신 변호사일 경우 전관 예우차원에서 선임계에 찍힌 도장만으로 변론이 끝난다는 의미다. 이 사실을 모르는 법조 관계자나 주변인들은 없다. 알 만한 사람은 다 알기에 사건이 터지면 그 줄을 물어물어 전관 변호사를 선임하는 것이다.

홍만표가 관여한 사건, 즉 몰래 변론이나 전화 변론, 그리고 선임계를 낸 사건을 합하면 대한민국의 대형사건과 재벌사건을 싹쓸이 하다시피 독점했다. 매번 성공했으니 성공보수나 몰래 받은 뒷돈 또한 엄청날 것이다.

재벌 사건이 터지면 그 사건은 '누가 수임했다는 정도는 금세 알려지니 소문은 더 부풀었다. 1조 3천억 사기어음 사건의 현재현 동양그룹 회장, STX강덕수 회장, 임석 솔로몬저축은행장, 김관진 스위스저축은행장, 일광공영 이규태 회장, 대림산업, 삼성물산, 한화건설, 삼성테크윈, KT그룹 등등 싹쓸이 수임으로 해도 너무한다는 말이 5년째 서초동에 돌았다고 한다. 매년 사건수임료 1위를 차지했고, 이것저것 다 숨기고 국세청에 보고한 수임료가 백억 대였다. 항간에서는 신고된 금액이 백억이면 3백억은 매년 벌었을 것으로 전망했다.

또, 홍만표는 '내가 누구와 친하다.'는 식의 발언을 입에 달고 살았다니 허세나 실세 또한 엄청났을 것이고, 이를 팔아 돈벌이 혹은 협박용이나 과시용으로 써먹었을 것이다. 일개 사기꾼도 내가 청와대 누구와 친하다는 사기가 먹히는 세상인데, 검사장 출신 특급 홍만표라면 당연히 통할 수밖에 없었을 것이다.

홍만표의 로비는 어디까지 손이 미쳤을까.

전관으로 현직 검·판사들을 개입시켰을까? 국민의 관심은 이 부분이지만, 이걸 밝히기는 쉽지 않다. 거의 불가능해 보인다. 스스로의 양심선언도 없을 터이고, 지능적이고 법 전문가답게 치밀하게 해치웠을 것이기 때문이다.

양심선언이라면 자신의 모든 것을 집어던져야 하고 남은 인생이 짓밟힐 각오가 필요하다. 그러나 비단길을 걸어온 자들이 가시밭길을 선택하기는 어렵다.

다만 홍만표의 청탁대로 사건이 성공적으로 처리되었다면 이후 어떤 대가를 지불 했을까. 그 단면은 구속된 최유정 변호사의 발언으로 드러나기 시작했다.

'수임료 50억을 나만 갖는 거 아니다. 검사 누구는 3개, 판사 누구는 2개 주었다.'라는 면회 기록부에 적힌 내용이 확인시켜 주고 있다. 그 2개 3개가 억대 금액을 의미한다는 것은 애들도 알 내용이다.

그러나 한국 사회 최후보루인 검찰은 모르쇠로 일관한다. 직무유기에, 직권남용에, 뇌물 특경법 대상들이다. 빵 하나 훔친 자들을 엄단한 그들이 기실 대도였던 것이다.

홍만표가 처리한 정운호 사건에서도 더러운 법상(法商)들의 거래흔적은 남는다. 해외원정도박사건으로 1, 2차 검찰조사에서 무혐의 처분이 그러하다. 해외도박자금 수사과정에서 환치기 사실이 밝혀지고 142억 횡령 사실이 드러났지만, 이 부분은 덮고 도박사건만 겨우 기소했다.

검사가 사건을 수사하다 다른 범죄가 드러나면 '별건사건'으로 수사를 개시한다. 그건 검사의 능력을 발휘한 대목으로 고과점수까지 높게 받는다.

그러나 덮었다. 왜 덮었을까.

조사하면 다 나온다. 당시 수사과정을 들여다보면 알 수 있다. 당시에도. 지금도. 그러나 대한민국 검찰은 모르쇠로 일관하며 먼 산만 바라보고 있다.

혹자는 법조계 화장실 문을 부수면 온갖 악취가 나라를 덮을 것이니 굳게 덮어야 한다는 우스개도 한다. 화장실은 열어봐야 악취만 난다는 식으로 한국의 법조계를 우롱한 것이다. 공공연하게 법조계가 화장실 취급을 받고, 검 판사가 똥 누는 놈 취급을 받는 세상이다.

법언(法諺)에 '법이란 큰 고기만 빠져 나가는 촘촘한 그물이다.'란 말이 있다.

검찰을 취재하면서, 청사 로비에 '검찰은 국가 최후의 보루'라는 액자를 보았다.

당시 모 검찰총장과 나눈 대화는 오래 기억에 남는다. 한 사건에 관련된 고위관료가 구속되지 않는 연유를 따졌을 때, 그는 이렇게 말했다.

"일반 사람 뺨을 때렸을 때 어떤 처벌을 받게 되는가? 장관이나 높은 사람 뺨을 때리면 중벌을 받는다. 법은 절대 공정하지 않다."는 긴 설명을 늘어놓았다.

그럴 것이다.

장관, 국회의원, 대통령을 향해 쏜 총은 분명 다른 처벌이 기다리고 있다. 법은 공정하지 않다. 사람에 따라 다르다. 유전무죄 무전유죄가 맞는 말이다. 이래도 법이 최후의 보루인가?

결국 세상은 '갑들'에 의해 이루어지고 굴러간다. 갑들의 세상이다. '을들'은 억울하고 할 말 많겠지만, 갑들이 굴리는 대로 굴러갈 수밖에 없다. 이게 현실이다. 명문대에 고시합격, 많이 배우고 어려운 고시 합격했으니 큰 도적질을 해도 괜찮다고 여기는 것인가.

매년 6백억 연봉을 받는 김앤장 로펌의 김영무 변호사.

그는 지금 운현궁에 살고 있다. 현대판 왕 흉내를 내고 싶었는지 아무도 몰래 궁궐을 매입해 살고 있는 것이다. 검·판사 출신 변호사 등 고관대작 1400명을 거느리고 어떤 정권도 손대지 못할 무소불위의 권력을 자랑하고 있다. 이건희보다 많은 연봉도 자랑한다.

조, 중, 동 언론마저 건드리지 못한다. 국부유출 사건이나 탈세, 친일기업 사건까지 도맡아 매년 1조에 가까운 수익을 올리고 있다. 이게 법조계 현실이다.

구의역 스크린도어 사고의 계약직 사원 김모 씨(19).

사고로 죽은 후 그가 남긴 가방에는 컵라면과 국물을 먹기 위한 수저가 들어 있었다. 그 수저를 보면서 눈물이 쏟아졌다. 따뜻한 국물을 먹기 위해 준비한 수저, 혹 그는 몸이 아닌 가슴이 시린 세상을 산 게 아니었을까?

'민주주의 최후의 보루는 깨어 있는 시민의 조직된 힘입니다.'

고 노무현 대통령의 작은 비석에 새겨진 문구다.

2016년 6월, 〈彦〉

69
〈시인 선배의 죽음에 붙여〉

주말, 급작스런 부고를 접했다. 아프다는 소리도 못 들었고, 아직 70 중반인데 놀랄 소식이었다. 한 달 전 취장암 진단을 받고 치료 중이었다는데 빨라도 너무 빠른 죽음이었다.

선배는 자신의 죽음을 어떻게 생각했을까?

벌써부터 매년 발간된 문인집 출판 걱정과 뒤치다꺼리를 걱정하는 문인도 있다.

발병 이후 누구에게도 알리지 않았고, 심지어 집 앞까지 찾아온 사람들조차 만나주지 않았다고 한다. 마지막 약한(?) 모습을 기억시키고 싶지 않아서일 것이다.

그러다보니 사후 뒷일을 누구에게도 남기지 못했다.

몇 년 전, 한 여성 수필가가 세상을 떠났다. 그녀는 사전에 자신의 죽음을 재단했다. 병으로 기력이 쇠해질 대로 쇠할 무렵 스스로 준비한 생전장례식을 가졌다. 고급 레스토랑을 예약해서 그룹별로 초청해 식사를 하고 추억을 나누었다. 모든 비용도 자신이 지불했다. 학교친구, 교회친구, 사회친구, 친척 별로 생전 장례식을 치렀다. 초대장 제목이 '○○○ 생전 장례식'이었다.

본인은 이미 유언으로 장례식을 하지 말도록 했으며 죽더라도 누구에게든 알리지 말고 나중에, 나중에 물으면 그때 하늘나라로 갔다고 말해달라는 주문을 했다.

어떤 장례절차도 생략하고 그저 화장해 나무 밑에 묻어 달라며 소박한 장례를 원했다. 그리고 대신 죽기 전에 생전장례식을 갖기로 한 것이다.

초청된 사람 중에는 눈물을 흘리는 사람도 있었지만, 대개는 어느 파티처럼 웃으며 지나간 시간을 아쉬워하고 서로가 함께한 추억을 떠올리며 마지막 시간을 나누었다고 한다. 서로 편지를 전달하고 마지막 추억으로 남은 물건들을 들고 와 함께 챙겨보기도 하며 마지막을 정리한 것이다.

따지고 보면 사는 것은 죽음을 전제로 하고 나아가는 것이다. 존엄성 있는 죽음을 맞고 싶다면 죽음을 깊게 생각하고 준비해야 한다. 자신을 위한 마지막 치장인 까닭이다.

웰다잉 같은 진부한 말은 거듭하고 싶지 않다. '한국죽음학회'가 결성되고 죽음학연구서도 나오는 세상이다.

작년 한해 약 25만 명이 죽었다. 1인당 평균 장례비용이 만 불 정도라고 하는데, 이는 국민소득의 55%를 차지한다. 고령자의 증가로 2035년쯤이면 장례를 한해 50만 건 치르게 된다는데, 어쩌면 노령사회에서 감당할 수 없을 것이라는 보고도 있다.

사전의료전향서도 준비하라는 충고도 있다. 기계에 의해 인공호흡하며 생명연장이 되고 있는 자신의 삶을 상상해보라. 싫다면 본인의 의사를 미리 밝혀두어야 한다. 실제 전체 의료비의 40%가 이 과정에서 지출된다고 한다. 일찍이 유명인들, 혹은 죽음을 깊이 계획한 사람들은 '내 죽음을 알리지 마라. 가족끼리 장례식을 다 치르고 난 뒤에야 주위에 알려라.'라고 유언을 남겼다.

필자도 같은 생각으로 영정사진으로 쓰일 액자 뒤에 몰래 써 붙여 놨다. 아무도 몰래.

사전장례의향서에는 인공 연명의료를 거부하고 장기기증과 가장 즐겨 입는 옷으로 화장해 나무 밑에 묻을 것을(수목장) 적었다.

그리고 가능하다면 사전장례식도 갖고 싶지만 그건 장담할 수 없다.

살다보면 죽음이 멀리 있지 않고 누구도 몰래 올 수 있단 사실을 깨달아야 한다. 그리고 죽음에는 순서가 없다는 사실도 잊지 말아야 한다.

골골십년과 급작사 사이에는 어떤 강이 흐르고 있는 것일까.

운명과 하늘의 심오한 뜻을 인간은 알지 못하고, 이 넓은 우주에서 우리는 먼지에 불과하다. 슬프고 희미한 푸른 먼지에 불과한 것이다.

아름다운 죽음을 위해서 '사랑해요.', '고마워요.'라고 말하고, 용서를 구하고, 작별인사를 잘할 것 등을 내세운다.

어떤 시인은 '소풍 왔다가 돌아가는 것'이라고 했고, 또 '한판 잘 놀다가는 것'이라고도 했다.

내 것 아닌 세상에 잠시 쉬었다 가는 것이고, 내 몸 같지만 육신조차 내 것 아닌 빌린 몸으로 영혼이 잠시 스쳐 지나가는 것이 인생이다.

배 선배님,

그곳은 편안하신가요.

우리는 변방, 경계의 삶이라고 자주 대화했지요. 사막 가운데서 둘러보다가 풍경이 아닌 삶을 이야기 했지요.

남미에서 이곳까지 변방으로만 떠돌다가 포도주에 취해 반도네온 음악에 취해 한참을 그렇게 울었던가요.

'섦고 서러운 이민 생활의 하루해는 두어자나 조히 남았다.'고 하시더니

그 해마저 이제 사막 끝으로 사라지나 봅니다.

그 땅에서는 주민증도 시민증도 없이 편안하신지, 훨훨 날아가고 싶은 고향도 만나고 싶은 사람도 만날 수 있겠네요.

이곳처럼 말고, 술 마시면 눈물보이는 그런 날들 말고, 시처럼 노래처럼 바람처럼 좋은 세상에서 평안하세요.

모두 놓고 평안하세요.

허하고 허하도다,

짧고도 너무 짧은, 바람 같은 생이여.

〈심 언 拜上〉

2016년 7월

70
신임 이기철 LA 총영사에게 듣는다
〈인터뷰〉

"소통으로 기대 부응하는 총영사 되겠다."
올라갈 때와 내려갈 때 같은 모습 되길….

신임 이기철 LA 총영사의 첫마디는 '공무원은 국민의 종'이라는 강조였다. 국민 위에 군림하는 것이 아닌 국민을 위해 봉사하는 것이 공무원의 자세라고 설명했다. 본보는 부임 당시 미디어와 첫 인사에 이어 LA 한인사회와 LA 총영사관의 현안에 대해 단독 인터뷰를 총영사실에서 가졌다.

인터뷰 과정에서 LA 총영사관과 한인사회 현안에 대한 사전 설명과 간략한 대화가 있었고, 이어 본격적인 질의로 진행되었다. 인터뷰 내용을 요약정리 했다.

짧은 임기를 마치고 갑자기 귀국한 김현명 전 총영사는 근무 중에도 평이 안 좋았지만, 퇴임인사발표가 나자마자 각 언론에서 기다렸다는 듯이 악평을 쏟아냈다.

2년 임기 내내 반드시 풀어내야 할 난제에 팔 걷고 나선 경우도 없었고, 이름과 달리 지혜나 현명함조차 보이지 않았다. 그저 관저에서 파티나 했고, 그것도 고위 인사나 잘 나가는 사업인 위주로 챙겨 비난을 사기도 했다.

부임 초기 제임스 안 한인회장과의 충돌부터 한미동포재단 분규를 수렁에 빠뜨린 장본인이며, 그중 백미는 이임 직전 국민 혈세로 마련한 대규모 이임 파티였다. 청와대 흉내라도 내고 싶었는지 한인커뮤니티 인사들을 대거 초청해 관저에서 줄 세워놓고 이임인사를 한 것은 두고두고 해프닝으로 기록될 악행이었다.

관저 만찬 실효성 문제는 영사들조차 문제로 지적하고 있다. 또 근무시간과 실태에 대해서도 민원은 끊이지 않고 있다. 영사들은 많지 않은 일자리고는 하지만 한국과 미국의 공휴일을 모두 쉬었고, 오후 4시면 영사관 문을 닫고 내부 정리만 하는 점 등도 민원으로 대두되었다.

최근 개선된 점심시간 직원 보강 배치는 점차 나아지는 민원실 개선안이지만, 4~5년 전부터 국정감사 대상까지 올랐지만 아직도 개선되지 않고 있다. 영사관측은 기기가 낡아 어쩔 수 없다는 대답을 하지만 개선 과제 중 하나다.

영사관 ID발급 민원은 이 총영사가 먼저 설명을 시작했다.

"본국 근무당시에도 한인회와 동포재단 문제나 영사관 ID발급 문제 등에 대해서는 심각하게 대처했다."면서 "LA 한인사회에 쉽게 풀 수 없는 난제이면서 상부에까지 널리 알려지고, 어쨌든 시급히 해결할 사항들이기에 최선을 다할 생각."이라고 말했다.

또 이를 위해 "의욕만 앞세우거나 좌지우지 하지 않고 현안과 실태를 면밀히 검토한 후 멀리 보고 민의를 수용한 내용으로 풀어가겠다."고 답했다.

불체자 구제 운전면허증 발급안은 시행 1년 전부터 공포돼 타 국가 영사관에서는 미리 ID발급 기기와 제도를 마련해 수많은 불체자들이 운전면허증을 손에 쥘 수 있었다. 그러나 LA 총영사관에서 발급한 ID는 바코드가 없어 DMV에서 공인하지 않았다. 결국 여권이나 신분증명 서류가 없는 한인 불체자들은 아직까지 운전면허증을 발급받지 못하고 있는 실정이다.

질문 - 미국에서 살면서 한국의 주민등록증과 같은 운전면허증 없이 살아간다는 것은 최빈민층이거나 생활 부적격 삶을 살아가는 것이다. 당사자들에게는 뼈아픈 미비책이라며 지탄의 목소리가 높은데….

답변 "본국 근무당시 이미 파악한 사항이고 관련 법규나 전례 등에 우선해서 처리해야 할 사항으로 판단했지만, 개인 생각과 행정처리는 다르고 사례가 없는데다 법규 문제로 시일을 끌어 문제가 되었다."고 설명한 뒤 "그러나 예산도 확보됐으니 올 가을까지는 단연코 처리될 것이며 다른 국가에서는 혜택을 보고 있는데 우리 국민만 누리지 못한다면 그건 정말 잘못된 행정."이라고 부언했다.

이어 "꼭 법령이나 제도에 얽매이지 않고 고통 받는 사람들을 위하는 편에서 반드시 처리될 것."이라고 못 박았다.

질문 - 국내에서도 어버이연합 사건이 터졌지만 왠지 뒤이은 사건처리가 제대로 되지 않고 있다. 이에 대해 청와대나 국정원의 손이 작용한 탓이라고 지적하는데, 이곳 LA에서도 진보 측 단체행사장에 극보수단체 노인네들이 나타나 싸움질 때문에 외국인에게 망신을 사고 있다. 이걸 영사관측의 관련여부와 지원에 대해 설명한다면….

답변 "아직까지 그 부분에 대한 보고나 사실여부를 확인한 게 없다. 설마 총영사관에서 어떤 작용을 했거나 관련이 있을 것으로 생각하지 않는다. 모두 이전 일이겠지만 그런 일은 이제 달라져야 한다고 생각한다. 세상이 달라지고 있지 않는가. 그리고 그리 큰 힘이 있는 영사나 총영사가 아니다. 그런 일은 없을 것이다. 각 단체별 지원금은 별도로 있는 것으로 안다."

질문 - 평통위원 선정 때마다 잡음이 일고, 최근에는 통일교육위원 선정을 둘러싸고 투서나 민원이 끊이지 않고 있는데 총영사 입장은….

답변 "부임 전부터 LA는 투서나 잡음이 특히 심한 지역이니 몸조심하라는 말을 너무 많이 들었다. 초기에 그것 때문에 긴장감도 높았다. 그

문제들도 이전 사항이긴 한데 실제 총영사가 하는 일은 많지 않다. 실권도 없고 대행하는 수준에 불과한데 모든 민원과 투서는 우리에게 돌아온다. 그래서 당분간 선정 위원 명단발표도 미루고 있다."

질문 - 그렇지만 대행이나 추천 그 자체가 곧 임명으로 이어지는 것이니 그런 책임을 따지는 것 아니겠는가. 문제는 한인사회에 말썽이 많고 문제 있는 인사들이 수많은 단체에 이름을 걸어놓고 감투만 챙기는 형식 자체라고 생각한다. 이걸 바로잡아야 한다고 보는데….

답변 "맞다. 그러나 우리라고 뾰쪽한 방법이 없다. 바른 사람들은 아예 나서지 않고… 활동하는 사람 중에 추천하다보면 가끔 그런 문제가 생기는 같다는 보고를 받았다. 그러나 투서 내용처럼 영사가 밖에서 사람들을 만나고 뭔가가 작용해 임명돼서는 안 될 사람이 임명되는 식의 배포 큰 짓을 저지를 영사는 없다. 절대 끼어들지 않을 것이다."

질문 - 본보는 지난달 기획시리즈로 5회에 걸쳐 '한인타운 난개발'에 대해 집중보도한 바 있다. 난개발 찬·반에 대한 의견은….

답변 "신문도 잘 보았고, 여러 논의가 있는 것도 안다. 그러나 미국에 나와 있는 외교관이 현지 개발에 대해 의견을 말하는 것은 한계가 있다고 본다. 거기까지는 힘이 미치지 않는다. 찬성이든 반대든 총영사 입장에서는 별로 할 게 없다."

어떤 사안에 대해서는 대통령도 실제 할 일이 별로 없다는 말을 한 적이 있는데, 이 총영사도 그런 이유로 난개발 문제의 입장을 대변했다.

그러나 리틀도쿄가 몇 년 만에 사라지듯이 LA 한인타운이 난개발로 사라질지 모른다는 지적이 대두되는 마당에 총영사관에서 관련 정보나 대비책이 없는 실정을 토로했다.

질문 - 앞으로 치중하고 싶은 부분은….

답변 "인간 사이의 진정성 문제가 아닌가 생각한다. 네덜란드 대사 근무 때 당시 그곳 교과서의 한국 소개내용은 어부들이 생선을 잡아 어시장에 판다는 내용이 고작이었다. 그걸 전자공장 사진과 IT산업의 대국이며 민주화와 눈부신 경제성장을 이룬 국가라고 수정해 교과서에 수록했다. 꼬박 3년이 걸렸다. 또 한글학교가 임대료 문제로 어려움을 겪을 때 팔 걷고 나서 해결한 적도 있다. 이런 것들은 내가 잘나서가 아니라 진정성을 보였기에 상대들도 수용한 것으로 알고 있다."

그가 배웅하면서 내민 명함에는 LA 총영사관 '대사 이기철'이 인쇄되어 있었다.

이기철 총영사의 'LA에 온 뒤 5시간 이상 자본 적이 없다.'는 말이 헤어지는 발걸음을 무겁게 만들었다. 부임지의 낯설음과 설렘, 그리고 부담과 걱정 때문일 것이다. 보기와 달리 큰 키와 맑은 얼굴이 걱정을 더해주었다.

거의 그렇듯이 부임 초기에는 바쁜 일정과 여기저기 인사 다니느라 부산하다. 언론과도 약간 밀월기간이 필요할 것이고 그 정도는 배려가 있어야 할 것이다.

그러나 부임 몇 달 후가 문제다. 전임 김현명은 오자마자 청소한다며 식탁을 엎고서는 제대로 처리도 못하고 종이로 덮어두고 떠났다. 여기저기 곪아터진 상처가 깊다.

새 총영사는 부디 그런 일은 없기를, LA 한인 모두가 바랄 것이다.

2015년 6월, 〈彦〉